那些
智慧的
心理学家

刘洋◎编著

吉林出版集团股份有限公司

图书在版编目（CIP）数据

那些智慧的心理学家 / 刘洋编著. — 长春 : 吉林出版集团股份有限公司, 2018.3
ISBN 978-7-5581-4095-2

Ⅰ.①那… Ⅱ.①刘… Ⅲ.①心理学家－生平事迹－世界－通俗读物 Ⅳ.①K815.1-49

中国版本图书馆CIP数据核字(2018)第037967号

那些智慧的心理学家

编　　著	刘　洋	
总 策 划	马泳水	
责任编辑	王　平　　史俊南	
装帧设计	中北传媒	
开　　本	880mm×1230mm　　1/32	
印　　张	10.25	
版　　次	2018年7月第1版	
印　　次	2018年7月第1次印刷	

出　　版	吉林出版集团股份有限公司
电　　话	（总编办）010-63109269
	（发行部）010-67482953
印　　刷	三河市元兴印务有限公司

ISBN 978-7-5581-4095-2　　　　定　价：39.80元

前言　认识自我的历程

首先，什么是心理学？

目前对心理学的通常定义是：心理学是研究行为和心理历程的科学。心理学是人类理解自我的探求，是人类在探索自然规律的同时，不断认识自我和人性奥秘的努力。

古希腊戴尔菲神庙上的铭文是：认识你自己。中国的先贤也说：知人者智，自知者明。换句话说，了解"物体"只能算是"博学"，了解"人"才是真正的"明智"。

然而，认识自己何其难也。即使在科技发达的今天，人们可以观察数万光年以外的星球，可以把几个原子摆成"金字塔"，但是却很难回答下面这些问题：你知道我在想什么吗？你知道自己在想什么吗？你为什么会这样想呢？这让人回忆起了中国历史上那场著名的辩论：

惠施说：你又不是鱼，你怎么知道鱼是快乐的？

庄子说：你又不是我，你怎么知道我不知道鱼是快乐的？

如果没有心理学，两位哲人就要辩论一万年。现在，我们可以给鱼做个实验，看它是不是快乐；然后给庄子做个精神分析，看他是不是知道鱼是不是快乐；最后再观察一下惠施的行为，看他是生性好辩，还是故意和老朋友庄子作对。

虽然人类从来没有停止过认识自我的努力，但是在漫长的历史长河中，心理学曾一直是灵魂的奴仆、神学的婢女、哲学的附庸。直到19世纪末，由于科学方法的引进，心理学才成为一门独立的学科，跻身科学殿堂。对于心理学的历史，以研究记忆闻名的心理学家艾宾浩斯的概括最为精辟：心理学虽有很长的过去，却只有很短的历史。就是在这短短百余年的历史中，心理学的发展一日千里，学派更迭、理论层现、名人辈出。正由于这些心理学家的努力，改变了心理学的发展方向，推进了心理学的历史进程，扩大了心理学对人类思想和社会发展的影响。

如果说英雄可以影响历史的话，那么没有这些心理学家，就没有心理学的今天。我们希望通过本书再现心理学大师们成长的全程，在他们发人深省的生平经历中，在他们引来会心一笑的轶事趣闻中，在他们创建理论的艰苦过程中，让读者与大师同行，领略他们的心路历程。

在我们看来，对于普通人而言，所谓的学术流派是没有什么意义的。即使对于专业工作者来说，拘泥于学术流派也不是好的作风。所以在本书的编排上，我们只是按照时间的流淌，将思想的变迁展示在读者的眼前，让读者可以体悟大师们的成长和学术研究，从中获得生活和工作的灵感和启示。

在这里，你可以看到一个个普通人——有的是富家公子，有的是书香门第，也有的是靠打工维持生计和学业的穷孩子——是如何成为耀眼的明星，在历史上镌刻下他们的名字。你也可以看到不同的生活经历，是如何影响着人的心路历程，进而影响着人的思想，让一些有着同样科学精神的人，得出迥然不同甚至针锋相对的理论。其实这也是心理学研究的一个基本课题。

现在，就让我们揭开心理学神秘的面纱，认识他们，认识自己。

目　录

敲开心理学的大门

威廉·冯特 Wilhelm Wundt

1832~1920

在 2500 多年的时间里，心理学就像个流浪儿，一会儿敲敲生理学的门，一会儿敲敲伦理学的门，一会儿敲敲认识论的门。为科学心理学打开大门的是一个德国人——威廉·冯特。

"没出息"的冯特

小时候，冯特完全不像有出息的人，他经常神情恍惚，心不在焉，唯一的一个朋友还是一个弱智男孩。读一年级时，他的牧师父亲发现他在课堂上做白日梦，竟当着同学的面扇了他几个耳光。直到父亲去世后，他才痛改前非，用功学习，在 3 年时间内完成全部大学学业，而且在医学全国会考中获得了第一名。

冯特是个工作狂，将近不惑之年，他才抛开工作，着迷似的追求一位女士，并成功地与她订婚。不过因为手头拮据，他们只得推迟婚期，直到他接替老师赫尔姆霍茨的工作才有钱结婚。但是他所在的海德堡大学只给他一个临时教授的头衔，所以婚后的他比以前更加刻苦地工作，专心撰写《生理心理学原理》一书，并凭借它得到苏黎世大学的教授职位，一年之后，又在莱比锡大学得到了更好的工作。

1875 年，冯特利用存放物品和演示实验的机会，将莱比锡大学一幢叫做"孔维特"（寄宿招待所）楼里的一些房间占据下来，开展初步的实验工作。最初，这个实验室的运作经费全靠冯特自己筹集，规模也不是很大。直到 1883 年，学校为冯特增加薪水，也批准心理实验室为冯特专用，并给了更多的空房间，"实验心理学"这门课程也被正式承认。

冯特有一股书呆子气。每次上课前，他都会穿着一袭黑袍等在教室外面，直到学生全体落座，助手们也全到位。然后，他会突然将门打开，一步跨进来，目不斜视地径直走向讲台，在讲台上摆弄一会儿粉笔，才面对焦急的听众滔滔不绝地讲述起来。

对他的学生，冯特非常乐于给予帮助，但也十分专横。在学年开始时，他会命令所有研究生集合，在他面前站成一排，并宣读他希望展开的一些研究项目，然后把第一个课题安排给队列中的第一个学生，第二个课题交给第二个学生，以此类推。冯特经常用蓝笔在学生的论文上面大肆批评。一个学生说："我的论文约有 1/3 的内容没有支持他的同化观点，因此惨遭删除。"

1881 年，冯特创办了《哲学研究》杂志，这是实验心理学的第一种杂志。冯特的名气也如日中天，他被任命为莱比锡大学校长，还担任过地区议会下院议员和工会领导人。

冯特以 85 岁的高龄退休。在生命中最后的 3 年，他一直忙于著述，直到临死前的 8 天仍在奋笔疾书。据统计，冯特一生的著作有 500 余种，共计 53735 页。从冯特 21 岁到他去世这 68 年中，他平均每天要写 2.2 页文章，而且是昼夜不停地写，平均每两分钟写 1 个字。

前辈师承

1856 年，冯特受邀跟随当时最负盛名的"实验生理学之父"约翰内斯·缪勒（Johannes P. Muller）研究生理学。缪勒的特殊神经能说直接促进了有关神经系统内的机能定位以及确定有机体外围感受器官的机制等问题的研究，因而在生理学和心理学上都有着重要的意义。他所运用的实验方法也对实验心理学的创立有直接的影响。

1858 年，著名的生理学家赫尔姆霍茨在海德堡大学建立生理学研究院，冯特便申请为他的实验室助手，协助他训练学生做肌肉收缩及神经冲动传导的测验。这个工作强化了冯特对生理学的兴趣。尽管冯特与赫尔姆霍茨在科学观点上有分歧，私人关系也并不十分融洽，但是冯特还是受到赫尔姆霍茨的科学思想影响，并将这种科学素养引入到新心理学的创建中。

冯特的心理学思想

冯特认为，心理学作为研究心理和意识的一门科学，其任务在于分析出心理或意识的元素，并研究由它们构成的复杂现象的原理与规律。他把心理学的全部任务概括为两个问题：意识的元素是什么？这些元素所产生的结合是什么以及支配这些结合的规律是什么？

冯特的心理学理论体系是个体心理学（individual psychology）和民族心理学（folk psychology）的统一体，但这两个部分在冯特的研究中始终彼此孤立，从来没有综合到一个统一的体系之中。以对心理学发展的影响而言，更重要的是以自然科学定向的个体心理学体系。

冯特根据自己的内省观察提出了著名的情感三度说。

愉快—不愉快　这是前人早已发现并承认的情感。冯特认为沿着愉快到不愉快的连续系列，可以定出情感状态所处的点。

紧张—松弛　例如听节拍器的响声，当期待的"咔哒"声临近时，会产生紧张之感，"咔哒"声过去时，会立刻产生松弛之感。

兴奋—沉静　如看到红色引起兴奋之感，看到蓝色产生沉静之感。

情感是动态的，每一特定的情感都是这三个维度以不同的方式组合而成的，它既可能在单一的维度上发生变化，也可能在三个维度之间发生变化，情感的这三个维度是彼此独立而不相同的。例如"痒"这种感觉，最初可能是令人愉快的，随着瘙痒程度增加，逐渐令人感觉紧张，再继续增加强度则会令人感到痛苦。不同情感元素组合成情绪，每种情绪中总有一种或者几种情感元素占据支配地位。例如在欢乐和高兴的情绪中，愉快居于支配地位；在愤怒的情绪中，不愉快和紧张居于核心地位。

不可不知的名著

《人类与动物心理学讲义》，1863 年

标志着冯特的心理学体系形成雏形的重要著作，是"生理学家未加点缀的心理学"。此书包括许多与实验心理学有关的问题。

《生理心理学原理》，1874 年

这本书的出版标志着冯特实验心理学思想的基本成熟。它把心理学确定为一门有自己的实验课题与实验方法的实验科学，是心理科学史上第一部系统的专著，也是心理学成为新的独立科学的创始。它被称为"心理学的独立宣言书"、"实验心理学的《圣经》"。

实验室的故事

与冯特有关的最著名的实验发生在 1879 年 12 月的某一天。在莱比锡大学那栋叫做"孔维特"的破旧建筑物三楼的一个小房间里，47 岁的冯特教授和他的两个学生——马克斯·弗里德里奇（Max Friedrich）和斯坦利·霍尔（G. Stanley Hall）开始了一项实验。

他们在桌子上安装了像座钟一样的铜制机械装置——微时记录器，并在金属架上面升起一只臂，让一个球可以从臂上落下，掉在下面的平台上，这叫做"发声器"。还有发报键盘、电池以及一个变阻器。他们用电线连接起这五件仪器。随着那只球"砰"地一声落在平台上，随着发报键"嗒"地一响，随着微时记录器记录下所耗费的时间，现代心理学诞生了。

其实这套装置是为弗里德里奇设计的，他要收集博士论文所需要的数据。他的博士论文题目是《统觉的时间长度》——即人从感知球落在平台到按动发报键之间的时间。

冯特实验室里的许多实验都和弗里德里奇的实验差不多。这

些实验通常以两种形式进行。在第一种形式里，受试者得到的指令是：在清楚地感到自己听到响声时，立即按发报键。第二种形式是：受试者被告知，声音响后立即按发报键。在第一种情况下，指令集中在受试者对自己的感觉的注意上面，在第二种情况下，注意力则在声音本身。

旁人或许不会在看出两种情况有任何差别，但经过多次实验之后发现，第一种反应涉及人在紧跟着的有意识的自发反应后对声音的感知，因而通常要花费约0.2秒的时间；而第二种情况则主要涉及纯粹的肌肉或反射反应，只花费约0.1秒的时间。这些发现好像只是心理学研究中的琐碎之举，但在两种实验形式中，还有着比时间长度更有意义的其他差别。

冯特的学生，偶尔是冯特本人，会花费数小时的时间聆听节拍器。他们以各种速度开动节拍器，有时让它在几拍之后就停下来，有时却让它连拍好几分钟。听节拍器的人每次都要仔细检查他们的感觉，然后报告出他们的心理反应。通过长期的体验，人们发现，快节拍令人激动，慢节拍则使人放松。在每一声"嗒"之前，他们都会体验陷其妙的紧张，听到"嗒"声之后又是强烈的松弛感。

这种看上去无足轻重的实验其实是一项严肃的事业，它在培训冯特所称的"内省"。实验者提供声音、光线或者颜色的刺激，并观察受试者表现出来的反应。而受试者则将注意力集中于刺激在他身上所形成的感知和情感反应。这种"内省法"构成了冯特实验室众多实验至关重要的一部分。

后世传人

随着冯特建立了世界上第一个心理学实验室，各国的青年学生纷纷来到莱比锡大学学习心理学的实验方法，这里成为培养世界第一代职业心理学家的摇篮。

跟随冯特学习心理学的学生一共有166人，这些学生学成归国以后，各自建立了心理学实验室，创办了心理学杂志，成立了心理学会，为心理学在各国开拓了一条发展的道路。其中有34人成为心理学界的知名学者，如美国的霍尔、安吉尔、贾德，德国的克勒佩林、屈尔佩，英国的斯皮尔曼，俄国的别赫切列夫，日本的松本亦太郎等人。冯特的第一个助手卡特尔是美国实验心理学的创始人之一，另一个学生铁钦纳是构造主义心理学的建立者。

冯特还有一位学生，就是著名教育家、北京大学校长蔡元培。作为中国现代心理学的主要先驱之一，蔡元培曾两次到德国留学，其中有三年是在莱比锡大学，亲聆冯特讲授的心理学、实验心理学和民族心理学三门心理学课程，是冯特唯一的中国学生。

不过，由于他反对心理学有任何实际的用途，所以当他的一位有才华的学生恩内斯特·莫曼（Ernst Meumann）转向教育心理学时，冯特立即将他逐出门墙。

反对者与超越者

冯特重视整合的内容，肯定创造性统觉的功能，他的学生也把他的心理学体系称为"整体心理学"，但冯特又强调把意识经验分解成简单的元素，并因此受到格式塔心理学的猛烈抨击。

另一方面，冯特对实验心理学的范围作了严格的限制，使得他的研究带有一些机械论的倾向。正如美国心理学怪杰威廉·詹姆斯在写给一位诗人朋友的信中所说的那样："科学现在可以确认的唯一心灵，就是一只砍掉了头的青蛙，这只青蛙的抽搐和扭动表达出的是比你们这些怯懦的诗人所能梦想到的更深刻的真理。"虽然詹姆斯非常敬仰冯特的科学成就，但是对他的古板专横也是颇有微词。当然，冯特也反感詹姆斯的心理学，虽然后者的理论体系更为完整，更有洞察力。读完詹姆斯受心理学界普遍欢迎的《心理学原理》后，冯特酸溜溜地说："这是文学，它非常优美，但不是心理学。"冯特与詹姆斯的矛盾，或许是源于德意志和美利坚两个民族的不同性格吧。

然而，科学的发展是不以科学家个人的意志而转移的。冯特之后，一些新的心理学流派相继出现。这些学派的一个共同特点，是认为实验心理学不应局限于基本的直接体验，而应探索更高级的心理活动。

冯特的学生奥斯瓦尔德·克尔普（Oswald Kulpe）跟随冯特做过 8 年助手。他发现，除了记忆，其他许多思维过程都可以在实验室里研究。1896 年，克尔普在沃兹堡大学成立了一个心理学实验室，形成了沃兹堡学派。他们最有特色的贡献在于使用"系统实验内省法"，受试者不仅要报告自己的感觉和情感，而且要报告在对其进行心理实验期间他的所有想法。虽然冯特认为那是"假"实验，既不是实验方法学上的，也不是内省式的。但是沃兹堡学派根据这些方法扩大了实验心理学，远远超出了冯特划定的范围，并使心理学朝着更完整的方向前进。

冯特的伟大贡献

冯特最大的贡献是使心理学成为一门独立的学科。他抓住社会发展和科学进步所带来的机遇，对哲学心理学、生理学和心理物理学的研究成果进行全面总结，把哲学心理学的体系和自然科学的研究方法与心理学有关的研究课题结合起来，把实验法引入心理学研究领域，建立了世界上第一个心理学实验室，创办了第一种实验心理学刊物，确定了一批典型的心理学实验项目，使心理学成为一门实验科学和一个独立的研究领域而且有了自己作为一门独立实验科学的名字——"心理学"。

冯特将实验法运用到心理学研究中，具有划时代的意义。心理学研究从此真正步入了科学研究的领域，仅仅用了20年的时间就完成了一百多项实验研究任务，其研究涉及人类心理意识的诸多方面。通过这些专业的研究，实验心理学取得了科学地位。建成心理学实验室后，冯特将具有"神秘精神"的人作为研究对象，而不是以前的青蛙和狗，这是心理学史上一个划时代的变革。他采用实验法研究了人的感知觉、反应速度、注意力的分配和广度、感情和字词联想等课题，建立了新的实验心理学体系。

冯特还培养出一支国际心理学专业队伍，为心理学在世界范围内的发展奠定了基础。在冯特建立心理学实验室以前，没有专业的心理学工作者，没有国际性的心理学流派，心理学要么是掌握在少数哲学家手中的一门思辨科学，要么是生理学家的业余爱好，所以发展迟缓。

局限：历史的遗憾

冯特的理论体系既庞杂又混乱。冯特早年受宗教影响，后来长期钻研哲学，有着混乱的唯心主义观点，这与科学的思想不相容。他受到多种哲学流派的影响，又兼收并蓄了许多哲学心理学思想的理论观点，使他的心理学体系充满了矛盾。

冯特把经验作为一切科学的研究对象，犯了主观唯心主义的错误。冯特把心理学的研究对象和自然科学的研究对象统一在经验的范围内，对于促进心理学的科学化是有帮助的。但是，在这里冯特既用经验代替心理，又用经验偷换客观事物，从而抹杀了心与物的界限，否定了心理是客观事物的反映。

冯特尽管宣称将实验法引人心理学研究，但是仍然没有摆脱内省主义的影响。内省法在他的研究中占有相当重要的地位。冯特认为内省法是心理学的主要研究方法，而实验法只能用于简单的心理现象，是内省法的一种辅助手段。冯特无法摆脱实验法与直接经验之间的矛盾，最后只能保留了内省法，并将内省法置于更重要的地位。

冯特尽管主张整体的心理学观，但是仍然具有元素主义的倾向。冯特运用心理化学的观点，强调把人类意识经验分解成简单的元素，并从中探寻心理元素的组合规律，带有明显的还原主义色彩。

量量这个，量量那个

弗兰西斯·高尔顿　Francis Galton
1822~1911

千百年来，人类一直为出众的智慧所倾倒。智慧与人有什么关系？这是无数教育家和心理学家渴望参透的问题。在这方面，聪颖过人的"业余"心理学家，"差异心理学之父"，创立了优生学的弗兰西斯·高尔顿做出了无与伦比的贡献。

险些被埋没的天才

高尔顿出生在伯明翰，一个中产阶级知识分子家庭他的祖父和父亲都是非常成功的银行家。他还有个堂兄，就是著名的进化论者查尔斯·达尔文，他们共同的曾祖父伊拉斯谟·达尔文是著名医生和植物学家。

高尔顿天生聪慧，5岁就可以流畅地阅读所有他能见到的书，还懂一些拉丁文和法文，数学头脑也很出色。6岁时他上了小学，却瞧不起其他孩子，因为他们从未听说过史诗《伊利亚特》。他打发时间的主要方式就是阅读莎士比亚的著作。

可是，在提倡死记硬背的英国传统学校里，好奇心和独立精神则往往遭到鞭打、训斥和惩罚性的课外作业的压制。高尔顿忍受着考试和学习成绩不如人的压抑，患上心悸、头晕、走神等毛病，他说："我无法排遣这些念头，有时连书都看不进去，甚至看到有字的纸都烦。"

高尔顿因为精神濒临崩溃，只得回家休养。后来，他决定只做一个普通学生，不再为荣誉竞争，这种心态使他完成了学业。不过，高尔顿一生对考试和名次这些东西都耿耿于怀。

父亲去世时，给他留下一笔丰厚的遗产。于是，22岁的高尔顿放弃了行医的打算，像乡绅一样整天骑马、打猎、宴饮和旅行。然而享乐生活是无法满足他天才的大脑的。所以，他在咨询了英国"皇家地理学会"后，决定自费到西南非洲腹地探险。两年后，他带回了大量的信息，填补了原来地图上的一大片空白，并为此被"皇家地理学会"授予金质奖章。

有了妻子的高尔顿稍稍收敛了自己的探险兴趣，而转向发明，生产出一系列实用的装置，其中包括"印刷发报器"（传真机的前身）、撬锁设备、旋转蒸汽机和潜望镜。

进入不惑之年后，高尔顿又开始研究气象学。他很快就设想出用他发明的发报器同时收集不同地方的天气资料，再把这些资料标在一张图上。他把有同样气压的点用线条连接起来，而后发现，它们可以描述的低压区和高压区接近环形。这就是现代气象学中最常用的气压图，也是预测天气的基础。他还开发出第一套鉴别指纹的实用方法。

这时，高尔顿终于来到了他建立功勋的领域：智力的遗传性。他比冯特、詹姆斯和弗洛伊德年长，但他对心理学的贡献大多是在中年以后做出的，因而从心理学的角度来看，他们几乎就是同时代人。

高尔顿研究智力的遗传性的一个起因是堂兄达尔文发表的划时代的《物种起源》。尽管《物种起源》针对的主要是动物，但高尔顿把它的结论应用于人类之中。他推想，人类物种的进化极可能也是通过由最好的大脑向子孙传递天生心理优越性而发生的。

于是，高尔顿设想并着手进行一个尽管繁重却极有价值的研究项目：检查和统计在过去 40 年时间内获得剑桥古典知识和数学高分的人及其家庭背景。如其所料，高分获得者果然一直由某些家庭的子女获取，比例极不匀称。他于 1865 年将结果发表出去，自此之后，他便将自己的工作重心转移至对人类智力的遗传本质的研究，并探寻如何才能通过选择繁殖而改进人类的出路。

或许是命运跟高尔顿开了一个玩笑，因为他和妻子没有生育。按照弗洛伊德主义来看，他对优生学的执著是其不能生育的补偿。就这样，高尔顿的天才智慧再没有遗传下去。

高尔顿的心理学思想

高尔顿主张遗传决定论，认为人的能力是由遗传决定的。他指出，人的自然能力来自于遗传，连续几代的优良的婚配，就会养育出具有很高天赋的后代。这个观点表明了遗传和优生的关系。例如，父亲比较有成就，那么其儿子取得成就的机会要大于其孙子，这显然是遗传的作用，也说明天赋是遗传的。为了论证他的理论的正确性，高尔顿曾经调查研究了英国首相、将军、文学家和科学家共 977 位各界名人。通过家谱分析法发现，他们大多数名人出身于望族。

在抽样调查的 286 位法官中，约有 1/9 是另一位法官的父亲、儿子或兄弟。在这些人的家庭里，杰出人物出现的几率比在普通家庭里面的出现几率高好几百倍。他总结了各类杰出人物的数据，有百分之 31% 的人父辈杰出，百分之 41% 的人兄弟杰出，百分之 48% 的人子女杰出。另外，杰出人物与其亲戚的关系越近，该亲戚出名的可能性也就越大。因而他断定天才是遗传的。

他认为遗传的力量超过环境的影响，即使一个人生长在最好的环境里，又肯努力奋斗，也不能成为名人，除非有优越的天赋。他从身高的情况推想，在人体的其他一些特征中应该是一样的，如脑重、神经纤维的数量、感官灵敏度，因而心理能力也应该是这样。

高尔顿还将"正态分布"的概念描述引入心理学中，认为它们不但适用于描述人的身体特征的分布，也适用于描述人的心理特征的分布。

在对遗传和天赋关系的研究中，高尔顿通过对个体的身体结构、智力和心理能力进行测量以取得相关资料。高尔顿认为测量的分数可以反映一个人智力的不同方面，因为它们之间存在着相关。比如，一个感受性很强的人，能够比较快地吸收知识，结果就成了非常聪明的人。

高尔顿还把遗传决定论思想扩充到种族差异，作为说明黑人比白人智能低下的原因，提出了用人工选择和改良人种的优生学。

高尔顿主要用测验意象的问答法来研究个别差异。他发现，每个人的意象有很大的个别差异：有人以视觉为主，有人以听觉为主，有的以肌肉运动觉为主。他认为一个人的职业、年龄和性别与意象的差异有关。许多长于抽象思维的科学家由于经常进行抽象思维，往往缺乏视觉意象，而女人比男人，幼儿比老人的意象要强一些。但是，也发现有些人在某种情况下毫无意象，甚至是知名的画家也说不出有视觉意象。他还发现了"联觉"现象，例如听到某一声音则某种颜色也在心目中出现，或者听到字母A，在意识中即出现黄色。

高尔顿还用自己研究变态心理，成功地使自己在短时间内进入了变态狂的状态。除此之外，他用英国的联想主义解释记忆，还对记忆术进行了研究，首创了智力理论。

不可不知的名著

《人类才能及其发展的研究》，1883年

这本书是纪录高尔顿心理研究成果的杂文集，其中探讨了约30个不同的课题，有相当一部分是富有创见的科学研究成果。在书中，高尔顿讨论了一系列的心理测试，以便于快速简单地辨认较高智力的人，从而部分地构成他通过优生学改善人类的庞大梦想。

可以说，这本书是科学与思辨、数据和猜想、统计与传闻的奇妙结合，其中一些课题原本想传达科学的意义，结果却变成偏见。比如，在论"性格"一章里，高尔顿在没有任何证据的情况下就下结论说：在妇女的性格中，有一个十分明显的特征，那就是"反复无常，忸怩作态，不像男人

那样直截了当。"这显示了高尔顿的"业余"心理学家的本性。

实验室的故事

高尔顿是个极具创造力的科学家，他设计了心理测量问卷，将统计学用于心理学，而且发明了一些测量仪器，其中包括测量听觉的"高尔顿哨"，测量色觉的光度计和测量视觉和听觉反应时的分度钟摆等。

高尔顿最早用内省法进行自由联想实验。他用一张写有75个字的表，逐字挨次进行自由联想，记下每个字呈现后到联想产生的时间，然后对这些联想做出分析。他发现，在75个字的自由联想中，想起的字多数属于儿童或少年期学会的。这个实验方法后来被冯特采纳，用于在莱比锡大学实验室进行的实验。关于自由联想想起的多数是儿童、少年时期的记忆，后来在弗洛伊德的精神分析理论与治疗中得到应用。

高尔顿最有名的创举是开设了心理测量室。那是1884年，在伦敦国际健康展上的一个小展台，展台里面有3位服务人员，长桌上摆着一些简单的仪器，其中有一个摆锤和反应键，一根手柄和转盘，一台光度计，可用来比较小块的色彩，还有一根长管子，在助手向里充气时，它可以发出哨音，音调可通过管子终端一根有刻度的杆子上的螺丝进行调节，直到访问者再也听不到为止。参观者只需花费3个便士的费用，就可以测试和测量13项特征：反应时、视力和听力的灵敏度、色彩分辨能力、判断长度的能力、拉力和拧力、吹气的力量、身高、体重、臂长、呼吸力和肺活量。在展览期间，共有 9337 名观众付费进行了测量。

对于观众来说，他们可能只是出于好奇，但是高尔顿却获得了大量的数据用来进行研究。

高尔顿的研究方法非常特别，那就是测量。他总是找出某种能够计量的东西，并通过计量，计算出比例，再得出平均值，最后得出结论。在非洲探险的时候，他就测量了许多当地妇女的一些数字，并和英国妇女进行比较，结果发现这些数字是不同的。他每到一个城市，都会以美丑为标准而划分他所遇到的女性，最后发现，美女在伦敦最多。在一次科学会议上，他以 50 名听众作为样本，他计算每分钟观众所发生的烦躁次数，结果发现，当讲演引起听众的兴趣时，烦躁次数就会减少一多半。

高尔顿的另一个创新是追踪双胞胎的发展情况。他知道，双胞胎有两种：一种在生理上几乎一模一样，另一种则与普通的兄弟姐妹差不多。如果双胞胎原来极其相像，但经过生活的磨砺后变得不太相像，则可能是后天的教养使然；如果两个原来不怎么相像，在一起哺育后，仍然保持其不太相像的特征，则可能是天性使然。

不过高尔顿证明的方法过于肤浅，他的研究报告在很大程度上由逸闻趣事构成。报告讲到一些爱开玩笑的双胞胎，由于校长分不清哪一个应该受到处罚而同时处罚了两个人，还讲到有时弟弟会去追求哥哥的女朋友等等。

但当高尔顿对档案材料进行归类，希望找到后来性格产生变化的双胞胎时，他发现了足以支持他的观点的证据。

后世传人

高尔顿没有创立任何心理学学派，没有指导过博士论文，更没有多少弟子以传承衣钵。虽然他是个人差异心理学的创立者，可是几乎没有任何心理学家自视为高尔顿学派。

当时，英国实验心理学家纷纷到德国学习或接受培训，并将冯特理论带回英国。他们采纳了高尔顿的某些思想和方法学上的创新，但仍旧认为自己属于冯特学派。这是因为德国的新心理学是大学系统的产物，因而是"纯科学"，在英国享有至高无上的声望，而高尔顿的思想和方法学上的创新，充其量不过是一位天才的业余学者摆弄出来的产品，而且应该服务于实践目的。

在现代心理学的另一个发祥地美国，高尔顿的影响也非常大。可是尽管许多美国心理学家与高尔顿的观点保持一致，却将自己定义在远大于高尔顿心理学的范畴，认为自己是更高级别的理论学派。虽然他们有一个共同的实用主义世界观，将自己的理论基于心理生存的进化论，并且都认为高尔顿的测量方法最有价值，但没有哪一个称自己为高尔顿主义者。

在高尔顿的学生中，也有一些有着突出的贡献。他的学生卡尔·皮尔逊（Karl Pearson）在"相关"概念的基础上，建立了一个表达相关的数学公式，就现在仍被频繁运用的"相关系数"。到今天为止，"皮尔逊法"一直是评估相关性的标准方法。另一位弟子斯皮尔曼（Charles Spearman）则进一步阐发了高尔顿的智力理论。

高尔顿的伟大贡献

高尔顿发明和设计了诸多心理实验、问卷以及测量仪器和工具，将孪生比较法和统计技术引入心理学研究，丰富了心理学研究方法。他还使"象牙塔"里的心理学走进生活和社会，显示了心理学的应用价值和功能，并使个体差异的研究成为心理学的一个领域。

高尔顿在心理学研究方法上做出了重要贡献。尽管他不是一位深刻的思想家，但人们还是高度地称赞他：对现代心理学来说，没有多少人产生过像他那样大的影响。

局限：历史的遗憾

高尔顿他长期在大学之外进行研究工作，他的主要贡献大多是研究方法，很少有给人以启迪的理论。

虽然高尔顿一生所致力的主要目标是对个人智力的差别进行测量，也的确创立了心理测试，但他的名字没有与今天所使用的任何测试方法关联在一起。他不是作为心理测试的创始人，而是作为优生学的创始人而载入史册。

辩证唯物论认为，遗传只是人身心发展的生物基础和前提条件，给人的身心发展提供一定的可能性，其本身不具有决定作用，起决定作用的是个体后天的努力、社会环境和教育。高尔顿的理论虽然得到了许多验证，但他的研究忽略了环境和其他社会因素的作用，陷入了遗传决定论。

后来，高尔顿认识到了其理论的不足，对遗传决定论作了修改，提出由遗传获得的那些天赋和智力必须与适当的环境相结合才可发挥作用。

即使在今天，高尔顿的优生学也具有重要的科学价值和社会意义，但是他试图通过人工选择造就所谓的"优良人种"，使他的生物遗传论走向了极端，产生了种族歧视等不良的社会影响。二战时，高尔顿的观点在纳粹法西斯分子的手中得到了可怕的发挥。纳粹分子鼓励纯种"雅利安人"大量繁殖，并认为犹太人、吉卜赛人和其他一些人是"劣质人种"，应该根除。

冯特的第一个反对者

弗兰茨·布伦塔诺　Franz Brentano

1838~1917

　　冯特虽然建立了心理学，但是没有统一心理学，出现了关于心理学是研究意识经验的内容还是研究意识经验活动，是用实验的内省法进行元素的分析研究还是用改造了的实验法或经验方法对心理活动进行描述研究的争论。争论的另一方被称为意动心理学，它的奠基者是弗兰茨·布伦塔诺。

教皇也会犯错！

　　弗兰茨·布伦塔诺是德国著名的心理学家和哲学家，也是意动心理学的创始人和意向论哲学的代表者。他出生在莱茵河畔的一个知识分子家庭，年幼时曾立志做一名牧师。他的父亲、叔父、婶婶都是著名的作家，弟弟是著名的经济学家，获得过 1927 年的诺贝尔奖。他和他的叔叔、弟弟的名字都被收入《不列颠百科全书》。

　　1856 年，布伦塔诺进入慕尼黑大学，跟随多林格研究著名经院哲学家托马斯·阿奎那的思想。1858 年转入符茨堡大学，师从特伦德伦伯格学习亚里士多德的著作，这使他终身深受亚里士多德的影响。1862 年，布伦塔诺获得杜平根大学哲学博士学位，

继而实现了幼年梦想，成为地方牧师，并于 4 年后任符茨堡大学的哲学讲师，

这时，天主教会内部发生了一件大事，一场关于"教皇是否永无谬误"的争论席卷开来。布伦塔诺发表了一篇文章反对"教皇永无谬误"的说法，为此他成了教会内自由党的学术领袖。但是后来"教皇永无谬误说"被教会接受，自由党失败了，布伦塔诺处境艰难。于是，他不得不以曾任牧师为由辞去符茨堡大学的教职。稍后，他又辞去了牧师职务，专门从事著述。

1874 年，他的最重要一部心理学著作《从经验的观点看心理学》出版。在哲学家洛采的帮助下，布伦塔诺又以普通人的资格，就任维也纳大学的哲学教授直到。他在维也纳大学工作达 20 年之久，形成了一个可以与冯特的内容心理学相抗衡的心理学派。在这期间，弗洛伊德也来听布伦塔诺讲课，还为布伦塔诺承担了将约翰·穆勒的著作翻译成德文的任务。1894 年，布伦塔诺辞去大学的教职，到瑞士和意大利过起了隐居的生活。

布伦塔诺的心理学思想

与德国当时的实验心理学不同，布伦塔诺提出了一种意动心理学。意动心理学思想来源于亚里士多德的把心理看作是灵魂的功能或机能的观点，还与中世纪的经验哲学和近代德国莱布尼茨以来的传统思想有关。

意动心理学是一门严密的科学，它可以达到把握真正普遍的而不是部分的真理的规律。他说："从这种经验立场出发的心理

学十分重要，因为这种心理学为所有的哲学奠定了一个坚实的基础，或者说心理学是基本的哲学学科，能够提供一种如莱布尼茨（G Leibniz）所认为的本质的普遍性。"

布伦塔诺十分强调心理学的重要性，并赋予心理学以最高的科学地位。在布伦塔诺看来，心理学不仅是一门系统的科学，更是关于人类真理的试金石。

布伦塔诺把意动区分为三种：表象的意动，包括感觉、想像活动等，如我见、我听、我想像；判断的意动，包括知觉、认识、回忆等，如我承认、我知觉、我回忆；爱憎的意动，包括情感、决心、意志、欲望活动等，如我决定、我意欲、我请求。在这三类意动中，表象的意动是最根本的，其他两类都是在这一类意动的基础上形成的。

布伦塔诺认为心理学的研究方法主要有两种。一种是对刚刚过去的在记忆中仍呈鲜活状态的心理活动及其变化的观察。另一种研究方法是"观察别人的言语、动作以及其他表现"，并对儿童、动物、变态的人以及不同的文化进行研究。这种方法类似我们今天所说的客观观察法或自然观察法。

对于实验方法，布伦塔诺并不反对。他也尊重实验的结果，甚至还认为，当我们将注意力集中于刚刚过去的在记忆中仍呈鲜活状态的心理活动时，实验方法也是完全可能的。布伦塔诺也曾亲自使用过"决验法"。比如讨论视觉的错觉，也很愿画出旧的错觉说明的新图形，以就正于读者的经验但布伦塔诺的决验法不同于冯特的系统实验，它并不运用心理物法。实验方法在布伦塔诺的心理学中并不占有重要地位，他也没有建立心理学实验室。

他强调指出，科学心理学不应局限于一些细节的实验上，而应着眼于对心理现象作大的解释，这样才不至于使心理学迷失于实验法之中。在人们正热衷于实验之时，布伦塔诺的主张无异于是一记警钟。

布伦塔诺还认为，心理学不仅是理论科学，还是应用科学。他多次表达了对心理学潜在的实践应用的乐观性，并指出："我所指的心理学的实践任务是具有广泛意义的。"他认为，"心理学具有成为无论是个体还是社会的教育理论的科学基础。任何矫正恶行……可以按照心理状态能改变的法则的知识来进行"。他甚至说到了能力倾向的早期诊断的重要性，"对于个体甚至是群体，无法估计的环境阻碍或促进其进步，心理学知识将提供其活动的确信基础"。但是，布伦塔诺对应用心理学持有的较高的乐观态度，过去还很少被承认。所以，有心理学家说："在态度和倾向上，他（布伦塔诺）必须被认为是应用心理学的前驱者。"

不可不知的名著

《从经验的观点看心理学》，1874 年

1874 年是心理学史上重要的一年，因为冯特的《生理心理学原理（下卷）》和布伦塔诺的《从经验的观点看心理学》都在这一年出版。这两本书都要把心理学界定义为一门科学。

在完成了这部重要的心理学著作以后，布伦塔诺忙于哲学著述和讲座，直到 37 年之后才进行修改和补充，出版了第 2 版。

在《从经验的观点看心理学》一书中，布伦塔诺提出了一种

与冯特的内容心理学相对立的意动心理学。内容心理学与意动心理学之争开创了心理科学诞生之后的第一次心理学派别对立之先河，也预示了后来的构造心理学与机能心理学之争。因此，《经验观点的心理学》被认为是现代心理学史上的经典名著。

后世传人

布伦塔诺是一位优秀的教师，在将近30年的教学生涯中，他培养了一批著名的学生，包括音乐心理学的奠基人斯顿夫、现象学的建立者胡塞尔、心理学的形质学派和奥地利价值哲学学派的开创者厄棱费尔、格拉茨学派的领袖和对象论哲学的代表者麦农、精神分析的创立者弗洛伊德、波兰逻辑学派的创始人塔多斯基和捷克斯洛伐克共和国的缔造者马萨尔克。

其中，继承了布伦塔诺衣钵的是厄棱费尔和麦农，他们接受了布伦塔诺的思想，将布伦塔诺的意动心理学具体运用到形、形质问题的研究上，形成了"形质学派"，他们以格拉茨大学为中心，又称格拉茨学派。

克里斯丁·厄棱费尔（Christian Von Ehrenfels）既是布伦塔诺的学生，又是麦农的学生，先后担任过维也纳大学的讲师、布拉格大学的哲学教授等。他的一生学术兴趣十分广泛，涉及戏剧、性的伦理学、价值论和宇宙的起源等各个方面。1890年，他发表了论文《论形质》，系统地提出了对于形、形质问题的见解，从而使他成为形质学派的创立者。这是他在心理学史上留名的主要原因。

厄棱费尔提出了关于形、形质的基本见解。阿列希思·麦农则将厄棱费尔的体系加以整理。麦农当过布伦塔诺的学生，又是厄棱费尔的老师。他曾任维也纳和格拉茨大学副教授、教授等职。在格拉茨大学，他建立了奥地利第一个心理学实验室。他主要研究理论心理学和认识论，大部分是研究心理学，但也有很多人认为他是一个哲学家而非一个实验心理学家。

形质学派的初衷是要对元素主义进行批驳。他们自认为发现了一种新元素，并由注重形质而研究复型，后又由复型的分析而倾向于意动的探讨。但是，由于他们仍囿于元素主义的思想，仅想提供一种新元素，而不想提供一种全新的观点，因而他们的观点一方面受到元素主义的反对，另一方面又遭到了格式塔心理学家的批驳，最终不得不归于失败。但是，形质学派又为格式塔心理学派提供了一套完整的形质的概念与理论根据。在知觉理论上，形质学派乃是由元素主义向格式塔心理学过渡的桥梁，这正是这个学派的贡献。

反对者与超越者

意动心理学是和以冯特为代表的所谓意识与构造心理学的争论，在心理学史上具有重要的意义。

布伦塔诺主张心理学的研究方法应是经验的方法。在这一点上他与冯特的主张是一致的。但冯特心理学的对象是心理内容，内容是可以用实验法来分析的，所以冯特的"经验"是一种实验的经验，重在实验。布伦塔诺主张心理学的研究对象为意动，意动是难以置于实验条件下分析研究的经验，所以布伦塔诺的"经验"乃是一种经验的经验，侧重于观察而不是实验。

冯特认为心理学研究对象应该是感觉、情感等直接经验，并把心理学的任务规定为分析心理元素和确定由心理元素构成心理复合体的原理与规律，因而冯特的心理学又被称为内容心理学。布伦塔诺认为，心理学的对象不是冯特所主张的感觉、判断等内容。布伦塔诺认为心理学应以意动作为自己的研究对象，因而他的心理学就称为意动心理学。

布伦塔诺认为，冯特的内省法会干扰正在进行的心理活动，例如，发怒之下观察内部的气愤心理；如果他知道自己在发怒，他的愤怒就会消失，这时他什么也观察不到了。因此，内省法不能作为心理学的研究方法。

意动心理学和内容心理学相互对峙，造成了心理学发展中的僵局。于是，主张心理学的研究对象应是意动和内容的二重心理学便应运而生。符茨堡学派的领袖屈尔佩推动这一运动的产生。

屈尔佩当冯特的学生和助手前后达 8 年之久，所以他的心理学观点深受冯特的影响，是一位内容心理学家。但到了符茨堡大学以后，受到符茨堡学派的无意象思维的研究的影响，他的心理学立场逐渐向布伦塔诺的意动心理学靠拢。屈尔佩并没有完全倒向布伦塔诺，而是把意动改称为机能。并认为内容和机能都是心理事实，都应该成为心理学的研究对象，从而提出了他的二重心理学主张。

麦塞尔是第一个明确提出二重心理学主张的心理学家，他受符茨堡学派无意象思维的研究的启发，又接受了布伦塔诺的学生胡塞尔的现象学观点，把它引入心理学，从而把冯特的内容心理学和布伦塔诺的意动心理学结合起来。

二重心理学的目的在于调和冯特的内容心理学与布伦塔诺的意动心理学之争。他们把内容与意动同时包容于心理学的研究对象之内，力图使实验心理学与意动心理学相互为用。这在心理学发展史上不能不说是一种进步。遗憾的是，二重心理学是不彻底的，"是极端的折中主义的懒汉办法"。更重要的是，二重心理学没有正确地看待内容和意动的辩证关系。二重心理学出现以后，意动与内容之争并未完全结束，后来心理学史上发生的构造主义与机能主义之争正是这场争论的继续。

布伦塔诺的伟大贡献

布伦塔诺的意动心理学的影响主要在于他总的主张。他提出的意动与内容相对立的观点，对后来心理学的影响很大，主要体现在以下三方面：

首先，他培育了以维也纳大学为中心的"奥国学派"，推动了关于形质的研究。

其次，他的理论被引进实验室，成为格式塔心理学的实验指南。

布伦塔诺的心理学观点成了后来不满于冯特心理学的各种心理学流派的推动力。例如机能心理学、弗洛伊德的精神分析等等，或多或少都受到意动心理学的影响。

局限：历史的遗憾

由于布伦塔诺的哲学观点前后有所不同，也导致了他的意动心理学前后有所不同。

早期的布伦塔诺坚持一种实证论倾向，后期却转向以现象学倾向为主。早年的布伦塔诺似乎是将实证论与现象学的处理方式等量齐观，认为自然科学与现象学方法并行不悖，每一种方法都具有有限的有效性。与之相应地，布伦塔诺的心理学观点前后也有所不同。早期的意动心理学是一种发生心理学，它以说明的、经验归纳的和"心理－物理"方法为主，后期的意动心理学是一种描述心理学，以描述的、解释的和先验的方法为主。

布伦塔诺没有像冯特那样建立一个完整的心理学体系，对心理学的具体问题也没有作深入的研究。即使是意动问题，他也只作了一些分类，没有对各种意动的特性、关系及其形成、发展的规律作细致的研究。其观点的缺陷也比较明显，尤其是他把心理活动的内容与作为心理的源泉的客观现实混为一谈，由排除心理内容进而排除客观现实，更使心理活动成了无源之水，无本之木。

布伦塔诺一生的大部分时间都在研究哲学问题，他虽然为心理学发展做出了重要贡献，但是他更像是一个哲学家，而不是彻底的心理学家。

不是心理学家的心理学家

威廉·詹姆斯　William James
1842~1910

詹姆斯回忆说"我本来想成为一名生理学家，却因为某种天意卷入了心理学和哲学之中。"其实如果他任由自己发展，那么历史上很可能会多出一个二流的画家，而少了一个影响深远的心理学家。

"误入歧途"的詹姆斯

心理学家一般认为，母亲对孩子的影响具有无比重要的作用。然而对于詹姆斯一家来说，扮演这个角色的是父亲。老亨利·詹姆斯（詹姆斯的弟弟和父亲同名）认为当时美国的教育十分落后，所以詹姆斯家的孩子的童年生活大半是在欧洲各地的学校度过的。詹姆斯在日内瓦学院的科学课程上成绩优异，被邀请参加瑞士的学生俱乐部，因为他活泼好动，被弟妹们认为"特别适合被送进精神病院"。

这时，詹姆斯的兴趣是绘画，而老亨利却希望自己的长子"进入科学学院"。等到詹姆斯顺从父亲的意愿而选择科学时，他还是不断抱怨；即使最终詹姆斯选择了父亲看重的哲学，老亨利仍旧喋喋不休，理由是詹姆斯"没有选择适当的职业"。由于学医学出身，詹姆斯在大学先是教授生理学，但是由于对心理学的兴趣，他在生理学课程中加入了不少心理学的内容，最后改教心理学。因为当时的心理学课隶属于哲学系，当他转到哲学系提升为哲学副教授时，同事们都感到有些奇怪。5 年之后他才提升为哲学教授，又过了 4 年这才改称为心理学教授。

詹姆斯在哈佛大学任教时，曾有谣言说哈佛大学学风不正。詹姆斯就指导学生与外校学生一起组成研究小组，编制问卷进行调查，并将结果辑成小册子发表，证明哈佛的校风是催人上进的。作为教授，詹姆斯在课堂上谈笑风生，笑话连篇，很受学生欢迎。以至于有位学生当面提出意见说："老师，请您正经点儿，好不好。"

1909 年，詹姆斯与参加克拉克大学校庆的弗洛伊德、荣格等人会晤。他对弗洛伊德的精神分析给予了很高的评价，他说："心理学的未来属于你们的工作。"弗洛伊德对当时的一件小事印象很深：詹姆斯突然把包塞给他，请他先行，过了一会儿才追上来。原来詹姆斯病痛发作，默默挺过后，便又谈笑风生了。弗洛伊德认为詹姆斯受着固定观念强迫症的折磨，但也为詹姆斯的奋斗精神所感动。

詹姆斯非常富有同情心。他曾经送给一个小女孩一件小礼物——一根鸵鸟的羽毛，因为詹姆斯觉得小女孩会喜欢。那个小女孩名叫海伦·凯勒（《假如给我三天光明》的作者，眼盲、耳聋而且不会说话，但她凭借惊人毅力学会数种语言，并成为著名作家）。海伦说她永远也没有忘记过那个礼物。

作为一位精通生理学和心理学的学者，詹姆斯曾一度对心灵感应等神秘现象感兴趣。在被选为美国心理学会主席的当年，他也接受了英国心灵研究协会主席的职务。詹姆斯对一位具有"特异功能"的莱奥诺拉·派珀（Leonora Piper）女士进行了多年的研究，得出的结论是特异功能这种现象是"不确定"的。詹姆斯还进行过关于特殊心理状态的演讲，包括催眠、癔症、多重人格、鬼魂附体、天才、变性、妖术等等。从这里，我们既能看到詹姆斯受到父亲虔诚的宗教信仰的影响，也可以看到他对任何经验现象都保持开放的心态。这一点，恰恰是活跃的美国心理学家与古板的德国心理学家气质上的差别。

前辈师承

1861 年，詹姆斯进入哈佛大学学习化学，老师是后来成为哈佛大学校长的查理斯·埃利奥特（Charles W. Eliot）。埃利奥特后来回忆说，詹姆斯当时"并没有全身心地投入到学习中去，他的思绪经常漂到其他领域中，他的心灵是散漫的，他喜欢做实验，尤其是新奇的实验"。这显然是詹姆斯那挥之不去的"艺术家"情结在作怪。

后来，詹姆斯转到怀曼（Jeffries Wyman）教授门下学习比较解剖学和生理学。怀曼是进化论的拥护者。詹姆斯曾赞扬怀曼教授"是一位无私、有德性的优秀人物，全心地热爱真理。"詹姆斯接受了怀曼教授的进化论观点，他的生理学、心理学和哲学中都受到进化论思想的影响。

1866 年詹姆斯到欧洲旅行。在旅途中，它不仅阅读歌德、康德、莎士比亚、达尔文、皮埃尔·让内（Pierre Janet，法国心理病理学家，对催眠及癔症有研究）和雷诺维叶（Charles Renouvier）等人的著作，这为詹姆斯后来研究心灵现象、自由意志以至于开设进化哲学课程有很大的影响。

在这次旅行，詹姆斯还听了几次重要的讲座。其中有杜布瓦－莱蒙德（du Bois–Reymond）的生理学课和赫尔姆霍茨的讲座。这两个人都坚信"有机体内只有一般物理化学的力在起作用"。这使得詹姆斯的研究开始带有"决定论"的基调。詹姆斯还与德国哲学家、心理学家狄尔泰会面。狄尔泰坚持心理学以理解为基础。詹姆斯的心理学也关注生活经验，这与狄尔泰是契合的。

詹姆斯还听了冯特的课，这让詹姆斯充分地感受到了心理学在学术界的地位。他在给一位朋友的信中说："也许心理学成为一门科学的时代就要来临了。"

詹姆斯的心理学思想

詹姆斯认为，心理现象有其生理基础，大脑活动是意识作用的直接原因。他又提出了"意识流"的观点，认为意识是不断流变的，如赫拉克利特所说的"人永远不能两次踏入同一条河流一样"。因此，他认为冯特所研究的可分离出的"意识元素"并不存在。

詹姆斯提出了意识的五个特征：意识是为个人所有，所以是常变的，而这种变化又连续不断，同时它又有某种目的，因而是有选择性的。

詹姆斯认为人比动物有更多的本能。我们通常看作是学习的行为，诸如"竞争"、"模仿"、"社会交往"等等，其实都是本能。他同时也指出本能不是固定不变的，常会在一些因素的影响下改变，有的时候表现出来，有的时候掩藏起来。本能被掩藏起来的情况有两种：一种情况是被习惯压抑了，另一种情况是本能的表现具有暂时性的特点，许多本能在成熟后就消失了。

在詹姆斯的习惯论对以后的心理学研究有着极其重要的影响。他认为习惯是神经系统的机能，是物质受外力作用而产生的适应性变化过程，人的许多行为都是由习惯造成的。重复动作会增加神经物质的可塑性。其结果是后来的动作也不需要较多的注意。詹姆斯的习惯论对早期教育理论的影响非常大，人们据此认识到早期培养和早期教育在人格形成和发展中起着十分重要的作用。

詹姆斯关于情绪的观点在当时也很新颖。传统观点认为，我们看到一只熊，感到害怕，然后逃跑。詹姆斯却认为，我们看到熊，身体试图逃跑，这才感到害怕。因此，情绪在这里是对身体的感受。詹姆斯提出，要按照自己想要感受的方式去行动。"每当感到害怕时，我就吹口哨，吹出快乐的情绪，一会儿我就不害怕了。"

"自我"是心理学研究的一个核心内容，作为具有明显哲学倾向的詹姆斯，他的研究当然不会绕过这个问题。在詹姆斯那里，"自我"其实等同于人格。詹姆斯把自我分为作为认识者的自我（即"纯粹自我"the pure ego）和被认识的自我（即"经验自我"empirical self）。纯粹自我相当于灵魂的东西。而经验自我则范围较广，凡可称作"我的"都可归属其中。詹姆斯将经验自我分为三类：物质自我，即自我中的物质性的东西，如财产、身体等；社会自我，即他人所认识的自我；精神自我，即我们内心的主观存在。

不可不知的名著

《心理学原理》，1890 年

1878 年，出版商霍尔特与詹姆斯签约，让他为新生的科学心理学写一部教科书。詹姆斯答应在 2 年内完成，结果他为这本书花了整整 12 年的时间，直到 1890 年才完成全部书稿。但是该书在出版后大获成功，很快就成为畅销书。

《心理学简编》，1892 年

由于《心理学原理》过于庞大，詹姆斯对其进行了修改，出版了《心理学简编》，让它更像一本教科书，所以引起教师和学生的兴趣。许多人用詹姆斯的名字"James"称呼《心理学原理》，而用詹姆斯的昵称"Jimmy"称呼《心理学简编》。

实验室的故事

1875 年，哈佛大学给了詹姆斯 300 美元，建立一个心理学实验室来演示心理学实验。这比冯特建立心理学实验室要早 4 年。不过詹姆斯的实验室是顺其授课而生，供演示所用，而冯特的实验室却进行了大量的心理学研究工作，所以"世界上第一个心理学实验室"的声誉落在了德国。因为同样的原因，创立"美国第一个心理学实验室"的荣誉被心理学史研究者送给了霍尔，时间是 1883 年。

詹姆斯对实验室不感兴趣，每天在实验室里的时间不会超过 2 个小时，他坦言这与他的天性不合。谈到冯特实验室的时候，他说："一想到那些铜制仪器和代数公式，我就从心底里对这门学科充满恐惧。"

但是，詹姆斯还是尊重实验室研究的。毕竟这也是获得知识的一条可靠的途径，所以他所建立的实验室也得到了充分的利用。他在实验室指导学生解剖绵羊的大脑，研究视觉问题，考察噪音对人的身心影响。他们让青蛙飞速旋转，探索内耳的功能，然后对聋人也做同样的实验，验证了一个假设：如果一个人的内耳半规管受损，他们对眩晕的敏感度就会降低。他还进行了对催眠的研究，这在冯特实验室中是见不到的。

詹姆斯不喜欢做实验，然而，当需要实验来证明或驳斥一个理论的时候，他不得不硬着头皮做这些工作。有些"大学教授"认为记忆力和二头肌一样，是可以通过练习来加强的，而且这种训练可以增强记忆任何事物的能力。詹姆斯对此表示怀疑。他在 8 天时间内，记住了雨果的长诗《讽刺》中的 158 行，每行平均花费约 50 秒时间。然后，他每天花费 20 分钟时间背诵弥尔顿的《失乐园》，用了 38 天记住了全部的 798 行。然后他又回到《讽刺》，背诵了另外 158 行——每行平均花费约 57 秒。这个实验证明，练习并没有增强记忆力，甚至使其暂时减弱。他让几位助手重复这个实验，结果大致相同。一个在两千多年的时间里被广泛接受，直到今天仍有许多人奉为圭臬的理论，被心理学实验彻底驳倒。

后世传人

詹姆斯的弟子中，有不少成为推动美国心理学发展的重要人物，如克拉克大学校长霍尔、芝加哥大学心理学系主任安吉尔和桑代克、卡尔金斯（Mary W. Calkins）、伍德沃斯、杜伯伊斯（W. E. B. Du Bois）等人。霍尔1878年在詹姆斯门下取得美国第一个心理学博士学位，卡尔金斯是美国早期的女心理学家，杜伯伊斯是哈佛大学第一个黑人哲学博士。

詹姆斯对学生关怀备至。桑代克研究小鸡的智力，被爱干净的女房东赶了出去。詹姆斯本想在实验室或博物馆里给桑代克找个"实验基地"，但最后只能让桑代克带着小鸡到自己家的地下室里进行研究。

课程之外，詹姆斯也给了学生特别的指导。学生罗伊斯曾就是否从事哲学向老师咨询，詹姆斯给了他坚定的信心。后来，詹姆斯又在度假时让罗伊斯接替自己的课程。罗伊斯后来成为哈佛大学的著名教授。

反对者与超越者

詹姆斯的情绪理论产生后立即引起了争议，最终被认定在许多方面是错误的。哈佛大学生理学教授沃尔特·坎农（Walter

Cannon）在 1927 年通过研究证实，不同的情绪伴随着总体上相同的生理反应，生理反应不一定具体到能够解释不同情绪的程度。比如，愤怒和恐惧这两种不同的情绪都伴有心跳加速和血压升高的现象。坎农的结论是，情绪刺激会激发丘脑，信息从大脑分两路向外发出，一路直达自主神经系统，引起内脏变化，一路直达大脑皮质层，在这里生成情绪的主观感觉。

不过，詹姆斯的情绪理论虽有不精确之处，但仍然具有实际的应用价值。如果我们可以控制对刺激的生理反应，就可以在同样程度上控制相关的情绪。我们可以用数数来控制愤怒，用吹口哨来保持乐观和勇气，用运动来驱除忧郁。许多心理医生教导病人进行放松锻炼，以减少焦虑或害怕的心理，教导他们用自信的态度练习站立、行走和谈话，以获得自信。

随着研究的不断深入，情绪与身体机能之间的辩证关系越发清晰可见。心理学家保罗·艾克曼（Paul Ekman）指出，当人有意做一些与某些情绪相关的面部表情——惊奇、厌恶、悲伤、愤怒、恐惧的时候，这些表情会影响其心跳和皮肤温度，并诱发少量的相关情绪。

詹姆斯的伟大贡献

科学心理学起源于德国，却成长在美国。而推动心理学在美国的发展却在很大程度上要归功于詹姆斯的努力，为此，詹姆斯享有"美国心理学之父"的美誉。

以对心理学发展的影响而言，詹姆斯与冯特可以比肩而立。

心理学史专家研究的成果是：在心理学的第一个十年（1880~1889）中，最有影响力的心理学家是冯特和詹姆斯；而在心理学的第二个十年（1890~1899），这个名单变成了詹姆斯和冯特。

1896 年，在慕尼黑召开第三届"国际心理学大会"期间，有媒体评论冯特为"旧世界的心理学教皇"，而称詹姆斯为"新世界的心理学教皇"。

局限：历史的遗憾

詹姆斯的心理学研究经常有令人疑惑的矛盾，他会清晰明白且很有说服力地表达一个观点，同时以同样的力度阐述相反的话题。让人觉得他自相矛盾，无法自圆其说。

其实这并不是因为他头脑混乱，而是因为他在学术问题上涉猎得太过宽泛，无法使自己局限在某一个封闭或连续的思想体系之内。这种矛盾时的詹姆斯的理论支离破碎，从没有处于主流地位。他有意识地避免创立任何系统，没有形成任何学派，很少培训研究生，也没有追随者。

但是，研究一个问题的两个方面有助于接触问题的中心。这也可以解释为何詹姆斯的思想成为后世主流心理学的源流。遗憾的是这个工作不是由他本人完成的。

别叫我心理学家！

伊凡·巴甫洛夫　Ivan Pavlov

1849~1936

他从来不认为自己是心理学家，甚至从来不认为世界上有心理学这么个东西。但是，优秀的科学素养使他为心理学的发展做出了难以替代的贡献。他就是世界闻名的生理学家、"心理学家"、高级神经活动学说的创始人——伊凡·巴甫洛夫。

实验室的国王

巴甫洛夫出生在俄国中部的一个农庄里，父亲是东正教牧师，母亲是牧师的女儿。

俄国沙皇亚历山大二世曾经颁布法令，免费为家庭贫穷但有天赋的孩子提供教育。借此，巴甫洛夫顺利读完了小学和中学。父亲本来希望他能够子承父业，所以送他进了梁赞神学学校。但是，接受了初步科学精神熏陶的巴甫洛夫当着主教大人和父亲大人的面大谈"反射理论"，立刻被开除了。

巴甫洛夫抛弃当牧师的计划，进入圣彼得堡大学学习自然科学。因为担心入学数学考试不及格，他先申请了不需要考数学的法律系，入学几个月后由法律系转入物理数学系自然科学专业。彼得堡大学校长卡尔·费道洛维奇认为这不过是年轻人拿不定主意，就批准了他的请求。一年之后，又有一个梁赞神学学校的巴甫洛夫故伎重演。虽然有些犹豫，但是校长还是满足了他的要求。不过校长并不知道他就是伊凡的弟弟，未来的化学家德米特里。但是，当第三个梁赞神学学校的巴甫洛夫要求由法律系转入物理数学系时，校长忍不住了，坚决拒绝给这个巴甫洛夫转系。好在未来的动物学家、巴甫洛夫家的小儿子彼得数学成绩好，通过考试进了自然科学系。

巴甫洛夫从圣彼得堡大学毕业后，又到欧洲最有名的医学外科学院继续研究医学，成为一名卓越的外科医生。他是个左撇子，做手术时可以左右开弓，当了院士以后还对助手的笨手笨脚看不顺眼，自己经常拿起解剖刀走上手术台，当周围的人们还认为刚进行准备工作时，他已经完成手术，洗手去了。他甚至可以穿着燕尾服解剖动物，衣服上一滴血也不沾，完事以后直接从实验室就去参加舞会。

但是，俄国的年轻科学家往往得不到资助，他的目标又是科学研究，而不是职业医生，所以全家人一直过着捉襟见肘的生活。一年冬天，因为没钱买燃料，冻死了一群养在家里，用来研究蜕变现象的蝴蝶。妻子正为贫穷而发牢骚，巴甫洛夫听到后恼怒地说："滚开，我烦着呢。蝴蝶死光光了，你却在这里抱怨那些愚不可及的小事。"

巴甫洛夫喜欢各类比赛，在和安德烈·法明岑教授的采蘑菇比赛中总是胜利者。有一次，巴甫洛夫出差前，法明岑宣布昨天自己采的蘑菇打破了纪录。于是巴甫洛夫立刻退了火车票，跑到森林里采蘑菇。直到所采的蘑菇打破了法明岑的纪录，他才心安理得。

在实验室里，巴甫洛夫是个完美主义者。他希望自己的助手全都按照他的标准做事，否则便要遭到惩罚或开除。在大革命期间，有个雇员迟到了，解释说街上出现巷战，他差点连命都丢了。巴甫洛夫愤怒地说：这不是理由，对科学的贡献应该超过其他一切动机！按照常规，巴甫洛夫当即将其解雇。

不过，巴甫洛夫也能使实验室的气氛异常活跃起来。比如说，等待实验结果出来是一件非常枯燥的事。于是巴甫洛夫就想出个消遣的办法：给每个人发一张纸，写出自己所猜想的实验结果，并交 20 戈比的赌注。

1904 年，巴甫洛夫获得诺贝尔奖。瑞典国王为他颁发了金质奖章、证书和七万五千卢布现金。为了对来自俄国的科学家表示尊敬，国王专门学一句俄文："您身体好吗，伊凡·彼得罗维奇！"

巴甫洛夫的女助手彼得罗娃曾经说：他一生中最爱自己的科学，自己的生理学。他就是实验室里的国王。

前辈师承

上中学的时候，巴甫洛夫在《医学通报》读到了著名科学家伊凡·谢切诺夫（Ivan Sechenov）的文章《大脑的反射》。文中写道："亲爱的读者，你们当然可能有机会参加关于灵魂的实质及其与肉体的依附关系的争论。亲爱的朋友，和我们一起进入这个由大脑活动所产生的各种现象的世界里来吧！"

从此，巴甫洛夫对"反射学说"着了迷。他哪里想得到，谢切诺夫提出的这个名词会成为他本人关于大脑功能的未来学说的基础，而他的学说日后会推翻科学家们以前的概念。

在圣彼得堡，巴甫洛夫见证了化学老师德米特里·门捷列夫创制元素周期表的整个过程。门捷列夫特许巴甫洛夫使用学校的实验室，就在这间实验室里，他遇到了因为"反射"学说被医学外科学院革职的谢切诺夫。

谢切诺夫来到圣彼得堡后的第一件事就是拜访他的学生伊凡·巴甫洛夫的实验室。他对这位从来没见过面的学生和崇拜者说："原来我认为卡尔·路德维希是最好的生理实验家，现在我发现，您应该名列第一。"

多年之后，巴甫洛夫在纪念自己的伟大导师诞生 100 周年大会上讲话时，称谢切诺夫为"俄罗斯生理学之父"。而在后人则把 19 世纪叫做"伊·谢切诺夫世纪"，把 20 世纪叫做"伊·巴甫洛夫世纪"。

血液循环专家伊里亚·齐昂是巴甫洛夫生理学实验课的教师，在他的指导下，巴甫洛夫做了自己的第一次生理实验。这个实验是有关心脏、神经和控制心脏的心律的。这是巴甫洛夫第一次有机会亲自寻找不易分辨的神经纤维，把神经和各种组织分开，跟踪观察这些神经通往何处。在齐昂的指引下巴甫洛夫掌握了高超的外科技术，为他的研究奠定了扎实的基础。

巴甫洛夫的条件反射学说

巴甫洛夫在研究消化现象时发现，如果随同食物，给狗一个反复的中性刺激，如铃响，狗就会逐渐"学会"在只有铃响的情况下分泌唾液。一个中性刺激与一个原来就能引起某种反应的刺激相结合，而使动物学会对那个中性刺激做出反应，这就是经典性条件反射的基本内容。

条件反射的情境涉及四个事项。一个是中性刺激，它在条件反射形成之前，并不引起预期的、需要学习的反应，这是条件刺激。第二个刺激是无条件刺激，它在条件反射形成之前就能引起预期的反应。对于无条件刺激的反应叫作无条件反应，这是在形成任何程度的条件反射之前就会发生的反应。由于条件反射的结果而开始发生的反应叫做条件反应。通常，无条件刺激紧跟着条件刺激出现。条件刺激和无条件刺激相随出现数次后，中性的条件刺激单独出现即可引起条件反应。

中性刺激与无条件刺激在时间上的结合称为强化，强化的次数越多，条件反射就越巩固。一种条件反射巩固后，再用另一个新刺激与条件反射相结合，还可以形成第二级条件反射。在人身上可以建立多级的条件反射。

当条件刺激不被无条件刺激所强化时，就会出现条件反射的抑制，主要有消退抑制和分化。条件反射建立以后，如果多次只给条件刺激而不用无条件刺激加以强化，结果是条件反射的反应强度将逐渐减弱，最后将完全不出现。

实验室的故事

在对胃的反射研究中，巴甫洛夫注意到一种奇怪的现象：在不喂食时，狗也会分泌出胃液和唾液。比如快要到达正式的喂食时间，只要看见或听到喂养者，它就会分泌胃液与唾液。因为有可能影响到消化分泌物的数据，巴甫洛夫起初只是觉得非常烦人。后来他想，一定有什么原因可以解释这种现象。显而易见的解释是，狗"意识"到进餐时间即将来到，于是自动产生分泌物。然而，反对心理学的巴甫洛夫根本不相信这种猜想。

尽管巴甫洛夫极不情愿对此进行研究，但最后还是决定了解一下，因为在他来看，这完全是一种生理学现象——看见或听见喂食者的刺激在狗的大脑里产生一种反射，该反射引起了"精神性分泌"。

1902 年，他开始研究这种与腺体没有本质联系的刺激在什么时候以什么方式引起这种反应。

他在狗的唾液腺体上做一只简单的小囊，将其挂在高处，导入一个收集和记录的装置。狗在接受培训后可以站在桌子上一动不动，因为这样可以得到奖赏、抚弄和喂食。为了逗人高兴，它往往不等人命令就自己跳到桌子上，极有耐心地站在上面，脖子上松松地挂着套圈，连接在一些检测装置上。套圈很有必要，因为它可用来防止检测装置、连接小囊与收容器和记录筒的橡皮管不受损坏。狗面对一面带窗的墙，前面有一只喂食桶，食物可通过机械装置倒进桶里。

食物到狗的口里，唾液即自动溢出。为了避免实验者对狗形成信号作用，实验者在不被狗看到的地方发出响声。响声一般通过摇铃产生，而且能引起食物倒向喂食桶，响声与倾倒的时间差为 5~30 秒。起初，铃声只会让狗竖起耳朵，而不出现唾液反射。

但在几轮试验之后，仅这种声音就可使狗的唾液自动溢出。按巴甫洛夫的说法，声音已变成引起唾液反应的"条件刺激"，唾液反应则已成为声音的"条件反射"。

巴甫洛夫及其助手们变换出各种形式继续这个实验。比如可以不用声音，只使灯光闪动，或在窗外转动一个物体，或操纵某个可碰触到狗的仪器，或拉动狗圈的某个部位，或变换中性刺激与喂食之间的时间差等。在所有情况下，中性刺激都可变成条件刺激，只是其难易程度略有不同。

巴甫洛夫和狗

为了巴甫洛夫的成就，许多狗作出了自己的贡献和牺牲。

根据他的倡议，在研究院楼前建立了狗的纪念碑，以表示向这些忠实的"朋友"，工作中的"助手"和享有充分权力的"战友"致敬。在浮雕的下面，有他亲手撰写的题词："让狗——它从史前时代起就成为人类的助手和朋友为科学做出牺牲。但是我们的尊严责成我们，这样做时一定，并且永远要减少不必要的痛苦。"

提起狗来，巴甫洛夫的话可就多了。有时候发现什么新事物时，他就说"这是托小狗的福"。如果事情进展不顺利，他就说"恐怕得从小狗身上打主意"。当别人称他"阁下"时，他很不高兴，并且立即更正说："我是伊凡·彼得罗维奇，或教授。而你说的那个什么'阁下'是狗的绰号。"

巴甫洛夫逝世后，在他创立的研究院所在的那个科学城里，给院士巴甫洛夫本人立了纪念碑。在这里，他和狗依旧形影不离：纪念碑上的形象是伟大的科学家和忠实地为他的事业服务的狗。

后世传人

在军事医学院执教期间，巴甫洛夫的讲座成了热门。尽管是选修课，但二年级学生通常倾巢而出。甚至在列夫·托尔斯泰逝世和安葬的日子里，学生们为了支持伟大的作家关于取消死刑的要求，宣布罢课三天。唯一的例外就是巴甫洛夫的讲座，他的课堂里照样是座无虚席。

但是这一次，巴甫洛夫并没有按照常规讲生理学课题。他谈的是：为了纪念这位伟大的作家，刻苦学习是对他最好的爱戴，因为这正是给以后为人民服务做准备。

巴甫洛夫的很多学生差不多一辈子都和他在一起。叶甫根尼·冈尼克——实验室的"技术保佑者"，在巴甫洛夫身边工作了42年。这位智力高超的工程师，保证解决了巴甫洛夫试验中的全部技术问题。

巴甫洛夫很尊重科学工作的独立性，他把自己的学生叫做"分栽"。只要一个学生在某种独立工作方面成熟了，他就毫不犹豫地进行"分栽"。他的学生艾兹拉斯·阿斯特拉强、列昂·奥尔别里、康斯坦丁·贝科夫和彼得·阿诺兴等人都成了院士，在生理学的各个领域都独当一面，创立了自己的独立学派。即使这样，他们也经常到老师那儿去登门求教，交流成就，探讨失败的原因和请教疑难问题。

两种不同的反对者

虽然巴甫洛夫以详尽的细节阐述了他的大脑定位反射理论，但是在俄国以外的地方，这个学说大多遭到人们的忽视。美国心理学家卡尔·拉什利（Karl Lashley）甚至给予全盘否定。拉什利切除了老鼠不同部位和不同量的大脑皮质，再让其学习迷宫走法，发现老鼠学习能力的缺失与任何具体的皮层区的损坏没有关系，只与切除掉的总量产生关系。

还有一种谴责来自梅茵道尔芙男爵夫人，她是皇宫女官，兼俄国保护动物协会主席。在视察了巴甫洛夫的实验室之后，她给医学院的主管大臣写了一封信：《关于活体解剖——一种假冒科学之名的不法行为，是可忍孰不可忍！》。信中写道："动物实验无论往昔或今后均于科学以及生活毫无裨益，且有害处。换言之，使动物遭受巨大痛苦。有鉴于此，务须将动物试验限制到最小范围，并置于动物保护协会会员们严格监督之下。"不过，她恼羞成怒的原因很可能是巴甫洛夫接待她的时候，没有按礼节穿上他的将军服。

巴甫洛夫的伟大贡献

巴甫洛夫一生最突出的贡献是关于高级神经活动的研究。他是用条件反射方法对动物和人的高级神经活动进行客观实验研究的创始人，也是现代唯物主义高级神经活动学说的创立者。他发展了谢切诺夫关于心理活动反射本性的学说，把反射解释为有机体与外部世界相互作用的要素。他详细地研究了暂时神经联系形成的神经机制和条件反射活动发展与消退的规律性，论述了基本的神经生理过程——兴奋和抑制现象的扩散和集中及其相互诱导的规律，提出了神经系统类型的学说和两种信号系统的概念。

巴甫洛夫所做工作的重要性是不可估量的。他的研究公布以后不久，一些心理学家，如行为主义学派的创始人华生，开始主张一切行为都以经典性条件反射为基础。虽然在美国这一极端的看法后来并不普遍，但在俄国以经典性条件反射为基础的理论在心理学界在相当长的时间内曾占统治地位。

局限：历史的遗憾

尽管"条件作用"的规则已经成为行为主义不可缺少的规则，就像"学习"和"效果律"一样，但是自始至终，巴甫洛夫都固执地认为条件作用是一种生理现象，而非一种心理过程。

他对心理学的偏见如此之大，竟然威胁要开枪击毙那些胆敢在他的实验室里使用心理学术语的人。他在弥留之际仍在声称，自己并不是心理学家，而是一位研究大脑反射的生理学家。

可以想像，如果巴甫洛夫能够抛弃这种偏见，将会给他的思想深度带来多么大的突破。

你的记性不好吗?

赫尔曼·艾宾浩斯　Hermann Ebbinghaus
1850~1909

有不少心理学家既没有建立学派，也没有形成正式的理论体系。他们当然是"不重要"的。但是有一位心理学家，凭借他的一项研究就获得了几乎是最高的评价。如果对一个科学家总的历史价值的衡量方法是看他的观点和研究成果是否经受得住时间的考验的话，那么他在心理学史上比冯特更加重要。他就是以记忆研究而名闻天下的赫尔曼·艾宾浩斯。

源自偶然事件

艾宾浩斯是与冯特同时代的德国著名心理学家，出生于德国一个商人家庭。他17岁起在波恩大学学习历史和哲学，获柏林大学哲学博士学位。他曾到英法两国求学任教。在英国时，他深受联想主义心理学的影响，并致力于对科学的独立研究。

艾宾浩斯走上心理学道路是源于一个很偶然的事件。当时，艾宾浩斯在巴黎当家庭教师，他在一家旧书摊上买了一本费息纳（G. Fechner）的《心理物理学纲要》，使他对心理过程的定量研究发生兴趣，这一经历标志着艾宾浩斯事业中的一个转折点。费息纳研究心理现象的数学方法大大地影响了艾宾浩斯，他从此决心像费希纳一样，通过严格的系统的测量来研究记忆，用实验法研究人类的高级心理过程。艾宾浩斯的出发点，是从联想的发展开始的，此种方法可以控制联想形成的条件，可以使学习的研究更加客观。

虽然冯特曾宣布过学习和记忆等高级心理过程不能用实验研究，加之当时艾宾浩斯既没有大学教学职位，没有老师，也没有进行研究的专门设备和实验室。但是，即便如此，他还是花了5年时间，用自己做被试，独自进行实验，完成了一系列有控制的研究。

他先后在柏林大学和布雷斯劳大学建立了心理学实验室，与柯尼希（Konig）共同创办了《心理学与感觉生理学期刊》，网罗了包括赫尔姆霍斯基、黑林、缪勒、斯图姆夫在内的著名学者，还发表了色觉理论。

1909年，艾宾浩斯应邀参加美国克拉克大学成立20周年校庆的时候，因突患肺炎去世。

艾宾浩斯的心理学思想

对于心理物理学和感官生理心理学都只是简单地对心理过程进行实验和测量，艾宾浩斯则开创了比较复杂的记忆心理过程的实验研究，是将心理学的实验方法应用于高级心理过程的第一位心理学家。

艾宾浩斯发现了在记忆保持过程中存在一条规律性的曲线，即著名的"艾宾浩斯曲线"。"艾宾浩斯曲线"揭示了人类的遗忘规律是"先快后慢"，即学习后的不同时间里的保存量是不同的，遗忘的发展是不均衡的。在识记后的短时间内遗忘得比较快、比较多，以后保持量逐渐趋于稳定地下降，到了相当时间后几乎就不再遗忘。这表明了遗忘量与时间量之间是函数关系，遗忘量是时间的函数。后来的许多研究都证实了艾宾浩斯所揭示的规律。艾宾浩斯揭示的遗忘规律使人们具体了解了遗忘的进程，从而也帮助了人们采取相应的措施与遗忘作斗争。

艾宾浩斯还对记忆做了大量的定量研究，并得出了一些有意义的发现：一是揭示了音节组的长度与速度的关系。随着音节组长度的增加，背诵的次数急剧上升。二是发现学习有意义的材料比学习无意义的材料速度要快得多。有意义材料的识记与无意义材料的识记的效果比例是 1∶10。三是发现了诵读的次数越多，时间越长，则记忆保持越久。四是发现分配学习的效果要比集中学习好。五是发现了音节组内各项的顺序与记忆保持的关系。音节组内各个音节彼此相邻的保持效果要好于那些远隔和反向的音节。

艾宾浩斯还创造了填充测验法。填充测验是指将测验题目中某些地方用括号代替，要求被试者填出遗漏的字、词、短语或符号图案，以便考察被试的语文能力、观察能力、注意能力、记忆能力以及有关知识。这是一种测定儿童智力的工具，后来被广泛地运用于智力测验和学力测验，人们又习惯将之称为"艾氏测验"。

实验室的故事

艾宾浩斯是一个文科学生，要进行实验设计难度当然是很大的。但他坚韧不拔，经过长期努力，终于成功了。

艾宾浩斯对记忆的实验研究具有伟大的创造性。首先，他创造了无意义音节的研究方法。艾宾浩斯注意到记忆过程中的识记材料具有相当的复杂性，没有统一性。为了加强研究的客观性，艾宾浩斯认为在实验中不能采用有意义的文字材料，因为有意义的文字材料本身包含了旧经验的影响及意义联想。艾宾浩斯在实验中创造了一种无意义音节的方法，最大限度地保证了实验研究的客观性。无意义音节是用两个辅音中间加上一个元音所构成的，是一个没有任何语义的音节。艾宾浩斯用德文字母编成了2300个无意义音节，如lef、bok或gat等等，然后由几个音节合成一组，进而组合成一份实验材料。由于这些无意义音节材料没有意义的联想，也排除了知识经验的干扰，只能依靠反复地背诵才能记住。因此，就保证了记忆实验研究的科学性。

艾宾浩斯在他实验时是如此的有条不紊，他甚至还调节自己的个人习惯，尽量使个人习惯保持常态，按照同样严格的日常做法来工作，学习材料时总是恰在每天的同一时间，先严格地执行下述的实验规则：

各个音节系列永远要从头至尾地通读，不得进行个别部分的学习，若背诵中途遇困难部分，也必须坚持阅读下去，决不能半途终止，否则又从开头学起。对音节系列的阅读和背诵必须保持恒定速率，即每分钟150次。为了保证重音的恒定性起见，把每三个或四个音节联合为段。在语调方面，必须尽力避免发生任何变异。学习完每一音节系列后，休息15秒钟，以记录结果。在学习的过程中，须尽量保持在最短的时间内争取达到所要求的目标的愿望。只凭单纯的重复对自然记忆的影响来进行学习，而并不要企图利用记忆术之类的特殊联想来把无意义音节加以连结。在进行实验研究期间，必须严格地控制生活的客观规律，以求避免太大的变异或不规则性。除了使用类似的（虽然不是同样的）学习材料，艾宾浩斯还一再重复同样的工作，借以保证实验结果的正确性和消除各次试验中产生的各种误差，并能得出一个平均数。

其次，艾宾浩斯创造了节省法。艾宾浩斯在测量记忆效果时采用了两种方法：完全记忆法和节省法。所谓完全记忆法就是根据一词完全记忆所需要的重复学习次数来计算分数的方法。艾宾浩斯为了更好地从数量上测量每次记忆的效果，还创造了节省法。节省法就是要求被试在第一次完全记忆之后，隔一段时间后再学再背，然后对比前后两次学习记忆所花时间的长短，计算出两次记忆过程中所节省的时间和记忆次数。

艾宾浩斯的伟大贡献

艾宾浩斯在心理学史上第一次运用实验法研究高级心理过程，开辟了实验心理学研究的新领域。尤其是在记忆研究方面取得了杰出的贡献。他是最早对记忆作数量分析的心理学家，揭示了人类记忆保持与遗忘的一般规律。他的研究极大地促进了实验心理学的发展。

他的关于学习和遗忘的研究被认为是他的创造天才在实验心理学上的真正伟大表现之一，是敢于进入"真正"心理学问题领域的第一人。

局限：历史的遗憾

艾宾浩斯的研究也存在一些缺陷。他只对记忆做了数量上的分析，而没有涉及记忆内容的性质，在记忆研究中有过分依赖无意义音节，这与现实生活有相当的距离，由此得出的结论难免脱离现实生活。艾宾浩斯回避了人类记忆是一个复杂的过程，将记忆简单地看作是机械重复的结果。

此外，艾宾浩斯的理论仅仅限于记忆领域，没有形成正式的体系，对心理学理论和体系并没有什么特殊的贡献。

发现心灵的秘密

西格蒙特·弗洛伊德　Sigmund Freud

1856~1939

1543 年，哥白尼推翻了地心说，粉碎了人类在宇宙中拥有特殊地位的幻想。3 个世纪后，达尔文又剥夺了人类在动物面前的优越感。然后有人说人类甚至不能控制自己的意识。他就是西格蒙特·弗洛伊德，一个任何心理学史都不能绕开的里程碑，第三位摧毁人类自尊的人。

"征服者"弗洛伊德

弗洛伊德的父亲雅各布单纯的性格对儿子的生活、研究工作与理论形成都产生了深远的影响。弗洛伊德崇尚简单的生活，他只有 3 套外衣、3 套内衣和 3 双鞋。在他的研究生涯中，这种单纯的生活习惯发展成了一种思想方法。

弗洛伊德的自信在很大程度上是由于母亲阿玛丽娅的鼓励。弗洛伊德在家里享受最优的待遇。他的房间里点的是汽灯，而其他人只能用蜡烛。因为害怕打搅他的学习，音乐在弗洛伊德家是被禁止的。正是因为对母亲的尊敬，他一生中从没有指责过任何妇女的背叛和欺骗行为。

由于弗洛伊德的理论以"性本能"为基础，所以许多不了解他，也不了解他的理论的"道学先生"将他形容为色情狂、玩弄女性的恶棍。但事实上，他对恋爱和婚姻的态度严肃而认真。1882年，弗洛伊德与玛莎·伯奈斯（Martha Bernays）一见钟情，到他们结为夫妻，两人总共经历了四年零五个月漫长的恋爱，其间整整分离了三年。他们几乎每天都写信，甚至一天写上两三封。最长的信有22页，最短的也有4页。弗洛伊德总共给玛莎写了900多封情书。

弗洛伊德进行过为期不长的可卡因实验。他不但服用可卡因，而且鼓吹它的止痛和抗抑郁作用。后来，当一位好友嗜毒成瘾后，他才意识到它的毁灭性，于是戒掉毒瘾。不过这已经引起人们的诟病。

1908年，弗洛伊德受邀前往美国克拉克大学参加该校校庆。在"乔治·华盛顿"号上，弗洛伊德偶然发现船舱管理员手里拿着一本他的《日常生活的心理分析》认真地阅读。这件事给了弗洛伊德极大的鼓舞。弗洛伊德在克拉克大学作了五次讲演，后来由哈佛大学神经学教授普特南（James J. Putnam）出版发行。他在序言中介绍弗洛伊德时说："他已经不是一个年轻人了。"这句话让弗洛伊德大受刺激。他的自信使他不甘示弱，不甘落后，即使在年龄上也不甘衰老，他希望自己能继续为精神分析事业冲锋陷阵。

1933年，弗洛伊德听说纳粹分子在柏林焚烧他的著作。他幽默地说："看看我们的进步有多大。要是在中世纪，他们会把我烧死；在今天，他们只烧掉我的书就满足了。"

表面上看，弗洛伊德是个非常严肃的人，其实他最喜欢讲笑话，并在故事里穿插一些他的心理学观点。他有一本研究幽默的书：《玩笑及其与无意识的关系》，其中讲了这样一个笑话：如果医生询问一个年轻病人，问他是否有过手淫，得到的回答一定是"O, na, nie！"（德语："哦，不，绝对没有这回事！"可是德语中，"Onanie"的意思原本就是"手淫"。）

弗洛伊德认为，遗忘、口误等不仅仅是一般的小毛病，而是有其非常重要的无意识原因。他的《日常生活中的心理病理学》一书中都是从弗洛伊德自己的生活、病人的生活或者其他来源收集到的逗笑材料。有个例子他特别喜欢用：奥地利国会众议院主席心里清楚某次会议将产生不出任何好的结局，因而希望它早一点结束，所以当会议刚刚开始时，他即大声宣布道："先生们，我看到大多数出席者已经到场，因此我宣布，会议到此结束！"

1938年，弗洛伊德背井离乡来到伦敦。英国国王亲自访问弗洛伊德。皇家学会的秘书还带来了他们自1660年创立以来代代相传的珍贵纪念册，请弗洛伊德在上面签名。弗洛伊德激动不已，因为他知道，这本纪念册上有伟大的科学家伊萨克·牛顿和查理斯·达尔文的签名。

他曾这样评价自己："我并不是一个真正的科学家，也不是一个观察家和实验家，更不是一个思想家。我只不过是一个具有征服者气质——好奇、勇敢和坚持不懈的征服者罢了。"

前辈师承

1873年，弗洛伊德被保送进入著名的维也纳大学医学院。

他连续 3 年听了意动心理学家布伦塔诺（Franz Brentano）的哲学课，对他后来的心理学观点产生了很大的影响。

1876 年，达尔文主义者、生理心理学家布吕克（Ernst Wilhelm von Brucke）要弗洛伊德到生理学研究所工作，专门研究低等动物的神经细胞。这在弗洛伊德的科学研究活动中是一个重要的转折点。

1885 年，布吕克教授的推荐弗洛伊德留学巴黎，进入当时有神经精神科学家圣地之称的沙尔彼特里哀尔精神病医院，师从法国最著名的精神病学专家沙可（Jean M. Charcot）。从此，弗洛伊德的研究重点就从神经系统病理和组织学转向了精神病治疗学。

弗洛伊德的心理学思想

人格学说是弗洛伊德学说的核心。弗洛伊德主张人的心理由潜意识（unconscious）、前意识（preconscious）和意识（consciousness）这三个层次所构成。潜意识指被压抑的欲望和本能冲动，发现潜意识心理现象是弗洛伊德的一个主要贡献。弗洛伊德认为，不能被人所察觉的潜意识对人的行为有极重要的影响。大多数心理疾病和神经症，都能追究到潜意识精神活动之中。

后来，弗洛伊德对此做了修正，提出人格是由本我（id）、自我（ego）和超我（superego）三部分构成的。每一部分都有相应的心理反映内容和功能，又始终处于矛盾运动之中。本我包含了人的一切原始冲动和本能欲望，其中最重要的是性欲和攻击欲望，是一切心理能量之源。自我是在本我的基础上发展起来的，其任务是调节本我与现实的矛盾。超我是人格中代表理想的部分，突出特点是追求完美。

弗洛伊德是"泛性论"者，他把人的一切问题都归结为性的问题。不过在他的学说里，"性"是广义的。他认为性的后面有一种力量，驱使人去寻求快感，弗洛伊德把它叫做力比多（libido），他把力比多的概念泛化为一种包罗一切爱的或生命本能的力量。泛性论是弗洛伊德学说的精蕴所在，也是弗洛伊德精神分析的理论基石。弗洛伊德据此把人格发展分为五个时期。

梦论和潜意识论、性欲论并称为精神分析的三大理论支柱，也是了解精神领域中潜意识活动的一条最重要的途径。弗洛伊德认为梦并不是偶然形成的联想，而是被压抑的愿望伪装的满足。因此，必须进行梦的解析，以揭示梦的隐匿意义。借助对梦的分析解释，可以深入到人的心理内部，从而发现精神疾病患者被压抑的欲望，使心理医生能够找到准确的治疗方法。

不可不知的名著

《梦的解析》，1900 年

这本书通过对梦的科学探索和解析，发掘了人性的另一面："潜意识"，揭开了人类心灵的奥秘，是精神分析理论体系形成的一个重要标志。它的德文初版只印了 600 册，6 年的时间才卖了 351 册，直到 1908 年才印刷了第二版。

后来，此书被许多学者看作是一本震撼世界的书，更被誉为是改变人类历史的书，从此名声大噪，经久不衰，与哥白尼的《天体运行论》以及达尔文的《物种起源》并列为引发人类思想革命的三大著作。

《性学三论》，1905 年

本书主要研究人类性欲之本质及其发展过程。弗洛伊德用了20 年时间对其进行不断的修补和改正。尽管性在人生中占有相当地位，但自古以来未曾有人用科学的方法去弄清它的真相。《性学三论》的功绩在于把被人视为禁忌的性学上升为科学，并把它提升为教育中的一个重要科目。

诊所故事

弗洛伊德的职业不是教授，而是心理治疗师，所以他的学术活动不是在实验室里，而是在治疗室中。

著名的心理分析方法也不是预先设计的，而是对一个患者的要求所做出的反应。她就是凡妮·莫塞尔男爵夫人，在弗洛伊德的研究报告中称为弗劳·艾米冯恩（Frau Emmy von N）。她的症状是面部抽搐，有扭动的蛇和死鼠的幻觉，噩梦中总有猫头鹰和可怕的野兽，嘴巴里不断地发出嘘声或"卟卟"声，并因此而经常中断交谈，害怕社交，讨厌陌生人。弗洛伊德利用宣泄式方法，治好了她的许多症状——她是第一位接受这种疗法的患者。

在治疗过程中，当弗洛伊德要求她回忆是什么事情引发了某些症状时，她常常唠叨不停，所答非所问，要么就干脆抱怨医生

"不该问这问那"，而应该让她自己说出自己想说的事情。弗洛伊德受到了启发，发现尽管病人东拉西扯听起来乏味，但是比直接催问更有效。这种做法最终使他悟出了一种极其重要的治疗和研究方法，即"自由联想"。

1900 年，一次失败的治疗使弗洛伊德对 5 年前提出的"移情现象"加深了认识。当时，他开始治疗一位 18 的姑娘。在研究报告中，她的名字是多娜（Dora）。弗洛伊德和女患者一致认为，她的歇斯底里症的病因是邻居 K 先生与她之间的性亲近。而她由此产生了既被其吸引，又想拒绝的矛盾心理。

然而 3 个月后，多娜在明显好转的情况下突然开始逃避治疗。弗洛伊德经过细致研究，发现由于自己嗜好雪茄，嘴里总有浓浓的烟味，而 K 先生也是个瘾君子。所以，多娜就把对 K 先生的矛盾心理转移到了弗洛伊德大夫身上。

弗洛伊德从 41 岁开始每天都进行"自我分析"，以了解并治疗自己的神经症。这不仅使他的症状大有好转，而且证实了他在病人身上得到的一些理论。

后世传人

在弗洛伊德的学生中，马克斯·卡汉纳（Marx Kahane）和鲁道夫·莱德勒（Rudolf Reitler）比较突出。有一位维也纳医生威廉·斯泰克尔（Wilhelm Stekel）因罹患神经症，经卡汉纳介绍向弗洛伊德求治，由于治疗的成功，斯泰克尔也开始从事精神分析活动。他们 4 人加上阿尔弗德·阿德勒（Alfred Adler），每个星期三下午都到弗洛伊德的候诊室讨论着精神分析的问题。这就是著名的"心理学星期三学会"。不久在他们身边就集结了一批信徒，其中奥托·兰克（Otto Rank）、山达·弗伦茨（Sandor Ferenczi）、欧内斯特·琼斯（Ernest Jones）等人都成了心理学运动中的中坚。

这时，在瑞士苏黎世的卡尔·荣格（C. G. Jung）也开始全面研究弗洛伊德的学说，并将其应用于神经症的治疗和研究中。从1906年起，他们开始了长达7年的通信。

1910年，第二届国际精神分析大会在纽伦堡召开，正式组成"国际精神分析学会"，被弗洛伊德亲昵称为"儿子与继承人"的荣格担任了学会的主席。阿德勒和斯泰克尔不满意大会的人事安排，加上难以调解的理论分歧，阿德勒退出学会，另创"个体心理学"。两年后，斯泰克尔也宣布退出。1911年，弗洛伊德和荣格又发生了学术上的冲突，荣格另辟分析心理学流派。

奥托·兰克一直是弗洛伊德的忠实信徒和亲密助手，但他也慢慢形成了自己的理论。由于弗洛伊德没有处理好两人的关系，兰克也弃他而去。

关于这些"背叛者"弗洛伊德的姑姑在餐桌上一语道破天机："西格蒙特，你的问题在于，你根本不了解别人。"

反对者与超越者

弗洛伊德的心理学一直受到激烈的攻击。最初是一些医生和心理学家，说它肮脏变态。譬如名叫索顿（E. N. Thornton）的英国学者收集到一些证据，说它们足以证明弗洛伊德的"重要假说，即'潜意识'并不存在，他的理论不仅毫无根据，而且荒唐可笑"，并说他的理论体系有可能是在可卡因的影响下编造出来的，因而判定他是一个"虚伪且不可靠的预言家"。

纳粹分子宣称它是犹太的垃圾，并四处焚烧他的书籍。而"道德家"则说它腐朽堕落。当然，这些攻击并不能使弗洛伊德学说泯灭。

只有一种批评使它受到了考验：一些心理学家和科学哲学家宣称，心理分析并不科学。他们认为心理分析研究不能被实验所证明，心理分析师无法建立一种情形，使他可以在其中控制变量，检查其影响力，并在此基础之上建立因果联系。

为此，心理学家努力证明精神分析的科学性。他们进行实验，让志愿者感受刺激。按照弗洛伊德的理论，这些刺激应该产生某种特定的结果。另一些人则依据测试，对某些性格特征进行测量。还有一些人采用发展的方法，观察并测量儿童在成长期间的性格和行为特征，以确定性格成长是按弗洛伊德的理论进行，还是需要另外的解释。

通过这些研究，弗洛伊德的许多理论得到证实。当然，也有一些理论让人产生了怀疑。但是这并不妨碍精神分析的方法在心理治疗以及其他各个领域被广泛应用。

弗洛伊德的伟大贡献

弗洛伊德对人性的解释，成为心理学三大理论体系之一（另外两大体系为行为论与人本论），而且影响了医学、文学、艺术以至宗教与史学的研究。

无论如何对他的人格进行攻击，如何对他的理论进行争辩，如何耗费苦心地对他的理论加以验证，人们永远无法抹去弗洛伊德及其不同凡俗的思想对心理学史和西方文明的重大影响。他的理论已经渗入西方文化，深刻地影响了艺术家、作家、立法者、教师、父母和广告商，使他们重新考虑人性和他们自身。

弗洛伊德在晚年对一个崇拜者说："我不是一个伟人——我只是做出了一个伟大的发现"。正是他的伟大发现向人类展示了一个从来无人涉足的思维领域，在扩大现代心理学视野的同时，也改变了它的方向。

局限：历史的遗憾

坚持性本能的决定作用的泛性论观点和忽视生理机制的研究是弗洛伊的理论的缺点，也是它最容易受到其他心理学家攻击的地方。他不是把人看作社会的人，而完全看成是一种生物，因此一开始就受到人们的谴责。尤其是他在"释梦"中显而易见的主观性、任意性和神秘性也，把人的一切梦的隐义都与梦者潜意识中的本能欲望联系起来，让人有牵强附会之感。

不过这样的缺点放在历史的背景中似乎不足为奇。在那个时代，产生了不少伟大的理论，它们的共同特点是：不易被人理解又不停遭到攻击，难以进行实验验证却在一定程度上得到证实，不断的质疑与完善让它们保持着理论的活力。这些伟大的理论中有的是关于浩渺的宇宙——例如爱因斯坦的相对论，有的是关于复杂的社会——例如马克思的共产主义。当然，决不能缺少有关于既浩渺又复杂的人的思想的理论——那就是弗洛伊德的精神分析学说。

心理学也要实用

约翰·杜威 John Dewey

1859~1952

一般而言，心理学家就是心理学家。然而，有个人不仅创立了心理学的一个学派，还是一个哲学学派的奠基人和一个教育改革家。他就是机能心理学的先驱、芝加哥学派的创始人、进步主义教育运动的代表、实用主义哲学的创始人约翰·杜威。

专门和学校作对的人

杜威于出生于美国一个风景秀丽的农业小镇柏灵顿。他的祖辈是为了逃避英国贵族的迫害而逃到美洲的移民。杜威的家乡虽然处在经济繁荣的新英格兰地区，但地势偏远，比较落后，他的一家也是地道的美国平民。

杜威幼年平凡无奇。和当时所有的美国青少年一样，他送过报纸，干过杂工，垦过荒地，修过水渠。由于教育陈腐，他在当地小学和中学的学业平平常常。他后来回忆道：我不过是在课堂之外的广大乡村活动中获得了一点重要的教育而已。16岁那年，杜威考进了柏灵顿镇上的佛蒙特州立大学。这所大学规模很小，水平也差，只教授基础文化科目，也讲些新知识，如达尔文的进化论、孔德的社会学说、英国的经验主义理论以及德国理性主义哲学之类。杜威在大学的获益也不大。像在中小学时代一样，他是从课外活动和广泛阅读中得到了一些可贵的启发。这种教育状况在当时的美国是常见的。杜威对此深感不满。

大学毕业后，杜威当了一段时间的中学老师，就去约翰·霍普金斯大学攻读哲学研究生。获得博士学位后，他受聘为密歇根大学哲学和心理学讲师。

1886年，杜威完成了美国第一部心理学教科书，书名就叫《心理学》。这本书在当时非常受欢迎，直到詹姆斯的不朽名著《心理学原理》问世，它才慢慢失去光彩。

1894年，杜威任芝加哥大学哲学教授，哲学、心理学和教育学系主任，还曾经兼任教育学院院长。他与另一位心理学家安吉尔共同提倡机能主义，使芝加哥大学成为美国机能主义心理学的中心，也称"芝加哥学派"。后来，由于对教育计划管理和财务方面的意见和校长产生了分歧，杜威离开芝加哥，去了哥伦比亚大学。他在哥伦亚大学一直工作到退休。这是杜威不再从事有关心理学方面的研究，而是把心理学应用到他当时关心的教育问题和哲学问题上。

为了进行教育实验并施行自己的教育理想，杜威创办了芝加哥实验学校。这所学校是他的哲学、教育学、心理学的实验室，用他自己的话来说，创办实验学校的目的在于"检验作为工作假设的来自某些哲学和心理学的思想"。在当时，这是教育上的根本革新。这种探索教育方法的新途径不仅使他一举成名，而且也使他成为有争议的人物。

杜威的中国之行

1919 年，杜威接到中国弟子胡适的邀请，偕夫人访问中国。

在上海，孙中山先生拜访了杜威，两人的这次谋面一直鲜为人知。孙中山希望这位世界著名的思想家能对自己有所帮助，于是他坦诚地向杜威陈述了自己的想法。孙中山认为，中国人的软弱是因为他们觉得"知易行难"，所以不愿意行动，害怕在行动中犯错误而无所作为。而邻居日本的力量正在于，他们即便在无知时也去行动，通过自己的错误进行认知。

杜威对孙中山的想法非常赞赏，因为在他的思想中，行为经验才是根本的，而认知不过是行为的工具。当时刚从日本来华的杜威对中日间的关系有了敏锐的觉察。尽管杜威也承认日本比中国发展得快，但心里却绝没有孙中山话里话外所流露出来的那种羡慕。在日本讲学时，他就对日本军国主义倾向表露出明显的反感，以至于拒绝了日本天皇授予他的勋章。在他看来，中国决不能走日本的路子，因为那样无异于饮鸩止渴。

杜威到达中国的时候，新文化运动正走向高潮，胡适邀请杜威前来，正是想借老师的声望助他们一臂之力。正在这时，"五四"爱国运动爆发了，杜威有幸目睹了中国历史上重要的一刻。像许多西方人一样，杜威也曾经觉得中国是个积重难返的民族，但身临其境的他发现事实并非如此，他撰文告诉西方人这个国家的希望。

杜威对中国产生了浓厚的兴趣，在中国弟子的挽留下，杜威在中国待了两年又两个月。在他一生的讲学或旅行史上，这是绝无仅有的。在北京，杜威先后在教育部礼堂等地作了16次社会与政治哲学讲演、16次教育哲学讲演、15次伦理学讲演、8次思维类型讲演、关于"当代三大哲学家"詹姆斯、柏格森和罗素的讲演。这些讲演发表在报刊杂志上，产生了轰动效应。

杜威告诉中国人，现代西方文明的精髓在于精神文化，中国人必须从这一点着眼，来改造自己的民族精神。杜威还毫不客气地指出了传统中国文化的痼疾所在，为中国人表现出来的对国家问题的冷漠而震惊。杜威觉得中国人的冷漠有可能属于一个民族心理习惯问题。他考察了11个省市后发现，中国人对自然和土地的依赖超出了对国家的关心。杜威指出，保守是促使中国国力羸弱的主要原因。而其根源，则要追溯到老子与孔子哲学。他的这些观点在"五四"时期产生了很大影响。

老实说，比起同时在中国访问讲学的英国哲学家罗素来，杜威的口才其实难以恭维。但是两人游走各地，各逞辩才，宣传自己的思想。往往同一张报纸的同一版面上，两人的讲演录交错在一起，构成了当时中国文化界的亮丽的风景。

回国后，杜威仍对中国恋恋不忘，接连不断地发表有关中国的论文。正像他的女儿简·杜威后来所讲的那样，中国一直是杜威深为关切的国家，这种关切仅仅次于他自己的祖国。

前辈师承

杜威年轻时，正值美国南北战争后的重建时期，举国上下在政治、经济方面展开了热火朝天的改革，在文化教育上则向学术发达的德国学习，掀起了德国热。杜威受此学风的鼓励，在佛蒙特大学教授陶瑞（H. Torry）的指导下，阅读了黑格尔等人的哲学论著。

美国高等院校的"德国热"以约翰·霍普金斯大学的建立为标志。这所新学府由崇拜德国教育的吉尔曼（D. Gilman）校长主持，以柏林大学和莱比锡大学为范例，提倡学术研究，被誉为"设在巴尔的摩的德国大学"。杜威于1882年成为该校的研究生，攻读黑格尔的辩证法和德国的理性主义哲学，1884年获哲学博士学位。

约翰·霍普金斯大学名师荟萃，杜威既受教于讲授德国哲学的莫里斯（George Morris）教授，又接受发展心理学创始人霍尔（Stanley Hall）和实用主义哲学家皮尔斯（Charles Pierce）的教导。他醉心理智探索，想念超绝的永恒的真理，是黑格尔的崇拜者。

当时美国赴欧留学生数以千计，他们返美后传播欧洲学术，更有在欧洲学术基础上开山立派的美国学者。留学德国而执教哈佛大学的詹姆斯就是其中佼佼者。杜威阅读了詹姆斯的心理学名著，把兴奋点移向急剧变化的现实，着意给当时突出的社会矛盾寻求科学和哲学的解答。杜威在1930年撰写的《从绝对主义到试验主义》一文中，叙述了这段思想改变的过程。从此，他融欧美思潮于一炉，给他的伟大思想培植了深厚根基。

杜威的心理学思想

杜威的实用主义在广义上也被称为工具主义，即认为人的思想、观念和理论都是人的行为工具。鉴于此，杜威也把人的心理、意识看作是整个有机体适应环境的一种工具。这充分显示了杜威心理学思想中的实用主义和机能主义倾向。

杜威也接受了达尔文的进化论思想，认为人总是生存于某种环境中，有机体要生存下去，就必须对环境做出反应，即适应环境。在人与环境的相互作用中就产生了经验，这种经验使人与环境形成一个不可分割的整体。从这个观点出发，可以认为反射弧中的刺激和反映之间存在着密不可分的联系，意识和行为也是一个机能整体，所以杜威将完整动作的机能确定为心理学的研究对象。

杜威反对冯特的元素主义。他认为把反射弧分为刺激和反应是一种简单化的理论，指出反射弧不能归结为对刺激的感觉和运动反应两种因素，正如意识不能分离为心理元素一样。他指出这种区分是人为的、抽象化的，并不符合事实。他主张把反射弧看作心理机能，它的主要作用是"协调"、"调节"。

杜威说，对行为进行人为的分析的简化，会使行为失去一切意义；如果进行分析，那么最后所留下的一切东西只不过是存在于心理学家头脑中的抽象而已。不应把行为看作一种人为的科学结构，而应该通过它在有机体适应环境中的意义来加以研究。

通过各种事例，杜威说明了有机体是如何通过反射弧这个回路适应环境的，从而为机能心理学的科学解释提供了理论依据。正是有了这一理论，机能心理学摆脱了由冯特所规定的纯科学的束缚，为心理学应用于教育革新开辟了前进的道路。这就是杜威所提倡的进步教育。

杜威的教育基本原则是在"做"中"学"，认为教育应尊重个体性，允许学生参与教育过程。对他而言，教育的目标不是传递传统知识，而是发展学生的创造力和多方面的能力，因为这些传统知识往往是不正确的。教师的作用也不是教给学生一些教条，而是要培养学生发散思维的能力。他还强烈反对死记硬背的学习方法，认为这样不利于养成学生的民主精神。

他强调，心理学是教育理论与教育实践的基础。儿童和成人的最根本差别是心理学和生物学上的差别。成人是生活上已有一定职业和地位的人，负有特定责任，要求执行某种习惯。儿童的主要职务是成长，他"忙于形成不定型的各种习惯"，"为他以后生活的特定目的和目标提供基础和材料"。但是，有些学校和教师把儿童看作"小大人"，或者放任自由的小天使。因此，他反对那种抑制正在形成各种习惯的具有肉体的人，反对抑制某些心理因素，例如智力的、情绪的和明显的行为习惯。他也反对片面地只提供引起儿童兴趣和愉快的刺激，忽视全面的素质教育，甚至放任学生读黄色书刊和有毒的小说而不管。

杜威的教育学观点是革命性的，在全世界范围内产生了深刻的影响。

后世传人

杜威甫抵中国，在码头上迎接他的是他的三个中国弟子蒋梦麟、陶行知和胡适。蒋梦麟和胡适都是北京大学的教授，也担任过校长。

尤值得一提的是陶行知，他不但是杜威教育理论的有力传播者，而且还是其理论的发展者与实践者。他发挥了杜威"教育即生活"的原则，结合中国多年的教育实践，提出了"生活即教育"的主张，成立的众多实验学校。杜威还亲自到其中的一些学校做过考察。陶行知逝世时，87岁高龄的杜威特意发来唁电，称赞陶行知为中国的教育改造做出了无与伦比的贡献。

杜威的伟大贡献

杜威是实用主义哲学的创始人，20世纪最重要的哲学家之一，机能心理学的先驱，芝加哥学派的创始人，美国进步主义教育运动的代表。杜威对心理学的重要贡献就在于创建了一个具有明显特点的心理学学派。他于1896年发表的一篇重要论文《心理学中的反射弧概念》，被认为是机能主义正式建立的最重要的里程碑。

他的学术著作甚丰，是美国哲学家中最多产的一位。他一生共出版了30多种著作，发表了近千篇论文，内容涉及哲学、教育、心理、逻辑、伦理、文化艺术和社会政治等各个方面，仅目录就达125页。他的思想涵盖逻辑学、认识论、心理学、教育学、社会哲学、美术和宗教。他曾担任过美国心理学会主席、美国哲学协会主席、美国大学教授联合会主席，1910年当选为美国国家科学院院士，被誉为20世纪影响东西方文化最大的人物。

为心理学正名

爱德华·铁钦纳　Edward Titchener

1867~1927

长久以来，心理学一直受到哲学和生理学的束缚。有一位心理学家重新定义了心理学，他以实验室为中心的事业，使心理学第一次被承认为一门科学，有了正式的学术身份和结构。他就是科学心理学的开创者，构造主义心理学的奠基人爱德华·铁钦纳。

身在他乡为异客

铁钦纳出生于英格兰奇切斯特的名门望族。父亲英年早逝，使得铁钦纳的童年生活很窘迫。但是贫困并没有阻止他接受良好的教育，优异的学习成绩为他赢得了许多奖学金，让他能够进入最好的学校。铁钦纳兴趣广泛，才华横溢。由于出生在以罗马废墟闻名的奇切斯特城，他对历史很感兴趣，还收藏珍稀古币。他精通哲学、自然科学，擅长文学和音乐。

在英国著名的莫尔文学院，他表现得十分出众，频繁获奖。一次，负责颁奖的著名的诗人洛厄尔（James Lowell）幽默地说："我不愿意再看到你了，铁钦纳先生。"

在牛津毕业后，开始对心理学产生兴趣的铁钦纳发现英国的那些老学究根本对心理学不屑一顾，于是就跑到德国求师。

　　学成回国后，雄心勃勃的铁钦纳想将实验心理学在英国发扬光大，于是决定在牛津大学建立心理实验室。但是校方认为，科学实验的方法不能研究属于哲学的心理学科，心理实验室是将灵魂用仪器进行实验，这是对上帝的不敬，不予批准。一气之下，在牛津大学做了几个月生物学讲师的铁钦纳来到美国，应聘为康奈尔大学心理学实验室主任，直到去世。

　　虽然铁钦纳为了自己的心理学研究，两次出走异国，以至于终老他乡，但他却认为："我本人显然是个英国的心理学家，如果这个形容词意味着国籍的话。假如它意味着一种思维方式，我希望自己也是如此。"他一直是"在美国的一个代表德国心理学传统的英国人"。

　　铁钦纳并不认同美国的文化和思维方式，而一直坚守欧洲文化传统。因此，虽然构造心理学产生于美国，却带有明显的欧洲文化的烙印。这也为他与美国本土心理学家的论争埋下了伏笔。他对美国有英国人的传统看法，认为美国是英国的殖民地，常常以老大哥自居，再加上他好争勇斗，竟成为美国心理学会不受欢迎的人。铁钦纳也不甘示弱，他自己组织学会，召开年会和创办心理刊物，和美国心理学会对抗。

前辈师承

　　在牛津大学，铁钦纳受到英国经验主义和联想主义哲学传统的熏陶。在牛津大学生理学实验室工作期间，哲学与生理学两种思想的结合，使铁钦纳对新兴的心理学产生了兴趣，在业余时间将冯特的《生理心理学原则》译成英文。

但是牛津的学者对心理学之类的新科学不屑一顾。因为投师无门，铁钦纳带着译稿去莱比锡大学拜冯特为师。

铁钦纳十分敬佩冯特那种有条不紊、治学严谨的作风，甚至处处刻意模仿他的导师。虽然只跟冯特学习了短短两年的时间，但却对铁钦纳的学术生涯产生了持久、决定性的影响。他接受并坚持冯特心理学的基本理念和方法，并且一直把自己视为忠实的冯特主义者。有学者认为，铁钦纳的构造心理学就是冯特的意识心理学的极端化。

铁钦纳的心理学思想

铁钦纳从唯心主义经验论的观点出发，认为世界都是由经验构成的，铁钦纳还进一步把心理定义为人类经验的总和，明确指出了经验、心理、心理过程和意识之间的区别与联系。他指出："虽然心理学的对象是心理，但心理学研究的直接对象却往往是意识。"

铁钦纳继承了冯特关于心理学研究方法的基本观点，认为一切科学的方法都是观察，科学工作的唯一方法就是观察那些构成科学研究对象的现象，包括对现象的注意和记录。

铁钦纳强调，在内省过程中，必须保持心理学的态度或观点，必须把注意完全集中于心理的经验，必须用心理学的语言来报告心理的经验。他进一步指出，实验是一种可以被重复、分离和变化的观察，心理学为了得到清晰的经验和准确的报告，就必须把观察和实验结合起来。他把这种内省和观察相结合的方法命名为"实验内省法"。

铁钦纳对冯特的内省法作了进一步的发展，打破冯特的限制，将之推广运用到高级的心理过程，如思维、想像等。

铁钦纳为内省法规定了种种限制。他坚持只有训练有素的观察者才能进行内省，坚持反对使用未受过训练的观察执行者。对于初学者来说，最好是根据记忆来进行内省描述，这样内省就变成了回忆，内省考察变成了事后考察。而老练的观察者则会养成内省态度，因而他在观察进程中不仅可以在心里默记时不干扰他的意识，甚至还可以做笔记，犹如组织学家眼睛看着显微镜同时还能做笔记一样。他认为，内省者必须在情绪良好、精神饱满和身体健康时，在周围环境安适、摆脱外界干扰时，才能进行观察。

铁钦纳赞同冯特把内省与实验结合起来的原则，他认为心理学的观察实质上不仅是内省的，也必然是实验的。

铁钦纳认为，心理学的任务就是分析和说明心理过程构成的元素，以及它们相互结合的方式和规律。铁钦纳把意识经验分析成基本元素，与冯特的主张不同，铁钦纳增添了一种新的意识元素即意象，认为人的一切意识经验或系列过程都是由感觉、意象和情感三种基本元素构成的。感觉是知觉的特有元素，意象是观念的特有元素，情感是情绪的特有元素。在这三种意识元素中，铁钦纳研究最多的是感觉，其次是情感，最少的是意象。

他认为感觉包括声音、光线、味道等经验，它们是由当时环境的物理对象引起的。铁钦纳还根据内省的相似性，依照其发生的感官的不同以及由所制约的刺激类型等标准把感觉分为视、听、机体等七种形态。铁钦纳对感觉基本元素作了最为详尽或繁琐的分析。他分出的感觉元素多达 44435 种，其中视觉元素 32820 种，听觉元素 11600 种。

在心理与生理的关系问题上，铁钦纳坚持心身平行论的观点，认为神经过程和心理过程是两种平行、相互对应的活动。在铁钦纳看来，用心身平行论的观点可以解释一些原来解释不了的现象。例如，人在每天晚上睡着时，心理活动消失；在每天早上醒来时，心理活动又重新形成；有时一个观念记不起来，直到数年之后又忽然想起来。这是因为在这段时间里，生理过程都照样一贯地进行着，才保证了心理过程没有完全中断而又重新恢复。如果我们拒绝用身体解释心理，我们要么满足于对心理经验的简单描述，要么发明一种无意识的心理意识得以前后一贯和连续不断。采用前一种方法，我们永远达不到一种科学的心理学；采用后一种方法，我们便自动地离开了事实的领域而走向虚构的境界。

总之，铁钦纳的心身平行论把神经过程与心理过程割裂开来，否定了心理是大脑的机能，最终未能对心理过程做出科学的解释，犯了形而上学的错误。但是，它在心理学研究对象上把心理与生理区别开来，却使心理学脱离了生理学，对促进心理学的独立发展还是有积极意义的。

后世传人

铁钦纳在教育学生上颇有乃师冯特的风范，他性格刚毅，好争辩，治学严谨，文章明快，对学生很有吸引力。他所在的心理学系的同事也来听他的研究生课程，从中了解了许多心理学的新发现和理论洞见，而研究生则为他的博学和睿智所折服。

铁钦纳是一个要求严格、一丝不苟的教师。他为学生指定研究课题，认为他提出的问题才是真正的心理学问题，并且要他们服从他的权威。

作为一位出色的教师，他和冯特一样，培养了一批颇有建树的心理学家，如心理学史家波林、心理测量学专家吉尔福特等人。在康奈尔大学的 35 年中，铁钦纳一共培养了 54 名心理学博士，除此之外，铁钦纳还创建了一个著名的心理学组织——实验心理学家学会，促进了心理学家之间的交流和科学心理学的传播。

反对者与超越者

铁钦纳的构造主义心理学理论，与美国本土的，以詹姆斯为代表的机能主义心理学产生了严重的对立。这种对立实际上是美国的实用主义哲学与欧洲传统思辨哲学的对立。

机能主义心理学认为，内省法有赖于与被试者的感觉，根本不能准确地进行观察测量。同时，机能主义对构造主义反对心理学应用的做法也嗤之以鼻。而铁钦纳反对机能主义的理由之一，就是认为机能心理学只是心理学的应用，是心理学技术，不是心理学本身。他认为机能心理学虽然有用，但是它必须建立在构造心理学的基础之上，好比生物科学中的生理学要建立在形态学的基础之上一样。铁钦纳这种把意识的构造或内容与它的机能或作用截然分开的观点，含有明显的形而上学的因素，因为，心理的构造事实上是不能离开它的机能而加以理解的。

在和机能心理学争论的时候，铁钦纳不是直接反驳对方的批评，而是从科学的分类讲起。他说，从生物学上说有解剖学、生理学和发生学。和生物学相对应，心理学可分为构造心理学、机能心理学和发生发展心理学。从历史上看，我们已知道：古希腊的亚里士多德就是把心理看作灵魂的功能，如今从生物进化论观点将心理看作机能。其实，功能和机能同是一个东西，就是机能心理学要研究的机能。铁钦纳指出，可见，历史上研究机能的时间相当长久了，但是，看来进步并不大；研究构造是实验心理学才开始的，现在应该将机能的研究工作停下来先研究构造，或许更妥当。只要构造研究清楚了，再研究机能就比较容易。

有趣的是，机能主义与构造主义这对冤家实际上很有缘分。"构造心理学"这个用语是詹姆斯在一篇文章中提出来的，而"机能心理学"这个名称又是铁钦纳在争论中提出来，然后才由詹姆斯的学生安吉尔在美国心理学年会的演说中加以肯定。

就这样，争论双方各自承认了对方的合法地位，开创了现代心理学的新篇章。

铁钦纳的伟大贡献

铁钦纳的构造心理学将科学的客观性和精确性引入了心理学。在研究过程中，他一直追求科学的客观性，认为心理学的方法和物理学的方法是一样的，对物理事件的观察与对心理事件的观察是同等的。铁钦纳力图使心理学获得科学性，这一理念不但具有重要的价值，而且对心理学产生了深远的影响。实质上，使心理学成为一门科学的，不是研究对象，而是研究方法。

在当代，科学主义取向的心理学，比如认知心理学，也是通过运用信息科学的方法和方法论而获得和保持其浓厚的科学主义色彩，并且在心理学领域中处于主流地位的。

铁钦纳的另一个贡献则更加伟大，他对意识与构造心理学的发展、完善与弘扬，发挥了巨大的作用，推动了心理学的普及化、科学化运动，他创立了心理学历史上一个比较成熟的学派，使心理学第一次脱离了哲学和生理学，有了正式的学术身份和结构，为新兴的实验心理学提供了有效的方法和资料，从根本上推动了心理学的发展。

局限：历史的遗憾

铁钦纳的构造心理学理论过分地限制了心理学的研究领域，将心理学的任务主要局限在对意识元素的分析上，认为任何不能被经过训练的内省者观察的心理过程，都是无关紧要的，应排除在心理学的范围之外。这样就在一定程度上阻碍了各种心理学分支的产生和发展。

构造心理学本身的研究方法单一，过于倚重内省，重视分析而轻视整合，使心理学不能完全脱离哲学思辨，具有内省主义和元素主义的倾向。铁钦纳所倡导的系统内省并没有使心理学获得客观性和精确性，他创立的心理学体系也没有生存下去。

由于铁钦纳强调心理学是一门"纯"科学，所以不主张用心理学的理论和技术解决社会问题，反对应用心理学。这显然是一种缺乏根据的偏见，这种偏见使心理学严重脱离了社会现实和人类生活，成为一种"象牙塔科学"，使构造心理学失去了发展的动力。也正是这种偏见，给铁钦纳的反对者——机能主义心理学提供了生长点和广阔的发展空间。

超越自我

阿尔弗雷德·阿德勒　Alfred Adler
1870~1937

在心理学的历史上，弗洛伊德似乎成了一尊万人崇拜的神祇。不过仍有不少人通过自己的研究，让"弗神仙"慢慢走下神坛。最早与弗洛伊德决裂，另创门派的精神分析学家，就是个体心理学的创始人阿尔弗雷德·阿德勒。

从自卑到自信

阿德勒出生于一个富裕的犹太商人家庭。他年幼时患有佝偻病，身材矮小，4岁才会走路，5岁又患肺病，病重得几乎夭折。这些不幸的经历使他对身体的缺陷特别敏感，在与哥哥的比较中，充满了自卑感。后来他提出克服自卑感和追求优越是人格发展的动力，正和他本人的早期经历有着密切的关系。

1895年，阿德勒在维也纳大学医学院获得医学博士学位。由于对身心的有机统一性的兴趣，他开始关注精神病学。在读了弗洛伊德的《梦的解释》后，他对弗洛伊德的观点表示赞同，开始参加弗洛伊德的每周讨论小组，并在论战中为他做辩护。因此，弗洛伊德邀请他帮助组建维也纳精神分析学会，并担任学会的主席和《精神分析杂志》主编。

尽管阿德勒是最早追随弗洛伊德理论的一员，但从未与弗洛伊德建立起亲密的个人关系。这在很大程度上是由于他一直对弗洛伊德过分强调神经症中的性因素的观点持反对态度。

1907年，阿德勒发表文章，明确宣告了他与弗洛伊德的观点分歧。1911年，他退出维也纳精神分析学会，与弗洛伊德分道扬镳。不久，阿德勒组建了自己的"自由精神分析研究协会"，又改名为"个体心理学"，并逐渐发展为一个有广泛影响的个体心理学派。

第一次世界大战时，阿德勒作为医生在奥地利军队中服务。他致力于把自己的理论与儿童抚养和教育的实际相结合。他与学生们一起在30多所中学开办了儿童指导诊所。此后，他到欧美各国演讲，受到热烈欢迎。1937年5月18日，阿德勒在一次疲劳的旅行讲学中逝世于苏格兰。

阿德勒的心理学思想

阿德勒之所以把自己的思想叫个体心理学，是为了强调人是一个不可分割的实体，有自己的独特目的，寻求人生意义和追求理想，并且是一个与社会和他人不可分割的有机整体。他认为，我们要理解这样的个体，就只有通过理解其与其他社会成员的联系的途径才能实现。

阿德勒相信人类的行为是以社会文化而非生物学为取向的。阿德勒认为追求优越是人们行为的根本动力。在他看来，追求优越既是与生俱来的又是后天发展出来的。追求优越有两种不同方法。一种是只追求个人优越，很少关心他人，其行为往往受过度夸张的自卑感驱使。另一种是追求一种优越、完善的社会，使每个人都获得益处。

阿德勒把自卑与补偿看作是追求优越的动力根源。但他对自卑与补偿的本质的看法经历了扩展和修正的过程。开始他认为自卑与补偿是针对特定的生理缺陷的，后来他提出自卑与补偿的概念其实应从针对特定的器官缺陷扩展到针对人在生理和社会等方面处于低劣状态的普遍情境。他指出，自卑与补偿是与生俱来的。因为人在婴幼儿时期，在各个方面都处于劣势，需要依赖成年人才能生存，由此必然产生自卑和补偿。当然，这种自卑与补偿在大多数情况下是正常的健康的反应，可以驱使人们实现自己的潜能。但是，如果不能成功地进行补偿，就会产生自卑情结，导致心理疾病的发生。

每个个体追求优越的主客观条件不同，因此个体获得优越的方法也不同。阿德勒把个体追求优越目标的方式称为生活风格。他认为，一个人的生活风格也就是一个人自己的人格，是人格的统一性、个体性，是一个人面对问题时的方法和希望对人生做出贡献的愿望。每个人在形成自己的生活风格时并不是消极被动的，而是能够根据自己的经验和遗传积极地建构它，这也就是创造性自我的作用。也就是说，创造性自我能够使我们成为自己生活的主人，它决定了我们对优越目标的选取、达到目标的方法和社会兴趣的发展。

阿德勒用了一个"建筑设计"的比喻来说明在人格的建构中遗传、环境创造性自我各自的作用。遗传和环境提供了建构人格所需要的砖和水泥，创造性自我则提供了建筑的设计风格。

创造性自我并不是一个静态的主体，而是一种包含活动在内的动力。因为生活的最显著特点在于它是一种活动，是一种运动的过程。人的行为的目的性、力量、勇气、冲动性和人的气质等都反映了生活的动力学本质。因此，为生活负责的创造性自我就必然具有动力学本质。他认为，创造性自我决定了人的心理健康与否、社会兴趣正确与否。

阿德勒的创造性自我的思想与行为主义的"刺激－反应"模式是针锋相对的，他极其重视自我及其创造性在人格形成中的作用。这深深地影响了人本主义心理学家，他们的自我概念都强调人的主观能动性。

不可不知的名著

《理解人性》，1927 年

阿德勒一生关心人的成长和社会教育，并以此作为他工作的动力。

他在维也纳人民学院的露天讲座面向公众进行心理学讲演，并温和而耐心地回答人们的问题。每周一次的讲演持续了整整一年，讲稿汇集起来并加以整理加工，就成了这部《理解人性》。

本书分"人的行为"和"性格科学"两个部分，作者用简明通俗的语言介绍了个体心理学的基本原理，并对这些原理的实际应用进行了阐述，对人的性格进行了科学剖析，着重强调了人的社会性和社会感，强调个人的人生观和价值观在形成性格的过程中所起的作用，旨在帮助普通人正确理解人性，更好地处理日常关系，减少生活行为中的错误，共同致力于社会和社区生活的和谐发展。

后世传人

在阿德勒去世后，他的追随者迅速把他的个体心理学思想加以继承和发展，使之成为新阿德勒学派而闻名于世。

新阿德勒学派的主要研究兴趣是在临床治疗和教育领域。在临床方面，新阿德勒学派发现，情绪障碍的影响因素主要有：自卑感；个体缺乏恰当的社会兴趣，如以追求更大的个人荣誉为优越目标；对于冒险和全身心地投入生活缺乏勇气；消极被动而不是积极发挥创造性自我的主观能动性；由于知觉和信念的扭曲而导致的学习失败。在心理治疗技术方面，他们将阿德勒的社会兴趣和生活风格等概念编制成问卷，用以测量患者；明确地告诉患者如何发现、确定、矫正自己的生活目标，发展社会兴趣等。新阿德勒学派的心理治疗是一种促进心理成长的疗法，因此它也被扩展到其他的心理治疗中，如认知治疗、行为治疗、存在治疗、人本主义治疗、相互作用治疗和顿悟治疗。

在教育方面，新阿德勒学派的成员建立了许多个体心理学的实验学校。他们用阿德勒的思想方法对学校的体系进行改造，兴起过个体教育思潮。个体教育思潮和人本主义心理学的教育思潮相互融合，对当代的教育改革和教育理论的发展起到了较大的推动作用。

阿德勒的伟大贡献

阿德勒的个体心理学对当代西方心理学产生了广泛的影响。他反对弗洛伊德强调生物学因素，倡导社会文化因素在人格形成和发展中的作用，这种思想影响了霍妮、沙利文和弗洛姆等精神分析社会文化学派的成员，使他成为精神分析社会文化学派的先驱。他注重个体的创造性和对理想目标的追求，对人生持乐观态度，这对奥尔波特、罗杰斯、马斯洛和罗洛·梅等人本主义心理学家有重要影响。他重视意识自我的重要性，推动了自我心理学的研究。

其次，阿德勒的个体心理学确立了心理学的社会价值取向。心理学所研究的人并非是自然人，而是处在与他人和社会的关系之中的人。这是符合马克思主义的观点的，尽管阿德勒并非马克思主义者。他正确地认识到培养健康的社会兴趣的重要性，强调与他人相处的艺术，反对以自我为中心，倡导以社会为中心。他所确立的心理学的社会价值取向一反在西方心理学中长期以来的个人价值取向，具有重要的开创意义。

再次，阿德勒的个体心理学提出了整体研究的方法论原则。自从冯特创立了科学心理学以来，心理学的主流主要采取分析研究的方法论原则，即主张对心理现象进行分析和还原。分析研究的方法论虽然有助于我们对心理现象的局部和个别的精确了解，但一味强调这种方法的科学性，排斥整体研究的方法论，却可能导致丧失对心理现象的整体和一般的正确的把握，导致我们犯"盲人摸象"的错误。他的个体心理学把人看成是有机的整体，强调意识和潜意识、主观性和客观性、个体性与社会性都是相互联系的，不可截然分割的。他在研究个体时，是把其放在家庭和社会的意义场中进行的，他对个体的自卑及其补偿、追求优越、社会兴趣、创造性自我和生活风格等的研究突出了完整的人与社会的相互作用，试图全面地研究人。他对人的这种研究虽然还是过多地停留于主观，但无疑对整体研究的方法论有促进作用。

最后，阿德勒的个体心理学推动了心理学走向应用。他非常重视心理学知识的实际应用。他和他的追随者开办了多家儿童指导诊所，积极倡导家庭环境对儿童人格的决定作用，呼吁家庭和学校要培养儿童的正确的社会兴趣，为儿童教育提供了实际的指导，有助于减少儿童和成人的违法犯罪和各种社会问题。历史证明，阿德勒成功地走出了一条将心理学理论与实际相结合、积极开展理论的应用研究的道路。他为后人如何促进心理学的发展和应用提供了有益的启示。

局限：历史的遗憾

阿德勒的个体心理学仍然带有强烈的非理性主义色彩和生物学化的倾向。例如，他虽然强调意识自我和社会环境对人格发展的作用，但是仍然将潜意识的因素和生物因素作为最基本的制约因素。他认为作为人格发展动力的追求优越和人格发展的原因的自卑及其补偿，实际上主要是潜意识地发挥作用的，而且根源于儿童的器官缺陷或先天的由生物本能决定的软弱无能。

阿德勒的个体心理学对人性的社会本质的看法也是肤浅的。

他把心理疾病的原因仅仅归结为缺乏社会兴趣和错误的生活风格，没有看到社会的异化是人性扭曲的根源。

阿德勒的理论还带有较强的主观性和片面性。他在研究方法上强调把个体作为一个完整的有机体来分析，但是，他把整体与部分、主观与客观截然对立起来，只注重整体的描述和主观的解释，缺乏对某种心理和行为的细致研究，并片面地夸大了某些心理效应。他的个体心理学中许多基本概念相互联系，但却缺乏深刻性和理论的根基。他将自卑感及补偿夸大为人格发展的动因难免给人以主观片面的印象。

阿德勒的个体心理学科学性不强，许多基本概念缺乏操作性定义，致使很难对它们进行验证。他的学说虽然是建立在临床观察的经验研究的基础上的，但后来的许多研究并没有对其科学性提供支持。

孤独的学者

威廉·麦独孤　William McDougdll

1871~1938

英国经验主义哲学和联想主义心理学本来是心理学的重要思想来源之一，心理学作为一门独立学科在英国总是遇到冷遇。幸运的是，英国最终还是接受了心理学，不过既不是传统联想主义，也不是铁钦纳的构造主义，而在进化论和意动心理学的影响下形成的。他的建立者是威廉·麦独孤。

不受欢迎的"老大哥"

麦独孤出生于英国，5 岁就进了曼彻斯特大学，毕业后进入剑桥大学学医。在伦敦圣托马斯医院实习期间，他接触到了詹姆斯的《心理学原理》，像许多年轻人那样，开始对心理学发生兴趣。

在剑桥大学圣约翰学院担任研究员期间，麦独孤参加了剑桥大学组织的对新几内亚原始部落进行的人类学和心理学的考察，又去婆罗洲做人类学研究，这和达尔文的经历一模一样。

1904 年，麦独孤在牛津大学担任精神哲学讲师，但是他的主要兴趣已经转向实验心理学。不过由于英国学术传统的顽固，牛津大学没有心理学家的地位，只有一位生理学家从自己的实验室里腾出了三间房子给麦独孤做实验室。

第一次世界大战期间，麦独孤任医疗队陆军少校，从事心理治疗工作。后来他移居美国，进入哈佛大学研究院，并成为杜克大学心理学系主任。不过他和铁钦纳一样，虽然长期在美国工作，但是以英国老大哥自居，成为不受美国心理学会欢迎的人。

前辈师承

麦独孤的心理学理论受到多种学术传统的影响，其中最直接的影响来自英国心理学家沃德（Jaines Ward）和沃德的学生斯托特（George Stout）。

沃德是一个哲学家，也受过很好的生理学训练，熟悉韦伯和费希纳的心理物理学。沃德在剑桥大学任教期间，曾向学校建议设立心理物理学实验室。但这个建议未获通过，因为有一位数学家极力反对，认为"将人类灵魂置于天平上未免侮辱宗教"。很多年后，沃德才申请到 50 英镑购买心理学仪器，又过了 6 年，才在生理系分到一间小房子建立了心理学实验室。

沃德曾到德国哥廷根大学学习，受到布伦塔诺的影响，可以说成为一位意动心理学家。他拒绝接受英国的联想主义心理学，因为联想虽然是一种重要的心理机制，但它不能充分解释心灵的主动性和统一性。1900 年，麦独孤也到德国哥廷根大学，跟随著名的心理学家缪勒学习实验心理学。

斯托特受沃德的影响，接受了布伦塔诺意动心理学的立场。他将心理过程分为认识和兴趣，又将兴趣分为意动和感情。他特别强调意动方面。意动是意识的主动方面，相当于奋勉、欲望或意志，意动的对象就是目的或达到目的的手段。目的达到了，相应的那种意动就消失了。麦独孤重视合目的性的奋勉在心理活动中所起的作用，这种奋勉就是意动作用的结果。

除了直接受到沃德和斯托特的影响，麦独孤还受到达尔文和斯宾塞的进化论的影响，因而特别关注心理对于适应环境的机能，以及人的心理与动物心理的连续性。他还受到詹姆斯的影响，重视心理生活的目的性和本能的作用。另外，哲学家柏格森的"生命冲动"学说、弗洛伊德的本能学说都对麦独孤有明显的影响。

麦独孤的心理学思想

因为冯特式的内省主义心理学不关注行为动力的研究，因而对社会科学贡献甚少。麦独孤对此表示不满，就创建了策动心理学。策动（horlne）一词来源于希腊语，意思是一种活力的冲动或活动冲动，或行动的驱力，或被驱使而去努力奋斗。策动心理学也就是关于行为动力的研究。

按照麦独孤的观点，由于心理学研究对象的复杂性，心理学研究应使用所有可能的方法：实验室方法、纸笔测验法、内省法、自由联想法、统计法以及场的研究方法。他和詹姆斯一样是个多元方法论者，但是在心理学研究中应该运用多种方法这一点上，他比詹姆斯表现得更明显。麦独孤坚持认为，心理学不应模仿其他科学，应该有勇气运用适合于其独特研究对象的方法。

麦独孤特别强调活动、行动和行为在心理学中的作用。他在华生之前就已经把心理学界定为与行为有关的实证科学，但他同时认为心理活动是有机体整个功能系统的组成部分。因而，心理学既要研究心理活动，也要研究行为，而且心理学与社会学和生理学是密切相关的。他早期的著作，如《生理心理学》和《社会心理学导论》反映了他学术观点的广泛性。

在麦独孤看来，有目的的行为是心理活动和行为的中心特征。他用"激励"一词来表示动物和人类生活的中心特征。他认为，从低等动物到人类，其行为都是指向满足环境中的客体的需要的。然而，遗憾的是他同时代的绝大多数心理学家都忽视了有机体活动的这一特征。虽然麦独孤强调有机体活动的目的性特征，但他并未忽视基于物质的机械性解释，他认为机械性解释原则和目的性解释原则各有其解释领域，因而人们既可以从目的性立场探讨心理问题，也可从机械性立场探讨神经活动。

"本能论"是麦独孤心理学的核心。他认为本能是人类一切活动的推动力，"有些想法，无论看起来多么冷漠、毫无感情，却都是凭借某些本能的意动性或冲动性的动力（或来自本能的某些习惯）而先天地指向它们的目标，才使每一种身体活动得以激发和保持。本能冲动决定所有活动的目的，并提供保持心理活动的策动性的力量。……如果离开了具有强烈冲动的本能意向，有机体将不能够进行任何活动；就会像一台被拆去了发条的时钟，或灭了火的蒸汽机一样停滞不动。本能冲动是维持和塑造所有个体和社会生活的心理动力，我们从中看到了生命、心理和意志最核心的秘密。"

在麦独孤看来，要使心理学真正成为一切社会科学的基础，使心理学上升到动态的解释性的水平而不是停留在静态的描述性的水平，就要从研究本能开始。

他还主张对超自然现象进行研究并帮助杜克大学建立了超自然心理学实验室。他也赞同拉马克关于生物进化论的主张，甚至还做实验来为获得性遗传提供证据。

反对者与超越者

麦独孤策动心理学中的本能论在其创建的初期得到了广泛的肯定，但行为主义兴起后，心理学界发起了反本能运动。

为了维护本能论，麦独孤曾与华生展开辩论，他与华生对行为的理解存在根本的分歧。麦独孤认为行为是有目的的，是受意识调节的，而华生则坚持用"刺激-反应"公式就可以解释行为，反对用任何意识、目的之类的概念来解释行为。麦独孤将这种分歧归结为目的论心理学与机械论心理学的区别。但行为主义还是明显占了上风，本能论几乎被主流心理学界所抛弃。

本能论的缺点在于，它将人的行为的基本动力完全归结为本能。低级的生物性行为可以用本能解释，高级的社会性行为也可以用本能论来解释，因为高级的社会性行为只是多种本能和相应的情绪综合作用的结果。所以麦独孤的心理学实际上是生物学化的心理学，本质上是用人的生物性去解释人的社会性，或将人的社会性归结为生物性。

任何行为都用本能解释，实际上等于没有解释，是循环推理：一个人经常争斗，为什么？因为他有强烈的攻击本能。怎么知道他有这种本能？因为他经常争斗。这样一来，本能可以解释一切行为，又解释不了任何行为。

不过反对本能论的逻辑推论也不是十分完善，而是现代科学发展给一些人造成的偏见。反对者认为，尚未证实的本能活动不能用机械论来解释，这个理论作为物理学的指导原则取得了丰硕的成果，但在生物学和心理学中并没有足够的证据说明它是同样有效的。

本能是有目的的，但反射是机械的。当我们做出某种反射时，我们不会体验到任何指向目标的冲动或愿望。但是，当我们表现出本能活动时，我们的确体验到这样一种"内驱力"、冲动或愿望，不管我们对活动的目标或目的认识多么模糊。反射活动看来是某种刺激在体内激发的一种机械反应，意识并没有参与和关注这种反应的产生。但在本能活动或各种努力或意动中，即使活动可能是我们不赞成的、甚至是我们努力要避免或抑制的，我们也通常感到自己积极参与了、主动关注了。

随着心理学研究的发展，本能论经过研究者的不断修正和完善，又开始焕发光彩。在当代心理学家洛伦兹（K. Lorenz）的习性学中，在威尔逊（E. Wilson）的社会生物学中，在当代的人格和社会心理学中的进化心理学理论中，我们都可以看到本能论的新的理论形态。

麦独孤的伟大贡献

麦独孤是公认的社会心理学先驱之一，他的策动心理学对于动机理论、情绪情感理论，以及自我和道德理论都有很大的贡献，这些理论即使在今天看来仍然具有启发意义，他的道德发展阶段论就可视为皮亚杰和柯尔伯格的道德发展理论的心理学渊源。

麦独孤和华生的论战促进了心理学理论的发展。尽管的论战中反本能运动占了上风，但本能论并没有从心理学领域消失。本能论和相关的遗传决定论、生物学取向、达尔文主义在当代心理学中有重新占优势的趋势，而曾经占上风的行为主义已经江河日下了。

局限：历史的遗憾

麦独孤在心理学家中是个另类，总是和别人不同，所以人们把他的名字生动地翻译为"独孤"。他似乎总是跟不上主流心理学的步伐。当大多数心理学家赞同机械性解释时，他却赞同目的行为主义；在激进的环境决定论时代，他却强调人和动物行为的本能作用。

麦独孤的思想有许多矛盾之处，有时这仅仅是他意气用事的结果。例如，在《心理学大纲》一书中，麦独孤把行为主义看作是"一个非常畸形和可悲的侏儒"，但他又认为人类的行为是心理学家感兴趣的主要问题，说"所有心理学都是或者应该是行为主义的"。其实麦独孤非常赞同温和的实证行为主义，"行为主义的侏儒"说实际上反映了麦独孤对华生个人的蔑视。

第一个动物实验研究者

爱德华·桑代克　Edward Thorndike
1874~1949

在心理学研究重镇美国，许多开山立派的心理学宗师都是"外来的和尚"。而科学教育心理学体系和联结主义心理学的创始人却是在美国本土接受全部教育的首批美国心理学家之一。他就是动物心理实验研究的首创者——爱德华·桑代克。

腼腆的桑代克

小时候的桑代克貌相平平，而且害羞腼腆，但是他的天赋极高，学习成绩一直名列前茅。1895 年他从卫斯理大学毕业时，获得该校 50 年来最高的平均分。

在哈佛大学读研究生的时候，桑代克遇到了人生中的第一次重大挫折，他追求一位年轻姑娘却被冷淡地拒绝。因为心情郁闷，他还没有完成论文就转到哥伦比亚大学去了。不过幸运的是，那位姑娘后来还是做了他的妻子。

桑代克第一个用实验方法代替自然观察来研究动物心理，为动物心理的研究开辟了新的研究思路。桑代克认为人与动物在心理上具有连续性，他认为用实验的研究方法具有三个方面的优势：可以按照自己的意愿重复各种条件，以便看到动物的行为是否由于偶然的巧合；可以用许多动物做同样的实验，以便得到典型的结果；可以把动物安排在一种特别的情境之中，使它的行为对人类有所启示。

其实，桑代克的主要研究兴趣是儿童和教育，但是难以找到儿童作为被试，这也是桑代克用动物做实验的一个原因。他研究过鱼、小鸡、猫、狗和猴子。作为一个生性腼腆的人，他可能觉得与动物交往比与人交往更容易一些。

前辈师承

在卫斯理大学期间，为了准备一次有奖知识竞赛，桑代克读了詹姆斯的《心理学原理》，突然对心理学产生了兴趣。所以桑代克就投考了哈佛大学研究生院，师从詹姆斯主修心理学。

詹姆斯非常关心和支持桑代克的动物实验研究。桑代克的房东太太极为讨厌小鸡，勒令他把小鸡弄走。桑代克把麻烦告诉詹姆斯，詹姆斯让他将鸡关在自己家中的地下室里，这已经远远超出了作为教授的责任。

在哥伦比亚大学，桑代克的指导教授是詹姆斯·卡特尔（James Cattell）。卡特尔当时正致力于人体测验以测量智力。尽管桑代克后来也研究过智力测验，但为完成博士论文，他只得继续研究自己的动物学习。桑代克改用猫和狗做实验。在卡特尔的指导下他完成了博士课题，用题为《动物的智慧：动物联想过程的实验研究》发表他的博士论文，并成为他的成名之作。

桑代克的心理学思想

桑代克提出了"尝试－错误"说，认为动物的学习过程是以本能活动开始的一种尝试与错误的过程。这个过程也是情境刺激与反应之间的联结，其中不存在思维和推理的作用。

"联结"是桑代克心理学的核心概念。桑代克根据实验的结果，认为动物的学习就是刺激和反应之间形成的联结，并把这种看法照搬到人类的学习。英国的联想心理学早已提出过关于联结的概念。桑代克在实验的基础上，根据机能主义的观点，以刺激与反应的联结，代替了观念的联合。

桑代克把教育心理学的对象确定为研究人的本性及其改变的规律，它由人的本性、学习心理学和个别差异三部分组成。他把行为分为先天的反应趋势（本能）和习得的反应趋势（习惯）两类。他重视本能，视之为一切行为的基石。本能的特点是不学而能，是先天的联结，而习惯是后天的联结。桑代克指出，人性只是为教育提供了出发点，教育的真正任务是根据人的需要来逐渐改变人性。因此，他重视研究人的学习的规律。

学习心理学是桑代克教育心理学最重要的部分。他把学习过程看作形成后天习得的联结的过程，并提出了试误理论和学习的三个定律。

"准备律"指有机体在学习开始时的预备定势，包含三种状态；"练习律"指联结的形成有赖于多次重复，包含两条附律：应用及失用律；"效果律"指能引起满意感的动作倾向与该情境相联结。桑代克对行为效果的强调使他先于行为主义者提出其基本学习原则，并由此开创了强化论的先河。

人类的行为虽然远比猫的行为复杂，但行为主义者认为，两者可用相同的原理进行解释。桑代克更认为，其差别仅在于"人类大脑里'细胞结构的数量、精度和复杂性'构成了它所产生的联感的'数量、精度和复杂性'"。他甚至认为，人类跟动物一样是通过试误法进行认知的，成功只是偶然而已，所以人类文化发展是缓慢的。

后来，桑代克在结合人类学习实验研究的基础上修改了其早期的学习定律，强调了学习效果的作用，将准备律和练习律视为效果律的附律，并在效果律中更强调奖赏而非惩罚的作用。此外，桑代克还提出几条从属原则以说明学习过程的不同方面，但是他本人没有意识其中某些原则已经背离了他早期的机械主义学习观。

桑代克还同伍德沃斯一起研究学习迁移问题。他们反对形式训练说。形式训练说认为，注意力、记忆力、想象力等可以通过训练而提高。桑代克和伍德沃斯则认为，学习迁移的产生，其原因在于两种学习之间存在着共同的因素或成分，而且共同成分越多，迁移的可能性就越大。

桑代克的心理学体系形成的时候，美国社会正处在从自由资本主义进入垄断资本主义的时代。由于工业的机械化程度日益增加，大企业并吞了中小工厂，排挤手工劳动，社会内部关系紧张，存在着许多急需解决的爆炸式的问题。桑代克曾经说：作为一个心理学家，考虑到由习俗和传统，控制人和社会的均势，把人的本能趋向用于现代工商业的操作，又不使整个社会制度固遭遇紧张而破裂，或者为维持生命新蕴藏着的激怒而爆炸，这是他久虑不安的。

不可不知的名著

《教育心理学》，1914年

1903年桑代克出版了第一本《教育心理学》，1911~1913年间又扩充为三卷，1914年缩编为一册，作为大学低年级学生和师范学校学生的教育心理学教科书。《教育心理学》的内容包括人的本性、学习心理学、个性差异及其原因三大部分。在书中，桑代克提出了学习的三大定律（准备律、练习律、效果律）及个性分别理论。

《教育心理学》是桑代克的联结主义理论在教育工作中的具体应用，也是历史上第一部教育心理学的系统著作，它标志着教育心理学作为一门新的独立学科的正式问世。

实验室的故事

在老师詹姆斯家的地下室里，桑代克用厚厚的书本堆成一个迷宫，其中有三条死路，第四条路却可通往邻近的开口，那里有食物、水和其他鸡。他把一只鸡放入迷宫，它便在死路里转来转去，急得咯咯直叫，直到碰巧找到出口为止。他把这只鸡一次又一次地放回去实验，鸡就慢慢地学会了很快地找到出口。显而易见的是，这里并没有多少智力行为，一切非常简单。照桑代克的说法是：鸡在面对孤独和封死的墙时，其反应方式与在类似自然环境中可使其逃脱的行为差不多。其中一些行为可能导引它走向成功，随之而来的快乐则使它记住这些动作，同时忘却那些没有导致快感的行为。这就是著名的"迷笼试验"的原始形态。

在转学到哥伦比亚大学的时候，桑代克用篮子带走了两只训练得很好的小鸡，打算研究这两只小鸡已获得的特征的遗传情况。但他很快意识到这项研究将会耗费很长的时间，因此就改用智力更高的猫和狗进行研究。

在卡特尔的帮助下，桑代克在哥伦比亚大学一幢旧楼的阁楼里建立起了自己的动物实验室，他设计的迷宫也更加复杂。他用水果箱和蔬菜箱做出 15 个样式不同的迷宫，来观察猫和狗的逃脱能力。他的猫在一些箱子里可以通过简单的行为逃脱，如踩上踏板、按动按钮，或拉一卷绳子等。但在另外一些箱子中，要想逃脱就得进行多重动作，如拉绳子，然后移动一根棍子。在其中一项实验中，只要猫舔一下自己或抓一下自己，桑代克就把门松开。

桑代克原本决心花 5 年时间完成研究，不过由于工作得非常勤奋，仅用不到 1 年的时间就取得大量的研究成果。

桑代克的发现虽然简单，其含义却非常重要。首先，猫没有通过推理或洞察力就学会了逃跑；更重要的是，它们经过"试误"的过程，逐渐地排除了无用的动作，并在合适的动作与目标之间建立联系。如果要一只猫观看另一只有经验的猫如何逃跑，或由桑代克抓着猫的转子爪子来松开箱子的门，它反而什么也学不会。如果逃脱只需要一种反应，所有的猫都能学会，但当逃脱需要两种反应时，半数以上的猫就怎么也学不会了。

桑代克的伟大贡献

桑代克首创动物学习实验。他用实验法代替自然观察法，增强了动物研究的客观性、精确性。动物实验不但为心理学的研究提供了新的途径，还促进了比较心理学的发展。在接下来的半个世纪里，他所创立的动物实验方法遂成大多数学习研究的模式。

桑代克的贡献之二是对学习心理作了深入系统的研究，提出了一系列的学习律，其中的练习律和效果律以及试误说，至今仍作为基本的教育原则在发挥着作用。他的学习理论不但引起了大量的研究，促进了学习心理学的产生，成为学习心理学的重要组成部分。后来的研究者（包括桑代克本人）对效果律进行过修订，并极大地完善了练习律。两条定律于是成为动物及人类的行为主义心理学基础。

桑代克的理论赋予旧的联想主义哲学概念以全新的以研究为基础的意义；它令人信服地证实了劳埃德·摩根的著名论断，即"如果行为可以用较低的功能进行解释的话，就没有必要假定它的高级功能"。

桑代克还根据自己对学习的实验研究，并总结以往有关教育心理学的探索，开始确立教育心理学的名称及其体系，使教育心理学成为一门独立的学科。

桑代克非常重视个体差异和对个体差异进行测量的心理测验。他曾经编制过一套名为"CAVD"的测验量表，用来测验个体在句子完成、计算、词汇和空间定向方面的能力。此外，桑代克还设计了其他一些心理测验量表，如书法量表、阅读能力量表、职业测验量表和兴趣测验量表等。桑代克通过心理量表的编制和运用，推动了以研究个体差异为定向的心理测量运动，进一步突出和强化了心理学的实用性和实践性。

桑代克不但具有创新精神，而且具有严格的科学精神，他通过反复的实验和实践，不断修正和完善自己的理论，显示出了一位科学家对科学孜孜以求的态度和勇于自我批判的胸襟。

局限：历史的遗憾

桑代克强调动物和人之间的连续性，抹杀了二者之间的本质区别，将从动物实验研究中得到的结论直接用于解释人的心理和学习行为。

桑代克认为动物和人的学习不需要观念的参与，把"尝试 – 错误"式的学习和刺激与反应之间的联结作为人类学习的基础。这显然否定了人的积极性和主动性，因而具有机械论倾向。他的迁移的共同成分说强调，在学习迁移活动中如果不存在共同成分，迁移就不可能产生。这种观点缩小了迁移产生的范围，降低了迁移在学习中的作用。

桑代克还是个遗传决定论者。他认为决定个体差异的因素是遗传，教育等社会因素对个体差异的形成和改变没有什么作用，只有优生才可提高人口质量。这种观点当然有其合理性，但无视教育和社会因素的作用显然是不正确的。

灵魂的探索者

卡尔·荣格　Carl Jung
1875~1961

有人说：人类存在的唯一目的，就是要在纯粹自在的黑暗中点起一盏灯来。他是这么说的，也是这么做的。他就是人类灵魂当之无愧的探索者，瑞士心理学大师卡尔·荣格。

读万卷书，行万里路

荣格的祖籍是德国。和他同名的祖父因为到巴塞尔大学医学系担任教授才移居瑞士。有人说，这位令人尊敬的老祖父是大文豪歌德（Johann Wolf Goethe）的私生子。他早在弗洛伊德之前就提出了建立精神病医院的设想，这或许就是小荣格的家学渊源。

荣格的父亲是一位新教牧师，母亲是巴塞尔大教堂主教的女儿，他的叔父、舅父中还有8位牧师，因此他的童年生活笼罩在浓厚的宗教气氛当中。荣格的父母并不和睦，他也没有兄弟和玩伴，孤独的童年生活养成了荣格内向的性格。

在上小学的时候，因为同学大多是富家子弟，让家境一般的荣格产生了自卑。而且寄宿学校的生活枯燥刻板，令他非常厌倦。有一次，他的头撞在石栏上，晕倒了很长时间，不得不长期休学在家。后来，他无意中听到父亲与朋友谈话，为他的前途感到担忧。他的病立刻不治而愈。这次经历使他明白了什么是神经症，也影响了他选择精神病学作为终身职业。

长大后的荣格总是想离开家乡，因为他的祖父和父亲在巴塞尔太有名望了，人们总是称荣格为"牧师家的卡尔"、"老卡尔的孙子"。这让荣格感到非常压抑，对独立生活异常渴望。

荣格还希望到欧洲之外的一个讲其他语言和信仰其他宗教的其他种族人的国家去，亲自感受一下异地的文化和风俗。在这个愿望的驱使下，他利用一切机会到世界各地旅行。

荣格先和做生意的朋友到了北非。他不懂阿拉伯语，可还是喜欢坐在咖啡馆里，倾听人们谈话，观察他们的手势和表情。他只身一个人进入沙漠，寻找绿洲。在远离城市的沙漠和绿洲，荣格对当地人发生了兴趣，他觉得这是一个无比天真无邪的青少年的世界，人们"正借助于一点点《可兰经》知识，准备从他们蒙昧意识的原始状态中醒来"。

但荣格感到阿拉伯文明与欧洲文明之间总有些联系，于是他又利用到美国讲学的机会访问了印第安人。最令荣格难忘的是印第安人神秘的宗教仪式和他们对世界的态度。正是那些看似天真愚昧的仪式，让他们生活得更有自豪感。

荣格又去了南部非洲。在那些游离于现代文明之外的部落中，荣格预感到这样的事实：在极不开化的社会里，集体无意识的情况是相同的，所以当你来到非洲，你便处在了集体无意识的底层，用心理学的话说，这里是"自性"之国，而非"自我"之国。

荣格访问了印度。他认为印度文化明显来自于无意识的最深层——甚至比远古的祖先更深的层次。在佛教与基督教的对比中，荣格领悟到所谓的"基督教西方"不仅没有创造一个世界,反而"大踏步地走向消灭我们所有世界的可能性"。

荣格研究过《易经》,还学会用它来占卜。他的汉学家朋友理查德·威廉(Richard Wilhelm,中文名为卫礼贤)给他讲过很多中国的故事。荣格很喜欢这些故事,他认为其中包含了一种与西方现代理性思维截然不同的思考方式。1934年,荣格本打算到中国做一次旅行,但是繁忙的研究工作让他遗憾地放弃了计划。

正是这些旅行开拓了荣格的视野,使他的心理学研究排除了文化差异的干扰,而深入到人的"自性"中。而其他的大多数心理学家,不是成天待在实验室里摆弄小白鼠,就是整日在精神病院里面对精神病人。假如不是这些深入到异域文化中的亲身体验带给他的启示和感悟,单纯地依靠临床治疗的经验和对文献资料的研究,荣格对人类心灵的探索不会达到如此的深度,至于集体潜意识、原型等荣格心理学中最重要的部分,也很可能会像空中楼阁,多少缺乏使人信服的证据。

前辈师承

1900年,荣格到布勒霍尔兹利精神病医院的担任助理医生,在医院院长、著名的精神病学家布洛伊勒(K. Bleuler)的指导下学习精神病学。布洛伊勒以擅长治疗精神病并发展了精神分裂症的治疗方法而闻名世界。他和蔼可亲,非常关心荣格的工作和生活,而且还是位绝对的禁酒主义者,在他的影响下荣格也戒了酒。1902年,荣格到巴黎跟随另一位精神病学家皮埃尔·让内学习了半年。他对这两位恩师荣格怀有深深的感激。

荣格与弗洛伊德的友情也产生在这个时候。荣格说《梦的解析》这本书给了他很大的启发，被他称作"灵感的源泉"。荣格不顾学术界的反对，公开地支持弗洛伊德。他说："如果弗洛伊德所说的是真理，我就赞同他。"

弗洛伊德比荣格大19岁，他经常称荣格为"我亲爱的儿子"，将荣格视为他事业的继承人。但是由于两个人的理论渐渐产生了分歧，最终分道扬镳。荣格越来越觉得弗洛伊德把任何事情都用性欲去解释，这超出了追求真理的范围。

对于两个人的分歧，内中的原因非常复杂。最重要的一点是，不管荣格对弗洛伊德的感情如何，他从来就不是一位盲目的追随者。虽然他承认在与弗洛伊德交往期间，暂时抑制了自己的批判精神，但是他一生中最重要的东西就是创造精神。荣格说自己永远不会停留在任何已经达到的目标上，而是必须紧跟他的创造灵感。弗洛伊德已经停滞不前了，但他还要继续探求真理。

荣格的心理学思想

人格类型说是荣格分析心理学的核心内容，也是心理学史上第一个完整的人格类型理论。荣格心理学的倾向和弗洛伊德的精神分析理论是基本相同的，只是在人格类型上，荣格有他自己的独创。

荣格依据不同的人对特定情境的反应态度和方式的不同，将人格类型划分为内向型和外向型两种。荣格认为，每个人生来就具有某种适应方式，在婴儿时期就可以看出来。但是并没有纯粹内向或外向的人，在人的一生中，或多或少属于内向或外向。总是某种类型占优势，另一种占劣势。态度类型既表现在潜意识中，也表现在意识之中，凡在意识中外向的人，在潜意识中必为内向的，反之亦然。

荣格又进一步描述了四种功能类型，即感觉型、直觉型、思维型和情感型。他还把态度类型和功能类型做了不同方式的配置和结合，提出了八种人格类型。荣格认为，每个人身上都会程度不同地表现出一种占优势的人格类型。荣格强调人与人之间存在着人格差异，并为这些人格差异提供了一套完整的体系。同时他也指出，某种类型占优势并非其他类型不重要，在一个人身上可能还有第二种，甚至第三种性格类型在发挥作用。而其他的性格类型则会潜意识地补偿他的性格类型的另一面。可见，荣格并没有把一切人均简化为八种人格类型。在他看来，这种分类也不是唯一的方法。

除了人格的结构外，荣格还对人格发展等问题作了详细的阐述，形成了一个完整的人格理论。他把人的一生分成四个阶段：童年期、青年期、中年期和老年期。这四个时期中他特别重视中年期，认为这是一个重大的人生转折时期，如果处理不好，将无法度过中年危机。大凡有创造性的人在40岁左右都要出现一次这样的危机，如果不能成功地逾越，将导致死亡。这就是为什么许多艺术家都死于将近40岁的原因。

这个理论的形成和荣格的亲身经历有关。他38岁时与弗洛伊德分道扬镳，被众人指责为"叛徒"，又重新陷入早年常有的孤独和苦恼中。好在荣格非常坚定，他在家人的支持下，用自己的创造精神抵御了精神崩溃，成功地度过了这次危机，他一生中最伟大的著作都是在这之后完成的。

荣格的人格阶段理论是心理学史上第一个贯穿整个人生历程的人格发展理论，荣格也因此被誉为"成人心理学之父"。

不可不知的名著

《寻求灵魂的现代人》，1933 年

《寻求灵魂的现代人》是荣格最有影响的著作之一，是他在1930 年前后发表的 11 篇论文编纂成书，正是他脱离精神分析学会，独创分析心理学派后的著作。书中对弗洛伊德的理论进行了继承性的批判和根本性的发展，对精神分析的基本概念和理论体系都赋予了自己的理解和新的涵义，形成了自己特有的理论体系。

在这本书中，荣格从释梦出发，精辟论述了分析心理学的各个问题，表明了与弗洛伊德的理论分歧。自此，荣格以自己的理论体系在精神分析学派的领地中树起一面分析心理学的旗帜，以全新的面貌出现在世人的面前。

《分析心理学的理论与实践》，1935 年

这是荣格 60 岁时在伦敦所作的系列讲座。讲座分 5 次，每个晚上讲演 1 小时，讨论 1 小时。主要内容是心灵的结构、内容及对心灵进行探索的方法，各讲题目没有严格的界限。由于是讲演，加之例证和具体分析工作的细节很多，尚有一些讨论的内容，

所以只能讲述到他理论框架的主要内容。

实验室的故事

在精神病医院工作期间，荣格通过"联想测验"发现了"情结"。联想测验是由冯特发明的，主要用于对意识的研究，荣格将这种方法用到了对无意识的研究当中。

荣格采用的是一种"语词联想测验法"：列出一张单词表，将表中的单词逐个读给病人听，并要求病人对首先触动他心灵的单词做出反应。荣格发现，有时病人要很长时间才能做出反应，询问原因时，病人却说不出来。荣格猜想这种延迟现象可能是由于一种妨碍病人做出反应的无意识情绪所导致的。进一步的研究发现，产生延迟反应的那个词的近义词，或者意义相关的词也会导致延迟现象。荣格认为，无意识中一定有成组的彼此连接的思想和记忆。任何接触到这一情结的语词都会引起一种延迟反应。情结就像完整人格中的一个个彼此分离的小人格一样，是自主的，可以强有力地控制人的思想和行动。

在弗洛伊德的影响下，荣格认为情结起源于童年时期的创伤经验，但后来荣格发现情结的背后有比童年经验更深层次的东西，远远超出了个人的范围。这就是"集体无意识"。

后世传人

荣格之后，许多心理学家从不同的视角做了进一步实验研究，对荣格的学说做了修正和补充。

1948 年，第一所荣格学院在瑞士的苏黎世建立，专门培养荣格式治疗的心理学家，此后，在世界各国相继建立了分析心理学组织。它的中心在瑞士、英国和美国，已经成为一个有国际影响的心理学派别。他们继承和发展了荣格的主要心理学思想，特别是原型理论和心理治疗技术，同时也吸收了精神分析和其他心理治疗的理论、方法。

后荣格分析心理学内部实际上又可以分成几个派别。按照他们在理论研究和临床实践上的差异，分为经典学派、发展学派和原型学派三个派别。

由于荣格注意研究玄妙主义、神秘主义、意识扩张和自我满足等课题，非常符合青年人的兴趣，所以近年来分析心理学的影响有日益增强的迹象，特别是在青年中这种影响更为明显。

反对者与超越者

从表面上看，荣格只是与弗洛伊德有着并不算大的理论分歧，但是从更深的层次来说，荣格是那个时代所有心理学家的反对者。

如果将荣格的心理学与弗洛伊德或者阿德勒的心理学作比较，就不难发现：尽管弗洛伊德或者阿德勒都在个人心理学方面取得了巨大的成就，但他们还是屈从于那个时代的精神——越来越唯物主义，因此他们的心理学都没有跳出个人和物质去看问题。而荣格却在逆时代潮流而动。他一生都在攀登"自知之明的大山"，所以他看到了自身永恒的人，或者用他的理论语言说，看到了"自性"，看到了"第二人格"。

许多心理学家在继承荣格思想的基础上对其进行了进一步的发展。他们强调把成人的人格和神经症追溯到他的童年期的经验的重要性，主张在分析原型体验时，除了从先天的遗传的、人类共有的维度出发外，还应注重个人的、家庭的和社会的维度。由于科学性是心理学主流所强调的，因此，人们力图减少荣格思想的神秘性，把晦涩难懂的荣格的思想通俗化，探讨荣格思想与生态学、生物学、神经学、语言学和人类学等学科的内在联系，用临床方法和实证分析来为其理论提供证明。

对于荣格的心理学理论，并没有出现有力的抨击，只是被不断地补充完善。这说明他确实走在了很多心理学家前面。

荣格的伟大贡献

荣格从意识和潜意识相互作用的角度对性格类型作了创造性分析，在开拓心理类型学方面做了一大贡献。他的分析心理学是对古典精神分析的选择性发展，突出了心理结构的整体论的方法论，扩大了潜意识的内涵和功能，沟通个体和种族历史经验的文化联系。荣格用集体潜意识理论对人类历史上诸多难题进行了研究，对人们极具启发性。他的心理类型的理论使他成为人格类型研究方面的先驱和最重要的代表之一。他的类型理论已经得到广泛的验证和认可，并被改编成人格类型问卷，在教育、管理、医学和文学等领域有实际的应用。

荣格的字词联想实验和情结理论对西方心理学的影响很大。

他的字词联想实验经过后人的改进，成为当代心理学研究的重要手段之一。测谎仪就是据此研制出来的。

局限：历史的遗憾

荣格学说的核心和基石是集体潜意识概念，而集体潜意识是不可证明的"物自体"，其存在只能根据一些效应来推测。他常常是根据精神病患者的妄想、炼金术士的幻想、人的梦、人类的宗教和仪式、人类的文学和历史、动物的精确复杂的本能行为等来提示集体潜意识的存在，但其实这些还不能算是科学的证明，只能是解释。分析心理学是建立在解释学基础上的学说，而非实证主义基础上的科学理论。由于荣格本人有时混淆了这里的区别，所以导致他的学说本身确实存在逻辑不一致、含糊晦涩之处。

荣格崇尚直觉、整体论、目的论，这使他不愿拘泥于可知觉的、相互分离的、机械因果的现实世界，他的学说不可避免地具有较浓厚的神秘主义色彩。荣格和弗洛伊德一样，过分夸大了潜意识的作用，把意识降低到了附属的地位，这不符合人类心理的现实，容易导致非理性主义。

没有大脑的心理学

约翰·华生　John Waston

1878~1958

在有些心理学家看来，作为科学的心理学必须研究"看得见"的东西，也就是人的行为。在他们的实验室里，人和小白鼠是没有差别的，而大脑自然成了摆设。他们自称为"行为主义者"，他们的先锋和旗手就是约翰·华生。

走出书斋的华生

小的时候，保姆曾声情并茂地告诉华生，魔鬼就潜藏在黑暗之中，如果他敢在夜里出去走动就会遇到魔鬼。信仰基督教的母亲同意这种说法，她似乎也相信魔鬼总是在四处游荡。因此，华生一生没能摆脱对黑暗的恐惧，有时甚至要开着灯睡觉。后来，华生曾试图用自己发明的行为疗法治疗自己的恐惧症，但没有取得实际效果，虽然大量事实证明行为疗法对治疗恐惧症有奇效。

华生的父亲是个声名狼藉的好色之徒，他离家出走，背弃了做丈夫和做父亲的责任。勤劳善良的母亲和粗野放荡的父亲使华生的性格充满了矛盾和冲突。

1900 年，22 岁的华生带着区区 50 美元，只身一人来到芝加哥大学。为了维持生计，他做过大楼管理员、侍应生，还照料过试验用的小白鼠。毕业后，他留校任实验心理学的助教，两年之后为讲师，又提拔为副教授。然后华生转到约翰·霍普金斯大学，30 岁时就当上了心理学系主任，年薪是 3500 美元。

第一次世界大战爆发后，华生参加了战时的后勤服务工作，军衔是少校。他提倡运用科学的测验来甄选、分配新兵。他设计了许多知觉和运动测验，考察在高空缺氧状态下飞行员的反应情况，用于选拔飞行员。他还收集资料，研制空军军官选拔测验。作为一个应用心理学家，华生在人事选拔测验中起到了非常重要的作用，也大大改善了心理学在社会上的知名度和学科地位，为心理学走出象牙塔，走向应用迈出了有益的一步。

在芝加哥大学任教期间，华生遇到了玛丽·伊克斯，他的风度令这位女学生想入非非。在一次基础心理学考试中，玛丽发现自己一道题也不会做，于是她就开始在考卷上给华生写抒情诗。从那以后，华生便开始秘密与这位女学生约会。1904 年两人结婚，直到华生爆出桃色事件，被逐出学术圈。

身败名裂的失业者华生被约翰·霍布金斯大学和他的同事抛弃了，而著名的构造主义心理学家铁钦纳却向他伸出援助之手。在铁钦纳的推荐下，智威·汤姆逊广告公司以每年 1 万美元的高额薪水正式聘用华生为心理学顾问。从此，华生正式走出心理学的象牙塔，开始致力于心理学的应用。

为了尽快适应业务，他主动请求到百货商店做售货员。华生发现消费者在排队等候结账时，往往出于"冲动"而顺手购买收银机附近的商品。所以针对他的第一个客户"Yuban 咖啡"，华生就建议经销商把咖啡放在商店的入口处或收银员的柜台旁，效果果然非常明显。华生为很多生产商所做的广告策划，都取得了巨大的成功。美国许多历史性的商业活动都铭刻着他的名字。

其实，华生一生的大部分时间都与应用心理学研究有关。他除了是"广告心理学"的鼻祖，也是最早提倡将人格测验用于人事选拔的人之一。他主持过心理学史上第一次严肃的性态度调查，而且是科学性教育的倡导者。他甚至触及了"运动心理学"领域。直到今天，他在儿童教育方面的理论仍然影响着很多教育家。

前辈师承

在芝加哥大学，华生师从实用主义大师杜威（J. Dewey）学习哲学，但是谈到杜威的哲学课时，华生说："我从来不知道他在讲什么，遗憾的是，我现在仍然不知道。"

1901 年，他在机能主义心理学家安吉尔（J. R. Angell）的指导下开始了博士论文的实验工作：训练老鼠走迷宫。在研究过程中，华生突然想到："如果可以用客观的实验理解白鼠的话，难道不能以同样的方式来理解人吗？"但是安吉尔教授认为人是有思想的精神存在，完全不同于白鼠或其他动物。所以华生很清楚，如果他想拿到博士学位并且让安吉尔帮他找工作，最好暂时把这个"伟大的"想法埋藏在心底。

5 年后，当华生提出自己的想法时，安吉尔仍然认为那种观点不切实际。当华生把他关于心理学的未来设想的观点公开发表之后，安吉尔认为他简直就是疯了。

华生的心理学思想

华生的行为主义认为，研究意识的内容和功能是自欺欺人的做法。因为心理、意识和灵魂一样，只是一种假设，本身既不可捉摸，又不能加以证实，心理和意识是根本不存在的。他抛弃了希腊哲学家、中世纪学者、理性主义者和经验主义者的心理学理论，也抛弃了诸如康德、休谟、冯特、詹姆斯和弗洛伊德等一批伟人。在他看来，这些人全都误入了歧途。

他宣布了三条革命性的原则：第一，心理学的内容应该是行为，不是意识；第二，其方法应该是客观的，而不是内省的；第三，其目标应该是"预测并控制行为，而不是对心理现象的基本理解。

行为是有机体应对自己所处的环境而做出的各种活动。为了对行为进行客观的实验研究，他把行为和引起行为的环境影响分为两个最简单的要素，即刺激和反应。刺激是能够引起有机体发生行为的外部和内部的变化，而反应是构成行为的最基本的肌肉收缩和腺体分泌。因此行为主义心理学又被称为"刺激－反应"心理学。

不可不知的名著

《行为主义》，1924 年

1924 年，华生把他的一些讲演汇编成《行为主义》一书出版。1930 年重新修订了一次。这本书是他最后一本心理学著作，也是他对行为主义观点的最后阐述。他在书中提出了积极改造社会的计划。此后他便完全脱离了心理学。

实验室的故事

华生曾经让老鼠走迷宫。开始时，老鼠需要半个多小时才能找到出口，但经过 30 次尝试之后，它们就能在 10 秒钟内直奔出口。为找出究竟什么是学习走迷宫的关键，华生通过技术手段一个一个剥夺了老鼠的感觉线索。最后，他得出结论说：肌肉运动觉，即肌肉的感觉，是学习过程的关键因素。

通过这些研究，并了解桑代克和其他客观主义者所从事的工作，华生否定了所有关于不可见心理过程的猜想，形成一种全新的、完全以可观察行为为基础的心理学——行为主义心理学。

他还曾经说服约翰·霍布金斯大学校长给他十加仑黑麦威士忌，研究酒精对人的行为表现的影响，这就是著名的"黑麦威士忌研究"。

1920 年，华生与研究生罗萨莉·雷纳（Rosalie Rayner）进行了一次被称为"心理学史上最著名"的实验——阿尔伯特实验。

实验对象阿尔伯特是医院护理人员的儿子，11 个月大。他不害怕小白鼠，却害怕敲打铁棒的声音。华生将小白鼠放在阿尔伯特面前。阿尔伯特伸出左手抓它，刚碰到白鼠时，脑后就响起了敲铁棒的声音。他吓得扑倒在床上，脸深深地埋在床垫里。第二次尝试时，阿尔伯特用右手去抓，也是在快要抓住时，敲铁棒的声音又在身后响起。阿尔伯特扑倒在地，哭叫起来。这样的实验又进行了五六次，阿尔伯特形成了对老鼠的恐惧。即使没有敲铁棒的声音，他见到老鼠也会哭。这种恐惧又泛化到了有毛皮的对象——如兔子、皮衣、棉花、白胡子的圣诞老人上面。

华生所做的一系列关于儿童情绪发展的实验，是他在儿童心理学建设上的一个开创性的贡献，也是心理学史上的经典实验。

不过华生并没有消除阿尔伯特的恐惧反射，虽然他们已经计划了几种消除反射的方案。出于门户之见，他们还以此嘲笑弗洛伊德的理论：20年后，某些弗洛伊德主义的心理分析师可能会从阿尔伯特身上得出一个虚假的记忆，说他在3岁时曾想玩弄母亲的阴毛，结果被狠狠训斥了一顿。

华生之所以没有来得及消除阿尔伯特对毛皮的恐惧，一方面是因为阿尔伯特被别人收养了，更重要的是，已婚的华生和罗萨莉相爱，有了暧昧关系。醋意大发的华生夫人玛丽偷了华生和罗萨莉的情书，并且透露给华生任教的约翰·霍普金斯大学校长，于是华生被学校开除了（有趣的是，华生的前任鲍德温教授是因为嫖妓而被辞退的）。为了保护罗萨莉的名誉，华生同意了玛丽的离婚条件，放弃了所有的财产。

虽然没有实验室做实验，但是告别了教授生涯的华生仍然十分怀念学术生活。他大胆地在他自己、妻子和孩子身上做实验，这是大多数心理学家都不敢尝试的。华生根据条件作用原理训练儿子比利大便，结果使比利患上了便秘症，不得不依靠泻药解决问题。

后来，华生以顾问的身份加入罗萨莉的朋友玛丽·琼斯的实验。他们找到了害怕毛皮的3岁男孩彼得，通过重建条件反射或无条件反射的方法，成功地消除他的恐惧，算是弥补了阿尔伯特实验的遗憾。他们还发现了其他几种消除恐惧反应的方法，如语言组织法、频繁运用刺激法、引进社会因素法。他成功治疗了儿子比利对金鱼的恐惧，但是没有成功矫正比利咬手指的习惯。

其实，加入广告界的华生拥有了更大的"实验室"。他在给麦氏咖啡的管理人员讲课时说："消费者对于制造商、百货公司、广告公司的作用，就像青蛙对于生理学家的作用一样。"

华生别出心裁地设计了一个实验：测验人们在不知道香烟品牌的情况下，对不同香烟的反应。结果发现只有10%的人能辨别出不同品牌香烟之间的差异，其他人即使事先知道有哪几种品牌，也不能够做出准确的区分，非常盲目吸烟。就此，华生提出了"品牌忠诚"的概念。他认为，在消费活动中，有时人们不只是在购买商品本身，更多的是在购买一种气氛、一种感觉。对于许多产品来说，与之相关的情感、联想至关重要，因为它可能是身份、地位、品位等的象征。直到现在，那些成功的产品制造者和广告制作者仍将这个理论奉为圭臬。

后世传人

由于华生过早的离开了学术圈，所以没有培养出知名的学生。他的儿子比利也背叛了父亲的行为主义，接受了弗洛伊德主义，成为一名精神病医师。

但是行为主义在经历了初期的缓慢发展以后，很快得到了很多心理学家的青睐。特别是在美国，在半个世纪的时间中统治了整个心理学界。即使在行为主义日薄西山之时，作为其衍生产品的行为疗法仍旧在大行其道，是心理医生们治疗恐惧症的灵丹妙药。

在加入广告界以后，华生曾建议推销员们改变性格，学习与他人友好相处。他认为销售人员应该帮助顾客找到他们想要买的东西，而不是试图劝说他们接受已经被拒绝过的商品；推销员要从顾客的角度考虑商品应该具有哪些特征，尽量满足消费者的需要，实际上试着让经得起竞争的产品适当暴露其缺点也不失为上策。这些经营理念在现代商业活动中仍然非常流行。从这个角度来说，许多"成功学大师"都继承了华生的衣钵。

反对者与超越者

华生的机械主义心理学立场，遭到了以马尔库塞、弗洛姆等为代表的法兰克福学派和以马斯洛、罗杰斯为代表的人本主义心理学的攻击与非难。

这是因为华生试图将行为主义作为预测和控制人的行为和维护社会秩序的方法或技术，将心理学的任务限定在类别与群体的研究中。这样一来，人的独特性就丧失了，个人所具有的知识经验、自我调控能力、独特的人生经历对其行为的影响以及其价值与尊严也被忽略不计，人与人之间关系也随之客观化、机械化、物质化。在行为主义眼中，人和试验用小白鼠是没有什么不同的。

为了弥补这个缺陷，"新行为主义"扩展了华生的学说和方法论。他们中的代表人物是克拉克·赫尔（Clark L. Hull）和伯尔霍斯·斯金纳（Burrhus F. Skinner）。

华生的伟大贡献

华生反对传统心理学的主观内省和心灵思辨，主张运用客观方法研究行为，对心理学对象和方法进行客观化，以客观的行为公式说明各种心理学问题，改造了心理学思想，扩展了心理学对象，力图使心理学成为一门能预测和控制人的行为的、真正的自然科学，具有变革性的意义。与冯特的意识心理学相比，华生的行为主义彻底改变了心理学的发展进程。

华生使心理学走上了客观化的道路，开辟了许多心理学的应用领域，为心理学走出象牙塔，贴近大众生活做出了不懈的努力。虽然他的学术生涯不过 20 年，但他在心理学界的影响一直在持续。

尤其是因为华生的介入，改变了美国广告活动的中心，为其发展提供了适当的刺激，在美国乃至世界广告史中功不可没。

局限：历史的遗憾

华生通过动物实验推论人的问题，实际上是假定人与动物没有本质的不同。这种"非人化的处理"，对于研究那些人类与动物共有的特点是有一定帮助的，但对于研究人类那些独有的特点或者比动物更高级的能力就难以奏效了。其次，华生将客观实证的方法视为科学的正统，甚至视为科学的同义词，不免带上了以方法为中心的色彩，其狭隘性就不言自明了。在华生那里，心理学中的许多问题不是被解决了，而是被抛弃了。

　　华生要取消一切具有主观性的心理学术语，而用客观的行为来替代。他把刺激和反应的联结作为行为的基本单位，而一切复杂的行为都是这些基本单位联结成的。这样就把机能主义心理学剩下的最后一点主观的心理因素也取消了。这不仅完全否认了人类心理意识之所以区别于动物心理的这一独特品质，而且使心理学走上了生物学化的道路。华生曾经辩称行为主义是最彻底的机能主义，实际上却是机能主义的极端派。

　　华生还反对实验的内省法，强调客观的检测方法。这个原则在研究思维过程时遇到了困难。即使是现在，思维也很难用客观方法进行研究，没有任何仪器能把人的具体思想显示在屏幕上，所以只能允许用口头报告，而口头报告也就是内省的结果。为此，华生把思维看作是一种"潜在反应"，说它可以通过喉头颤动观察到。

　　可见，在具体的研究中，华生并没有把他的思想贯彻始终，而是不得不中途妥协了。这一切都是由于他过于极端的思想所致。

理解人类的发展

梅兰妮·克莱因　Melanie Klein
1882~1960

在心理学的世界里，到处都是针锋相对的论战。有一位女性，虽然她的观点并非人人都能接受，但却深深地影响了精神分析思想的进程，甚至在那些不同意她的观点的人身上也留下了印迹。她的名字叫梅兰妮·克莱因。

生命不息，工作不止

克莱因出生在维也纳。她父亲出身于正统的犹太人家庭，是一名犹太法典学者。但是他接受了世俗教育，获得了内科医生的资格。克莱因的母亲善于操持。在家境窘迫的情况下，她不仅承担起了照顾家庭的责任，而且还开了一间商店，以此来支持丈夫的学业，保证孩子们能接受良好的教育。

克莱因是家里最小的孩子，她有两个姐姐和一个哥哥。她深爱着二姐西多涅，西多涅 9 岁夭折，当时克莱因只有 5 岁。西多涅去世前有一年的时间卧病在床，这期间，她花了大量的时间努力把自己的知识教给克莱因。克莱因觉得这是对她的信任，为了让姐姐高兴，她在 5 岁前就学习读书、写字、做算术。

14 岁时，克莱因决定学医。她在哥哥的辅导下通过了入学考试，进了维也纳预备高中，这是当时仅有的为女孩子进大学提供预备课程的中学。17岁那年克莱因考上了大学。不过婚约使她放弃了从医的打算，改修艺术和历史。

克莱因始终保持着对医学的兴趣，她一直对自己没有学医感到遗憾。她在治疗方面的极大兴趣和天赋在她的精神分析工作中得到了展示，对她来讲，治疗永远是最重要的。一次，克莱因偶然读到了弗洛伊德的书，她立刻对这个新学科产生了兴趣。她加入了匈牙利精神分析协会，还遇到了弗洛伊德的学生卡尔·亚伯拉罕。她对亚伯拉罕这样一位精神分析家和老师，怀着最深的敬佩、欣赏和感激。但是亚伯拉罕去世后，克莱因发现柏林精神分析协会与她志趣不投，就接受了欧内斯特·琼斯（Ernest Jones）的邀请到伦敦定居。英国精神分析协会更能接受她的观点，并为她提供工作机会，给予她广泛的支持。

正当克莱因的事业处于鼎盛之时，她的个人生活中却遭受了一系列的不幸。首先，她的大儿子死于一次登山事故，年仅27岁。不久，她曾经的事业伙伴、女儿梅利塔开始反对母亲的工作，并与她疏远了。好在小儿子埃里克的三个孩子给了她天伦之乐。她在朋友和学生的陪伴下安然度过晚年。

克莱因一生中的大部分时间都投入到她的工作上，晚年仍旧在勤奋的工作之中度过。在她生命的最后一年，健康状况趋于恶化时，她还专注于对埃斯库勒斯的作品《奥瑞斯忒亚》的精神分析研究和写作。这篇文章刚刚完成，她就着手准备参加爱丁堡大会的论文，但是她没有完成这篇论文就去世了。

克莱因的心理学思想

克莱因的学术研究大约可分为三个时期。

她先用自己发明的游戏疗法进行儿童精神分析，对于俄狄浦斯情结的早期阶段和超我的早期出现进行了探索。尔后对于发生在生命第一年里的正常发展的危机理论进行重新组织，发现了抑郁性心态和躁狂防御机制。最后，她研究了出生三四个月的婴儿的发展，发现了"偏执－分裂样心态"。

克莱因通过对 2 岁到 10 岁的儿童的幻想内容的分析，推断出 2 岁以前的婴儿心理的结构和动力特征。在她阐述的儿童发展观中体现了她对于对象关系的具体看法。

克莱因以"心态"观来修正弗洛伊德的心理性欲发展的"阶段"观。她同意弗洛伊德的儿童心理的发展顺序，但她认为从一个阶段到另一个阶段的发展不仅是连续的，而且是可以反复的。她用心态取代阶段，意思是我们不是从阶段发展而来的，而是发展自两种心态：偏执－分裂样心态和抑郁性心态，二者之间存在张力，所以在人的一生中，总是不断从一种心态发展到另一种心态。克莱因的上述观点暗示了她所描述的现象不是一种简单的过渡阶段，而是具有一个特殊的结构，包含了贯穿人的一生的对象关系、焦虑和防御。

克莱因认为，断乳会引起婴儿的施虐幻想，并使他从母亲的乳房这一部分对象转向母亲的身体这一整体对象。在儿童的幻想中，母亲的身体这一整体对象是包罗万象的、神奇的，它充满了丰富的食物、有魔力的粪便和新生的婴儿等。儿童试图掏空母亲的身体，并占有其中的财富，因而对母亲充满了爱与恨、嫉妒和攻击的矛盾情感。

可见，克莱因所说的对象与弗洛伊德所说的对象非常不同。弗洛伊德所说的对象是本能的目标，是对于外部对象的内部心理表征。克莱因所说的对象，不仅指本能的对象，而且是相对于婴儿自身的对象，是婴儿心灵中的种种心理特征。而且，克莱因非常强调儿童的潜意识幻想的作用。弗洛伊德认为，潜意识幻想出现较晚，是自我产生后，本我分裂才有的心理现象。而克莱因却认为，儿童的潜意识幻想很早就出现了，它具有动力性、普遍存在，影响着儿童所有的知觉和对象关系。她主张潜意识幻想既是从外在现实中构筑起来的，又受到内部已有的信念和知识的修正，从而形成内部的对象世界。

偏执－分裂样心态大约是从出生到三四个月时建立起来的。强烈的生的本能和死的本能都被投射到乳房上，母亲的乳房被分裂成好与坏两种对象，自我也被分裂成好我与坏我。婴儿产生了被自己摄取的坏对象所毁灭的潜意识幻想，从而导致迫害性焦虑。克莱因指出，在这一生命的最早期，最重要的事情是区分好与坏，因为危险就来自把两者混淆，好的对象和好的自我被坏的对象毁灭的幻想。因此，这一时期重要的防御机制是分裂，意思是在幻想中把属于整体的事物分开。偏执－分裂样心态的特点是婴儿的对象关系是与部分对象的关系，占优势的机制是分裂过程和偏执焦虑。

游戏疗法

在综合前人的游戏疗法的基础上，克莱因用儿童的游戏来替代成人的自由联想，通过观察和解释儿童的游戏来理解儿童的潜意识幻想。由于她在游戏疗法中加入了解释技术，特别是对儿童的移情现象进行分析，实际上是对精神分析技术的一项创新。

克莱因认为，儿童的游戏是以象征性的行为表达自己的幻想，因此恰如成年人以梦中的歪曲的意象表达潜意识思想和感情一样。在她之前，人们认为儿童因还依恋和依赖着他们的真实的父母而不会产生移情现象。但是，她观察到，儿童和成人一样能够对分析者产生真正的移情，而且两者都是基于对内在的父母意象的投射。她指出，既然在儿童身上分裂机制是常见的，那么，儿童会很容易把他的"好的"父母和"坏的"父母的方面投射到分析者身上。她认为，移情和分析情境的建立是相互依存的；通过对儿童移情的分析，可以帮助他们解除焦虑和攻击之间的恶性循环，增强儿童对于分析者和父母好的方面的内投和认同。她强调在这一过程中，分析者应以同情的态度解释儿童的焦虑，充分描述儿童在爱与恨、真实与虚幻等对立的需求之间所体验到的强烈冲突，以帮助儿童认识到自己的潜意识幻想，进而解除焦虑。她还认为，分析者的解释可以向儿童说明他对游戏产生阻抗的原因，可以推进游戏的顺利进行。她强调，儿童的游戏应是完全自发进行的，分析者应尽量不去干涉，偶尔需要参与儿童的游戏，应遵循的原则是有利于帮助儿童充分表达他们自己的需要。

克莱因不仅对游戏治疗的机理作了上述的理论阐述，而且具体规定了游戏治疗技术在具体实施时要注意的地方，如强调了设置游戏的环境应保持时间和空间的稳定，玩具应具有安全性和个人性等，从而形成了一套比较严格的游戏治疗体系。她的游戏治疗技术为儿童治疗提供了一个全新的有效手段，对于研究儿童早期的深层次心理有重要的贡献。她的游戏疗法及其变体也被其他众多的分析者所采用。

克莱因的伟大贡献

克莱因创立的对象关系理论对精神分析的发展做出了重要的贡献。她把弗洛伊德创立的精神分析的驱力结构模式转换成对象关系模式。这一转变修正了弗洛伊德的本能理论。在她之后，对象关系理论成为英国精神分析的主流，并且是国际精神分析运动的一个重要力量。她的思想直接影响了其他对象关系学家如费尔贝恩、温尼克特和鲍尔比等的研究和精神分析的自身心理学家如科赫特的研究。

克莱因对于儿童早期心理的研究是卓有成效的。她探索了俄狄浦斯情结的历史，强调了前生殖欲阶段和部分对象关系在俄狄浦斯情结和超我发展中的重要性；对内投和潜意识幻想的研究，使她揭示了超我和自我的内部结构；她对男孩和女孩的性欲的研究揭示了男孩具有与母亲认同的女性心态和女孩具有被母亲及阳具迫害的焦虑；她通过对游戏疗法的分析，发展了潜意识幻想的概念；她提出的偏执—分裂样心态和抑郁性心态的概念使我们对一周岁内婴儿的心理发展有了更深刻的认识；等等。这些理论上的贡献弥补了弗洛伊德的精神分析在儿童心理学上的不足，为儿童精神分析学的建立奠定了坚实的基础。

克莱因的对象关系理论对心理治疗的影响巨大，已经成为家庭治疗派别的重要分支，儿童游戏治疗技术已经被扩展而形成了世界性的游戏治疗运动。

此外，克莱因的对象关系理论还对精神分析和心理治疗以外的领域，如精神病学、儿童的教育、婴儿的护理、学院心理学、社会学、人类学和文艺批评等产生了直接或间接的影响。

局限：历史的遗憾

克莱因的对象关系理论也存在明显的不足。首先，她没能说明儿童幻想的对象和对象的来源与关于真实他人的知觉和记忆表征之间的关系，甚至表述是矛盾的。一方面，她认为儿童是通过把内部的里比多和攻击性向外转化，赋予外部的对象，从而把外部的对象加以内投而形成最初的对象关系的，因此对象的来源主要是内部的；另一方面又认为，对象是对他人的真实知觉构成的，因此对象的来源是外部的。

其次，克莱因强调内部对象是构成自我和超我的要素，但关于它们是如何构成的、哪一个先被构成的解释也是模糊的。她认为最初的对象是自我的核心，超我来自自我的分裂；又认为超我来自早期的批评性的父母的意象。也未能说明自我是先天的，还是后天构成的。再次，她的对象关系理论实际上探讨的是儿童早期与母亲的关系，强调了母亲在儿童个性形成和发展中的重要性，但是却忽略了父亲的作用。

　　最后，她对于儿童早期的心理特征的看法仍然来源于主观的推论，因为她和许多精神分析学家一样，采用的是临床的方法，因此无法直接了解很小的婴儿的心理。

建筑理论的大厦

克拉克·赫尔　Clark Hull

1884~1952

从心理学诞生的那天开始，它就不像是正统的科学。为此，有位心理学家以其毕生精力构建了一个精密的理论体系，坚持和发展严格客观的行为主义研究途径，为心理学构筑了一个庞大复杂、无所不包的理论体系。他就是美国著名心理学家克拉克·赫尔。

身残志坚的赫尔

赫尔出生在一个农场，幼年时家境比较贫困，但却非常勤奋。上农村小学时，他在农忙季节必须停课帮助家里干活。17岁时，赫尔通过教师资格考试后，教了一年书，第二年才考入高中。他靠在小旅店打工以维持生活，读完了大学。不料在大学即将毕业时，因为一次聚餐而食物中毒，从此身体虚弱，还患上了健忘症。

在疗养期间，他还在攻读数学、物理和化学，并学习了两年采矿工程，打算做一名采矿工程师。后来他在一家铁矿找到测量的工作，但是两个月后，他又病倒了，这次侵袭他的是小儿麻痹症。疾病使他的下肢有了残疾，于是他就转向原来就感兴趣的心理学，因为这门科学并不需要繁重的体力活动。

他经过一位教授的推荐进入威斯康星大学攻读博士学位。由于他有健忘症，平时学习，尤其是阅读新书时，他养成认真做笔记的习惯。这样，他一生中保留下 27 本读书笔记和有关其他方面的记录。这些记录对于研究他的学说及其思想发展是很有价值的。34 岁那年他的博士论文被通过后，即留校任教。1929 年耶鲁大学校长安吉尔，因要加强该校心理学研究的学术力量，聘请赫尔来到耶鲁大学任教。从此开始，他在耶鲁大学一直工作到 1952 年逝世。

赫尔的心理学思想

赫尔受达尔文进化论思想的影响和巴甫洛夫学说的启发，认为有机体的行为从本质上说就是对环境的适应。他把这种对环境的适应性行为作为其理论体系的出发点。

赫尔反对把适应性行为看作是非物理或心理的，因为在他看来，"心理"不过是一种用来指导和控制适应性行为的假设实体。从逻辑实证主义和操作主义方法论出发，赫尔创造了"假设 – 演绎"系统。由于这个理论体系是经由严密的逻辑演绎而来，因此又被人们称为"逻辑行为主义"。赫尔希望将这种体系运用到心理学中，使心理学最终也能像物理学、数学和几何学等自然科学一样成为客观的科学。赫尔正是以此为目标，而致力于研究刺激、反应以及刺激和反应之间的多种层次的中介变量，最终演绎出十多条公设，推论出一百条定理，从而形成了庞大的逻辑行为主义体系。

赫尔对传统的刺激 – 反应公式进行了补充，把刺激痕迹和运动神经冲动纳入到传统的公式之中，从而把行为公式修改为S–s–r–R。

赫尔最著名的是"心理冲突"理论。他把这种心理冲突分为四种，即：

趋近——趋近冲突。指的是有机体同时为两个有同样诱惑力的目标所吸引。例如在既饥饿又瞌睡时，便会发生这种冲突。

回避——回避冲突。这是一个人同时受到两个阴性即厌恶的东西所发生的冲突。例如，在这种两难处境下往往表现出犹豫不决，或者采取逃避现实的办法，如悲观厌世或离群索居，乃至自杀或患精神病的人。

趋近——回避冲突。这是同一目标引起正负相反但力量相等的诱惑力，或者遇到一件利弊相当的事所发生的矛盾冲突。比如年龄大了应该结婚，但对象并不称心。

双重趋近——回避冲突。米勒吸收了弗洛伊德的心因性冲突学说。这种冲突正好可以作为典型的事例。例如，女孩为母亲所吸引，因为母亲能满足她的生活需要，但又排斥母亲，因为她们是同性的。该女孩为父亲所吸引，却又妒忌父亲，因为父亲是异性。弗洛伊德认为，因此，该女孩产生了对父母矛盾的双重情感。米勒用刺激－反应理论来解释弗洛伊德精神分析的事例是别出心裁的。米勒说：夫妇的共同生活要互相体谅了解，不要匆匆忙忙结合，也不必急于分离。因为分离后再和好，不如不匆忙分离。

赫尔后来对其理论体系作了比较重要的修正，提出的一个非常重要的概念：零星期待目标反应。他以白鼠走迷宫为例对此进行了说明。由于白鼠在获得目标物之前已经对很多原本中性的刺激物产生了条件反应，而这些条件反应都是部分的、零碎的、在目标物之前出现的，因此赫尔将它们称为零星期待目标反应。

赫尔创造零星期待目标反应这个概念的目的是用来解释动物的连锁反应学习。同时他还想借此概念客观地研究人类行为中的认知、意识等因素，标志着新行为主义者对早期行为主义禁区的突破。

后世传人

赫尔的理论影响了一大批心理学后起之秀，为心理学的发展培养了一批重要的人才。赫尔的理论提出之后，吸引了很多同事、学生和追随者，他们一方面学习赫尔的理论，一方面又不断补充、修正和发展赫尔的理论，并在学习、修正和发展赫尔理论的过程中成长为具有较大影响的心理学家，其中最有影响的人物有斯彭斯、米勒和多拉勒等人。

赫尔对实验心理学也产生了独特的影响。斯彭斯认为，"1941~1950 年间在《实验心理学杂志》和《比较心理学与生理心理学杂志》上所发表的实验报告，有 70% 都以赫尔的著作为参考"。

正因为如此，人们才认为"没有别的心理学家像他这样显著而广泛地影响到其他许多心理学家的职业动机"

赫尔的伟大贡献

作为新行为主义的代表人物,赫尔以逻辑和数学方法为工具,创建了一个系统而庞大的行为理论,对心理学的发展产生了重要的影响,为心理学的理论建设做出了重要贡献。

赫尔从小就喜欢学习数学,尤其是几何学。他对心理学的主要贡献也就是应用数学推理形成种种公式,然后经过实验检验。如果公式不符合检验的就加以修正或推翻,重新设计推理出新的公式或命题;如果得到证实,就能进入他的心理学体系。

赫尔建立了一个非常精确和详细的用以说明"一切哺乳类动物的行为"的理论体系,并且从理论的角度提出了建立研究心理学的科学方法论的必要性和可能性,希望通过自己的努力使心理学彻底摆脱模糊、玄奥和深不可测的痕迹,而成为一门完全客观精确的自然科学。可以说"赫尔对系统心理学的一般理论建设的贡献,大于他自己的理论"。有心理学家曾经指出:"一个真正理论天才的到来,这在任何领域都是不常见的。在心理学界所提出的非常少的人物中,赫尔的确必须列为第一流人物"。由此也可以看出赫尔对心理学的理论建设所做出的贡献。

赫尔还设计了一系列控制严密的实验来研究动物的行为,并以此为依据提出了一整套关于行为的学说。其理论提出之后,产生了巨大的反响,不论是赞同还是反对他的人都对此展开了广泛的研究,以验证或批评他的理论,从而派生出了很多研究课题,繁荣了心理学的实验研究。这也可以说是赫尔对心理学的一个贡献。

局限：历史的遗憾

但是，赫尔的理论体系也受到人们的批评。

首先，其理论体系过于庞大、复杂、琐细，几乎使人无法理解，因而只能在他的实验室里使用，出了他的实验室就几乎没有什么价值。

其次，由于赫尔所采用的方法过于特殊而使其理论体系缺乏概括性。他经常根据从单一实验情境中的少量动物行为研究中获得的结论来系统地描述自己的公设，并在此基础上演绎出很多有关行为的定理。不免使人怀疑其理论的代表性和说服力。人们普遍认为"基于这种极端特殊的实验证据对所有行为进行概括，是靠不住的"。

数量化是赫尔理论体系的最大特色，但也有学者认为，在某种意义上说，赫尔成了嗜好数学的牺牲者，有时为了数量化竟把问题弄到了荒唐怪诞的程度。最后，由于赫尔采用还原论的研究方法，把高级认识活动还原为刺激和反应，同时又以动物的学习类推人类的学习，也受到了人们的批评。

随着行为主义地位的衰落，赫尔的名字和所做的成就迅速褪色。到 20 世纪 70 年代，已很少有人引用他，今天，他则几乎完全被人忘却了。

谁说女子不如男

卡伦·霍妮　Karen Horney
1885~1952

"男人"似乎是心理学家，尤其是"伟大"的心理学家的一个标签。但是，正是一位女心理学家，以非凡的勇气和深邃的洞察力创立了一种新的神经症理论，成为精神分析社会文化学派的领袖人物。她就是杰出的女心理学家卡伦·霍妮。

与一个学派作对

霍妮出生于德国汉堡附近一个名叫卡伦·丹尼森的小村庄。她的父亲是挪威人，一个笃信宗教而沉默寡言的远洋海轮船长。霍妮从小随父在海上漂泊，培养了热情勇敢的性格，对遥远的地方充满了好奇的憧憬。她母亲是荷兰人，是一个泼辣、富有魅力、态度豪放的女性。父亲比母亲大17岁。在霍妮的回忆中，父亲是一个可怕的人物，认为她外貌丑陋，天资愚笨，所以看不起她。同样，她感到母亲偏爱哥哥，对她十分冷落。12岁时，霍妮因为治病而对医生产生了深刻的印象，从那时起她就萌发了当医生的决心。父亲对她的这一想法极力反对，以致她的母亲为此同丈夫分手。

她从小受到良好的教育，获得柏林大学医学博士学位。在大

141

学期间她开始对精神分析感兴趣，所以又在柏林精神分析研究所接受精神分析训练，成为一名精神分析医生和柏林精神分析运动的主要领导人物。

虽然是弗洛伊德的再传弟子，但她在柏林精神分析研究所任教期间，由于对弗洛伊德关于女性性欲的看法表示不满而离开弗洛伊德的正统学说，并在杂志上发表了大量的论文，大多是关于女性问题和不同意弗洛伊德观点的文章。

1932年，她受邀赴美，担任芝加哥精神分析研究所副所长。两年后，她迁居纽约，在那里创办了一所私人医院，并在纽约精神分析研究所培训精神分析医生。

霍妮与弗洛伊德正统理论的分歧逐渐增大，经过艰苦努力与长期思考，她终于出版了她第一本主要著作《我们时代的精神症人格》。这本书标志着她思想的形成和对正统精神分析学所作的修正和批判。由于反叛行为，她受到同行们的反对和猛烈攻击。她的精神分析医生的资格被罢免，整个纽约精神分析学派宣布与她决裂。然而霍妮毫不畏惧，创办了美国精神分析学研究所，并亲任所长，直到1952年逝世。

前辈师承

霍妮曾接受过弗洛伊德正统理论的训练。霍妮中学毕业后就只身赴柏林学习医学和精神病学，她的导师是弗洛伊德最得意的门生，第一个在德国开始心理分析治疗和开创精神分析运动的卡尔·亚伯拉罕。霍妮无疑是亚伯拉罕最出类拔萃的弟子。

然而，随着时间的推移，霍妮发现弗洛伊德的理论越来越不适应临床实践。

1932年，霍妮为逃避纳粹的迫害移居美国，接触了阿德勒、弗洛姆等人。从此，她的心理学思想开始发生变化。

她同其他一些社会分析学家一样，虽然也继承和保持了弗洛伊德的一些基本概念，如压抑、抗拒、移情、自由联想等，但她极力反对弗洛伊德的恋母情结和把人格划分为本我、自我、超我。她认为弗洛伊德理论所反映的是另一国度和另一时代的情况。这种理论不适应美国人在大萧条时期碰到的问题。对于在这种特殊环境条件下产生的各种问题来说，性欲仅仅是次要的问题。人们并非为性欲问题，而是为失业、无钱付房租、无钱买食品、无钱支付子女必要的医疗保健费等问题忧心忡忡。有鉴于此，她强调社会和环境条件在形成人格方面的重要性。

霍妮的心理学思想

霍妮首先区分了两种类型的神经症：环境神经症和性格神经症。前者仅是对特定的情境暂时缺乏适应力，如学生在考场上过分紧张，但人格还是正常的；后者是由性格的变态引起的，是人格的异常。她侧重研究的是性格神经症。

霍妮认为，神经症的病因在于人格，人格是从童年时代就逐渐形成的，它取决于环境。因此，为了对神经症进行诊断和治疗，就必须了解患者的人格，也就必须了解患者在整个成长过程中所处的文化环境和个人生活环境。

霍妮认为，神经症的标准实际上因不同的文化、时代、阶级和性别而异。她阐述说，例如，在现代西方文化中，如果有人因为别人提到他故去亲戚的名字而大发雷霆，就很可能被认为是神经症；但在某些比较原始的文化中，这种人却被认为是完全正常的。可见，神经症只是对社会文化所规定的正常行为模式的偏离。

霍妮认为在现有文化中存在如下的矛盾：竞争、成功和友爱、谦卑的矛盾；人们不断被激起的享受需要和人们在满足这些需要方面的实际受挫的矛盾；所谓的个人自由和实际受到的各种限制的矛盾。正是这些文化的困境导致人们的心理冲突。

生活于现代文化困境中的大多数人都患有程度不同的神经症，正常人和神经症患者的区别是相对的。我们所谓的神经症患者往往是由于其特殊经历，特别是童年经历，对这些文化困境和冲突的体验过分强烈而已。总之，神经症是时代和文化的副产品。

霍妮在神经症源于文化的思想理念指导下，提出了一整套的关于神经症的心理病因说。霍妮的神经症理论的总体思路是：个体生活在充满矛盾冲突的社会文化中，因而缺乏安全感，产生基本焦虑；为克服焦虑产生神经症的需要，进而形成特定的对待他人的行为方式或神经症的人格；个体又去寻找解决冲突的策略，结果又陷入新的更大更深的焦虑和冲突之中，从而构成潜意识中运行的恶性循环。

霍妮的神经症的理论直接服务于治疗目的。她认为神经症是由焦虑、对抗焦虑的防御策略、缓和心理冲突的努力等引起的心理功能紊乱，且对这些紊乱的规定和衡量标准是特定文化规定的共同的行为模式。

霍妮反对弗洛伊德的对人性和神经症治疗的悲观主义态度，主张对神经症的治疗应依靠人生来就具有的实现自己潜能的建设性力量，即帮助患者发现并发展自己的潜能。因此，她虽然也使用弗洛伊德创立的精神分析技术，但目的是分析早期的亲子关系而非与性有关的经验。而且，她反对夸大早期经验的作用，主张分析治疗的重心是分析患者的神经症需要和人格类型，以帮助患者克服冲突，实现与他人和与自我的和谐关系。

霍妮对精神分析治疗的一大贡献是倡导自我分析，因为她相信人的潜能和在治疗中患者的配合的重要性。她系统阐述了自我分析的态度、规则、步骤和方法。当然，倡导自我分析绝不能代替专家治疗。

不可不知的名著

《我们时代的神经症人格》，1937 年

霍妮以文化决定论取代弗洛伊德的生物决定论。她认为产生神经症的个人内心冲突，虽然不排斥性压抑、遗传禀赋、童年经历等个人特征，但本质上却来源于一定的社会文化对个人施加的影响。普遍的人性是不存在的，人性、人的各种倾向和追求、人所受到的压抑和挫折、人的内心冲突和焦虑，乃至什么是正常人格、什么是病态人格的标准，所有这一切都因文化的不同、时代的不同而不同。

　　这本书刻画出推动我们时代神经症患者的内心冲突，他们的焦虑、痛苦，以及他们在个人生活和与他人交往中所遇到的种种障碍，集中讨论所有患者以不同的形式共同表现出来的性格结构。

　　霍妮把重点放在实际存在的冲突以及神经症患者为解决这些冲突所作的尝试上，放在神经症患者实际存在的焦虑以及他们为对抗这些焦虑所建立的防御机制上。她对实际处境的强调，并不意味着就放弃了精神症本质上形成于早期童年时代的经验的观念。尽管童年期经验为神经症提供了决定性的条件，它们却并不是后来种种心理障碍的唯一原因。神经症不仅可以由偶然的个人经验所造成，同时也可以由我们生活在其中的特殊文化环境所造成。事实上，文化环境不仅为个人经验增添分量和色彩，而且归根结底决定了它们的特殊形式。这里需要指出的是：焦虑是所有神经症的共同基础，它对产生病态的性格倾向有着决定性的作用。

　　她强调了一个非常重要的概念：基本焦虑。这种感觉不是遗传的，而是文化和教育的产物。这样的焦虑是人格障碍的主要原因。由这种感觉萌生出一种寻求保险或安全的基本内驱力：安全的需要。因此，焦虑和安全构成了一对矛盾。个体在寻求安全和回避焦虑的过程中，表现为三种类型：

　　依从型。这是一种趋向人的活动，包括对爱情和赞许的需要，对求助于人生伴侣的需要。

　　敌对型。这是一种反对人的活动，包括对权力、对剥削他人、对威信和对个人成就等需要的组合。

　　分离型。这是一种避开人的活动，包括对自足、对独立、对完美和完善的需要。

这种类型划分被许多人看作是霍妮对人格理论的最有意义的贡献。

霍妮的伟大贡献

霍妮的一个重要理论贡献是提出真实自我与理想自我的观点。真实的自我包括那些在任何特定的时期都能真正体现我们自己的东西，理想的自我反映了人们最希望成为的那种人。

对正常的人来说，他们的真实自我和理想自我是始终紧密联系在一起的。随着真实自我的变化，理想自我也会发生变化；随着理想自我的实现，真实自我又会提出新的理想。所以，在正常人那里，愿望既符合实际又具有动力。然而，在神经质患者那儿，真实自我与理想自我是分离的，他们会产生一种理想化的自我意象，把理想自我当作真实自我看待，从而无法理解和认识他的真实自我。有些人产生过度的自我优越感，便是把理想自我当作真实自我了。由于这种自欺欺人的做法，患者创造出他们认为或感到他们应该成为的形象，如圣人、天才等等。这种歪曲的自我意象表明患者无法容忍他的真实自我。霍妮把这种心理障碍归因于社会经历、文化因素和环境条件等决定因素。

霍妮的理论对于精神分析的新发展有着重要的开创作用。她率先提出社会文化精神分析的基本理论，成为精神分析社会文化学派的开创者和领袖，之后，沙利文和弗洛姆等相继提出了自己的精神分析的社会文化理论。

她的理论吸收了人类学和社会学等学科的新成果，适应变化了的社会文化条件，将弗洛伊德的本能与文化的矛盾的心理学发展为文化本身的矛盾的心理学，强调了人际关系的失调以及与此有关的自我内在冲突的重要性，更能帮助现代人认识和解决自己的内心冲突。

最后，她对人性的看法和治疗神经症的依据是人的自我实现的潜能，从而有效地对抗了弗洛伊德以及荣格和阿德勒等早期精神分析学家的人性的悲观主义，为人本主义心理学家提供了直接的启示。

霍妮的许多解释与弗洛伊德说法大相径庭，但仍称得上是精神分析，因为霍妮认为精神分析的本质在于某些基本思路，目的在于考察无意识过程的作用和无意识过程获得表现的方式，并以心理治疗的形式使这些潜在的过程意识化，而非弗洛伊德所提出的整套理论。

作为新弗洛伊德学派的杰出代表，霍妮从社会文化角度与正统精神分析学分道扬镳，开拓了精神分析的新领域，壮大了精神分析运动的声势。

局限：历史的遗憾

霍妮的理论指出文化是导致神经症的根源，却没有具体分析文化作用于人的机制。她重点研究的是早期亲子关系的失调对儿童安全感的威胁，认为这是导致神经症的根本原因。这一方面把丰富复杂的社会生活对个体的心理影响简单化，另一方面也陷入了早期生活决定论。可见，她没有从根本上摆脱弗洛伊德在这个问题上的简化论和机械的因果决定论的局限。

其次，她指出了现代社会文化的矛盾，却只关心个体如何去适应这种文化，没有提出社会改革的理论和要求。这相对于弗洛伊德对社会文化的批判态度，是一种倒退。

白鼠心理学家

爱德华·托尔曼　Edward Tolman
1886~1959

使用动物和人进行实验，是现代科学心理学的重要特征。和心理学家相比，实验品往往是默默无闻的。不过有一位心理学家却被人以他的实验品命名。他就是美国新行为主义的代表人物之一，现代认知心理学的先驱，"白鼠心理学家"爱德华·托尔曼。

争强好胜的托尔曼

托尔曼出生于美国的上层家庭，父亲是一个大工厂的厂长，母亲信仰基督教。她常常给孩子们灌输一些如何过平静生活和遇事要勇于思考的思想。

由于家庭富裕，他本人又聪敏好学，所以托尔曼自幼就在最好的学校上学。中学毕业后，他按照父母的要求，考入著名的麻省理工学院学习电子化学。不过他在阅读了当时风行一时的詹姆斯的《心理学原理》后，受到其思想影响，放弃了理化专业，考进了哈佛大学攻读心理学和哲学。

在自传中，托尔曼说这次转学的另一原因，是他不愿意和哥哥竞争。当时他的哥哥已从麻省理工学院毕业，而且在理论物理和化学方面取得了优良成绩。由此人们可以看到托尔曼青年时争强好胜的性格。

前辈师承

在考入哈佛大学时，托尔曼先跟随佩里和耶克斯教授学习哲学和心理学。最初，他想成为一个哲学家，但听了佩里的课后，他认为自己不具备哲学家的大脑，因而决定放弃这一愿望，去从事心理学研究。

托尔曼本身是一位华生式的行为主义者，他在哈佛大学攻读博士学位的导师霍尔则是詹姆斯的继承人，是早期华生式的激进行为主义者。因此，托尔曼又深受詹姆斯的机能心理学和霍尔的激进行为主义思想的影响。

霍尔还受过冯特传统的训练与内省心理学的影响，所以，在准备博士论文时期，托尔曼曾专程到德国，接受格式塔心理学家考夫卡的指导。

托尔曼的心理学思想

1932 年托尔曼提出"中介变量"这个概念，在当时的学习理论中引起较大的反响，并为心理学界接受。

托尔曼认为，在解够物和人类的行为时，有两类中介变量：需求变量和认知变量。需求变量也就是动机，包括性欲、饥饿、安全、休息等要求，它决定行为的动机，回答行为的"为什么"

的问题。认知变量包括对客体的知觉、对探究过的地点的再认，如动作、技能等，它决定行为的知识和能力，回答行为的"是什么"的问题。这些中介变量虽然不能被直接观察到，但却可以通过实验设计，使之数量化而被间接地推理出来。

但是，托尔曼是心理学方面的客观主义者，主要关心外显行为。"中介变量"概念并非冯特的"意识"，仅仅局限于可推测或已证实的主观状态，而任何内隐的、不能从有机体外部观察或推测到的东西都必须排斥在科学研究之外。后来，由于受格式塔学派心理学家勒温（Kurt Lewin）的影响，托尔曼将勒温提出的"生活空间"、"心理场"等概念引入自己的理论体系中，对中介变量进行了修改和补充。

托尔曼是一个特殊的行为主义者，他的学习理论属于认知理论这一类，以反对"刺激－反应"理论，他被认为是认知心理学的开山祖。他承认目的、欲求、动机、内驱力等心理学概念，企图弥补华生式行为主义的缺点。他还通过各种实验，来论证他的可用客观观察的目的性行为，借以反对麦独孤的主观的目的论。

托尔曼否认桑代克的效果律，认为奖励或强化在学习中所起的作用很小。他提出以学习的认知理论替代"刺激－反应"的学习的理论。

托尔曼认为动物和人类的行为都受目的指导，学习者在达到目的过程中，会遇到各种环境条件，必须"认知"这些条件，才能克服困难，达到目的。这种对环境条件的认知，乃是达到目的的手段或途径。他用"符号"这一名词来代表对环境的认知。学习者认识到达到目的的途径，形成了一种"认知地图"。学习者所学习的并非简单的、机械的运动反应，而是学习达到目的的符号及其所代表的意义。这便是托尔曼"符号学习"的基本含义。

潜伏学习是托尔曼学习理论中的一个重要方面。他认为，强化虽然有助于学习，但并不是学习的必要条件。事实上，学习也可以在没有强化的条件下进行，只不过其结果不甚明显，是"潜伏"的。一旦受到强化，具备了操作的动机，这种结果才通过操作明显地表现出来。

托尔曼对他的目的行为主义总结出以下几个特点：指向一定目的；具有认知特征，并且表现在托尔曼称之为选择的"最小努力原则"上；整体行为是可以学会的，因而也是可以管教的。这样，他的目的行为主义就和华生的行为主义区别开，而称之为"新行为主义"。

不可不知的名著

《动物和人的目的行为》，1932 年

这本书是托尔曼的成名之作，在这部著作中他正式提出了目的性行为主义的理论体系。

当时，华生的行为主义已经流行于美国各地，托尔曼也自称是个"目的行为主义者"。这引起读者们的疑问："有目的的行为"，不就是"意识行为"吗，这怎么是行为主义呢？

但读者在看了全书之后，觉得该书作者确实是个行为主义者。原来，托尔曼在书中解释说：我根本不考虑行为者是否有意识，意识是个人的私事，我也不知道它。但是，有机体的行为总是有

目的的。我们见到一个人走进食品店，我们就会想到，他可能是饿了，是去买吃的；白鼠走迷宫是为了找食物；儿童学习是为了获得知识等等行为总是有目的的，这是任何人都观察到的事实。

实验室的故事

托尔曼的学习理论在他的整个理论体系中占有重要地位，而且都是在小白鼠实验中研究出来的。

他设计了一个十字形的迷宫，把白鼠分为反应学习组（甲组）和位置学习组（乙组）。甲组从起点 S1 出发，经过交叉点 C 向右转，到达食物点 F1；或从起点 S2 出发，经过交叉点 C 向右转，到达食物点 F2。不管起点如何，白鼠只要做出向右转的相同反应便能找到食物。乙组的食物放在固定地点 F，白鼠从起点 S1 出发，须向右转到达食物点；如果从起点 S2 出发，则须向左转才能到达食物点。

实验结果，乙组学习比甲组快。乙组 8 只白鼠实验 8 次就学会了，而且连续再做 10 次都没有错误。甲组 8 只白鼠没有一只能像乙组学得那样快，其中有 5 只连续实验 72 次都不能达到标准。据此，托尔曼论证了位置学习比反应学习快而有效。也就是说，学习依靠认识达到目的的符号及其意义（即认识到获得食物的途径），而不是获得一系列机械的运动反应。

为了进一步阐明位置学习的优越性，托尔曼设计了一个阻塞途径的实验，用以说明认知地图在学习中的作用。

在实验中，白鼠有三条通向食物的途径，途径一最短，途径三最长。在一般情况下，白鼠选择较短的途径。当途径一被阻塞点乙关闭时，白鼠能"领悟"阻塞点乙是将途径一、二同时关闭起来的，改由途径三奔向目标。

在准备实验中，如果途径一被阻塞点甲阻塞，白鼠就在途径二、三中选择较短的途径。当途径二也被阻塞时，白鼠只好走途径三。人们可能简单地认为，白鼠在准备实验中，熟悉了所有途径并按距离次序做出选择。但是这个迷宫设计的一个特点，也是对实验具有决定意义的是，途径一、二有一段通向目标的共同途径。开始，途径一的阻塞物是放在这一段共同途径之前，白鼠从阻塞点甲向后转奔向途径二。现在，将阻塞点移远、放在这段共同途径之上。在实验时，白鼠能不能"认知"途径二也被阻塞了呢？

实验清楚地证明，白鼠能避开途径二，奔向距离最长却是唯一通路的途径三。这正好说明白鼠是根据对情境的认知地图来行动，而不是根据盲目的习惯，也不是依据途径的次序而形成的机械的奔走习惯来行动的。

托尔曼的理论体系中的另一个主要理论是潜伏学习。他设计了一个实验，研究强化物对学习的作用。他把白鼠分为三组，甲组不给食物，乙组每天给食物。甲、乙均为控制组。丙组为实验组，在开始 10 天不给食物，第 11 天开始才给食物奖励。实验组设置的目的在于比较乙组和丙组的成绩，从而探索奖励对成绩的影响。结果表明，乙组减少错误的速度比甲组快得多，而从第 11 天开始，乙丙两组的错误分数和速度分数几乎相似，丙组甚至优于乙组。

托尔曼认为，尽管丙组在开头 10 天的练习中虽不给食物，但在每次练习中同样地探索迷宫的每一部分，形成了认知地图，只不过没有表现在外部行为中而已。

因为总是用白鼠做实验，所以托尔曼被人们戏称为"白鼠心理学家"。他的学生也经常用白鼠开老师的玩笑。一次，学生们把小白鼠挂在学校的大厅里，在旁边写上：它是按照托尔曼的理论跑出来的。托尔曼听说后也是一笑了之。

托尔曼的伟大贡献

托尔曼坚持以客观方法来研究整体厂为，坚持行为主义的基本原则和立场，但又不拘泥于早期行为主义的限制，深入探讨了决定行为的有机体内部因素并赋予整体行为以目的性和认知性等特征，从而使其理论具有了认知心理学和现象学的特征。早期行为主义以简单公式来研究和说明行为的局限性日益引起人们的不满和批评。托尔曼对"中介变量"的论述则缓和了这种局面，为行为主义的发展提供了转机。很多心理学家都对中介变量进行了高度评价。

托尔曼关于行为的认知观点为后人所吸收，开创了认知心理学思想研究的先河。现代认知心理学正是吸收了他的理论和方法，以客观的方法探索内部的认知过程，从而促成了 20 世纪 50 年代末期的"认知革命"。托尔曼的工作是古典行为主义和现代认知心理学之间的一个重要桥梁，现代著名认知心理学家西蒙就承认他的学说中吸收了托尔曼学说中的现象学思想。正因为如此，有人把托尔曼看作是认知心理学的鼻祖。

托尔曼对学习理论也做出了重要贡献，他设计了很多精巧的实验来论证学习的本质和类型，特别是他对位置学习和潜伏学习的实验论证对学习心理学产生了极为重要的影响。很多心理学家都承认，他们是受了托尔曼学习理论的影响才开始反思和研究学习的过程和理论的。而且，托尔曼的学习理论还激起了辨别学习中的"假设－验证"模式的研究。可以说，托尔曼的学习理论和实验丰富了学习心理学的内容和研究手段，他对学习过程中知觉和动机作用的强调，对于人们重新认识和理解学习问题也产生了重要影响。

局限：历史的遗憾

托尔曼没有提出一个系统而严密的理论体系，对很多概念也没有进行明确定义，因而他的理论显得凌乱和琐碎，受到很多心理学家的批评。

他提出了有机体内部的认知问题，却又不把行为恰当地与有机体的内隐机能联系起来，因而也不能对行为进行更为有效的理解和解释，这也是他的理论受到批评的一个原因。

对托尔曼的理论更为尖锐的批评与他理论中所使用的语言有关，人们认为他所使用的语言具有浓厚的主观主义和心灵主义色彩，这样就会削弱其理论的科学性。虽然他对学习进行了大量的实验研究，但大都以动物做试验品，并以从动物学习实验中所得到的结论来解释和说明人类学习，这种研究方式也遭到了人们的质疑。很多其他行为主义者认为，托尔曼的理论只能算是一种解释行为的理论，难以据之预测和控制行为，这显然与行为主义的目标相去甚远。

超越个体心理学

库尔特·勒温　Kurt Lewin
1890~1947

在心理学界有不少的流派，但是并不是每个流派都能产生公认的传统。只有社会心理学流派有自己的传统，它反映在基本的研究取向和研究态度上，反映在对学科的理解，以及对学科发展的期望上。这个传统的源头，就是库尔特·勒温。

从咖啡馆开始的心理学

勒温长得很像他的父亲，但性格却与母亲更为接近。母亲的耐心与宽容塑造了勒温拖拉和慢悠悠的习惯。而他的妻子格特露德认为，勒温后来便是用能否接受他的拖拉习惯来衡量一个女人的爱情，或是一位朋友友情的深度。

1914 年，勒温作为德国公民被应征入伍，在第一次世界大战的战场上充当炮灰。战争的惨烈却远超出人们的想象，许多事物的性质在战场上都全然改观了，一切价值在战争中都具有了完全不同的意义。有感于此，勒温写了《战场景象》一文，描述了一个人从安全的后方来到前线时，环境及其意义的改变在这里产生了"生活空间"。他阐述了情景或人与环境的交互作用决定人的心理事件和行为意义的观点，这就是他场论的雏形。在战场上，人性和良心要重新定义，人的个性和个人的善恶都不起作用了，每个人都随着他所属的集团而被定性：是敌方，便是坏的；是己方，便是好的。个人的性格和品行都被简单的"好"或"坏"所取代。这种体验和对这种体验的思考，深深地影响了他以后的社会心理学思想和他的团体动力学。

从战场归来，勒温就进入柏林大学深造。在柏林大学心理学研究所与格式塔三位创始人共事期间，勒温经常和学生们去研究所附近的一家咖啡馆。他们在那里轻松自由地谈论工作、学习和生活。当大家准备离开时，便叫来服务员结账，服务员通常不用查看任何记录，便可以分毫不差地报出每人所需要付的费用。但是，有一次付账之后，勒温与学生们又在那里坐了半个小时，然后又叫来那位服务员，问刚才各人所付的账是多少，服务员却怎么也想不起来，还生气地说："我哪里还记得你们付了多少钱呢？反正你们付了该付的钱。"

勒温认为，当他和学生没有付账时，服务员由于收账的需求而产生了一个紧张的"心理系统"，所以账单的记忆一直维持着。而账款一旦收到，紧张的心理系统得以消除，账单的记忆也就消失了。勒温的学生蔡加尼克自告奋勇，要用实验来验证心理紧张系统的存在。这是勒温心理学理论的第一个实验证据。从此，勒温的"想法"得到了大家的认可。

在教学时，勒温总是在黑板上、纸片上、灰砂上或在雪地上划出"约旦曲线"，也就是代表"生命空间的一系列椭圆"，并在这些曲线上勾画出构成心理场中的这些力在社会情形中的推拉作用。他在柏林大学的学生将这些椭圆称作"勒温蛋"，他在麻省理工学院的学生又称其为"勒温浴盆",爱荷华大学的学生则称其为"勒温土豆"。不管是蛋、浴盆或是土豆,它们构划出的都是在小型的面对面的群体中所发生的一些过程,也就是勒温视作社会心理学领地的现实片段。

1947年,勒温永别人世。在当年举行的美国心理学年会上,勒温的亲密朋友、杰出的心理学家托尔曼、奥尔波特和马洛受大会的邀请,致辞纪念勒温。他们不约而同地将勒温的成就与弗洛伊德相提并论。

前辈师承

斯顿夫(Cad Stumpf)是勒温在柏林大学心理学研究所的博士生导师,他还是考夫卡(Kua Koffka)、苛勒(Wolf Kohler)和惠特海默(Max Wertheimer)等人的老师。在斯顿夫的课程中,已经提到了意识的整合本质和综合分析的意义。可以说,他就是格式塔心理学派的源头。

斯顿夫曾把直接经验分为四类:现象、心理的机能、关系和结构,而直接经验这四类要点,都在勒温的心理学中得到了反映。斯顿夫所讲授的心理学导论的第一命题是:心理学应致力于对日常生活的观察,然后通过实验的方法,把这种观察升华为科学。这对勒温的心理学研究有着深刻的影响,是其务实研究取向的直接来源之一。

斯顿夫把现象学引入了心理学,使得现象和意动一起成为合法的研究对象。他的研究为"实验的现象学"奠定了基础。而实验的现象学也正是勒温早期研究所使用的主要方法。

勒温还选修了卡西尔（Ernst Cassirer）的哲学课程。卡西尔是第一个把开普勒、伽利略和牛顿等科学家的名字引入哲学史，并将这些科学家的科学概念、方法和成就进行深入的哲学分析和研究的哲学家。

勒温从卡西尔对自然科学发展的分析中，引发出了他的心理学建构论。卡西尔的认识论，加强了勒温对格式塔心理学原理的理解与运用。同时，这种认识论融入了勒温的心理观，形成了勒温心理学方法论的一部分，成为勒温心理学思想的一个主要来源。

勒温的心理学思想

勒温将场论作为研究动机和人格心理学的理论基础，并借用数学和物理学的概念来解释心理学中的问题。他把人的心理活动看作是在心理场或"生活空间"发生的。生活空间由个人生活中的过去、现在和将来的关于一切事件的经验和思想愿望所组成。每个人的生活空间伴随着个体的年龄增加和经验积累而扩展分化。

勒温认为，心理场是各种力的组织形式，客观事物在心理场中成为趋就或躲避的目标，因而具有积极或消极的价值。个体行为就是由于各种力之间的矛盾和冲突形成不平衡状态而引起了紧张和移动，最后解除紧张恢复平衡的一种动力过程。这就是勒温以场论为理论基础的动机学说。

勒温认为，个人的人格是由许多交织起来的层次形成的。其中，有些层次属于表层，他人可以观察得到：另一些层次在深处，不易接近。然而，两者都同样重要。例如，需要、理想、信念和目标以及其他心理活动等构成人格结构的多样化和复杂化，使一个人和其他人发生差异。有人层次多，各区域之间有较多的相互作用或相互关系。一个受过高等教育、经历丰富、能言善道的成年人，比起一个没有经验的孩子的人格结构区域和层次就分化得好得多、复杂得多。在某些情况下，表面的层次和深处的层次也可以发生相互作用。总之，勒温把个人的生活空间或心理场当作心理学研究的对象，提出了以场论为理论基础的动机与人格学说。

勒温也从场论出发，把研究个体行为的生活空间和心理场的理论应用于社会问题，提出了团体动力学理论。

勒温认为，人类个体和群体都生活在社会环境中，个体并不是孤立地存在着的，他们在一定的社会环境中活动，形成一个有组织的完整系统。群体也不是互不相干的个体的集合，而是有着互相联系的个体活动的单位。群体活动的性质和特征并不取决于各个个体，而取决于群体成员相互依存的那种内在关系。这就是勒温根据场论提出的关于全体大于部分的原理。其实，这也是格式塔学派的基本原理。

根据这一原理，勒温认为，通过改变群体的心理氛围来改变其个体成员行为的办法，要比对个别说教更有效，从而创造了现场实验的团体动力学。根据团体动力学，勒温把个体和环境之间的关系看作一种心理场，把团体和它的环境看作一个社会场。和个体的心理场一样，社会场也是通过各部分之间的社会关系形成一定结构及其特性的。团体在社会场中操作，正如一个个体在生活空间或心理场中操作，因而团体行为是特定时间内整个心理场的一种机能。他的社会心理学就是以这种心理机能作为研究对象的。

不可不知的名著

《拓扑心理学原理》，1936 年

勒温的理论体系在倾向于格式塔心理学，但是又不局限于格式塔心理学的研究内容。他不侧重于格式塔学派传统研究的知觉，而是侧重在整个物理和社会的关系中研究人类行为，并把拓扑学的概念和方法运用到心理学中，建立了自己的体系，所以而他的心理学也叫"拓扑心理学"。

《拓扑心理学原理》体现了勒温的整体性、完形性和场论等思想，富有独创性。它奠定了勒温心理学体系的基础，使勒温成为拓扑心理学的创始人，在勒温心理学体系中占据重要位置，是了解和研究勒温学术思想的重要著作。

实验室的故事

回顾勒温的研究历程，人们会发现他通常只提供先知先觉般的理论，而由他的学生们进行实验证实。

1924 年，勒温的学生蔡加尼克从实验研究的角度对心理紧张系统进行了验证。实验要求被试者做一些简单的工作，但只有一半可以完成这项工作，而另一半则在中途就让他们停止。整个

实验活动结束之后，让所有被试者对做过的工作进行回忆。结果发现，被试对未完成工作的平均回忆量为68%，而对已完成工作的平均回忆量是43%，这完全证实了勒温的理论假设。这就是著名的"蔡加尼克效应"（Zeigarnik Effect）。

勒温的另一个学生奥芙散金娜，进行了关于"受阻活动的重作趋势"的实验。她也是对正在工作中的被试给予阻止，或让他们中途改做其他的工作。结果被试者在这两种情况下都表现出重做受阻工作的需求。在前一种情况下，有100%的被试者重做受阻工作，而在后一种情况下有82%。这个实验同样证实了"紧张的释放和效应的满足相关"这样一条规律。

勒温对于社会心理学的研究实验也非常有意义。该项研究的灵感来自于他所体验到的纳粹独裁和对美国民主社会的向往。为探索独裁和民主政体对人民的影响，勒温和他的两名研究生罗纳德·里比德和拉尔夫·怀特为11岁儿童设立了一系列的俱乐部，给每个俱乐部提供一位成人"领导"，并让每位"领导"采取三种管理方式中的一种：独裁、民主或自由放任。

研究证实，实行独裁制的小组中的孩子很快变得充满敌意，或非常消极，实行民主制的孩子们则很友善，具有合作精神，而实行自由放任管理的孩子们也非常友善，不过性情淡漠。勒温对实验的结果十分满意，因为它充分证明了自己的想法：独裁制有百害而无一利，民主制则对人类有百益而无一害。

在第二次世界大战期间，为了保证军队的肉食供应，美国政府决定动员后方的人民能够改变的饮食习惯，用动物内脏代替原来的牛排。于是勒温等人便对改变饮食习惯这个问题进行了研究。

他们将研究对象（全是家庭主妇）分为实验组 A 和对照组 B。两组都参加同样的活动：了解美国参战的意义、公民支持军队的责任、动物内脏的营养价值和烹调技术。实验者只是告诉 B 组成员，希望她们以后能够食用动物内脏。而在 A 组中，则让大家"举手表决"。

勒温有意安排了一些"卧底"，在她们的带动下，A 组中的成员纷纷举手通过。两周之后，通过问卷和访谈调查，发现 A 组的成员中有 70% 以上真的开始购买或食用动物内脏，而 B 组中只有 30% 有真正的行为表现。这就表明，团体决定比单独做出的决定对团体中的个人有较持久的影响。在这种实验研究的启发下，勒温开始把这种方法广泛运用于社会工程领域。

后世传人

勒温的理论则开辟了社会心理学的新前景，使社会心理学迈上崭新的一个发展阶段，即实验的社会心理学，从而为社会心理学的发展立下了汗马功劳，进而推动了心理学的发展。

他的团体动力学对实验社会心理学的产生和发展起了重要的推动作用。正如有的学者所指出的那样："我们今天的 95% 的社会心理学家都属于勒温和他的团体动力学所激发的研究范畴。"

在勒温的指导下，涌现了一大批知名的社会心理学家，如蔡加尼克、登布罗、奥芙散金娜和比伦鲍姆（Bierenbaum）等人。还有人做出了自己的创造性研究，如提出认知失调论的弗斯廷格。

勒温那种务实的研究取向充分体现在其学生们的后续研究

中，如费斯廷格关于"住房计划"的研究，阿隆森关于"敏感性训练"的推广，达奥奇关于"合作与竞争"的研究，以及达利等人关于利他行为和"旁观者效应"的研究等等，都在应用社会心理学的发展中起到了重要而积极的作用。

无处不在的反对者

行为主义大师托尔曼认为，勒温的理论陷入了主观世界的陷阱，没有告诉我们客观世界如何能够改变生活空间。奥尔波特也指出，勒温混淆了心理事件与外部物理事件，其结果是一本糊涂账。

还有一些心理学家，如霍尔和林泽认为，勒温滥用了自然科学的概念，如"场"、"动力"、"向量"、"效价"等等，用它们对心理现象进行类比和描述，但这并不能代替对心理的实质性解释。

勒温的伟大贡献

勒温的主要贡献，也是实际上唯一属于他个人的贡献，是他把包括从其他学科借用来的拓扑和向量概念在内的研究方法带进了社会心理学。

勒温突破了传统心理学的研究框架，用严格实证、实验的方法来研究人的需要、紧张、冲突、动机等问题，使它们成为实验心理学的合法研究领域。勒温把他的心理学思想应用于研究社会问题，改变了以往实验心理学只研究个体心理而不研究团体心理的局面。

勒温是位"实践的理论家"，他的座右铭是"没有任何东西比高明的理论更适于应用"。勒温为心理学尤其是社会心理学提供了理论与应用、研究与实践相结合的范例。他的团体动力学融理论、研究和应用为一体，用理论指导研究，研究的结果应用于实践，反过来，研究和应用又进一步丰富了理论，这正是心理学发展的正确方向。

局限：历史的遗憾

当然，勒温的心理学体系也存在诸多不足之处。首先，勒温混淆了客观世界和主观世界之间的界限，他的生活空间、心理环境有时是物理世界，有时又是纯粹的心理世界。

在一定意义上说，勒温其实并没有创造理论，而只是提供了一套术语。勒温还忽视了个体的过去历史。有学者把这个事实归结于勒温坚持同时性原则，他的动力学总是涉及一个比较小的时间差异。勒温的理论最主要的缺陷是缺乏精确性，统一性差，定义不够明确，一些假设的结构不能加以证明。

寻找"自我"

海因茨·哈特曼　Heinz Hartmann
1894~1970

在精神分析的理论体系中，"自我"是联系"本我"与"超我"的概念。有一位精神分析学家，他的地位正像"自我"一样起着承上启下的作用。他就是以"自我"研究而闻名于世的海因茨·哈特曼。

哈特曼的生平

哈特曼生于德国一个显赫的知识家庭，早年学医获医学博士学位，并选修了许多哲学和社会科学的课程。在获得博士学位后，他在维也纳随安娜学习精神分析。第二次世界大战爆发后，他移居美国，研究自我心理学，主办《儿童精神分析研究》杂志。他曾任纽约精神分析学会会长和国际精神分析协会主席，被认为是第二次世界大战后精神分析自我心理学方面最著名的理论家、自我心理学之父。他被誉为自我心理学发展的第二块里程碑。

哈特曼的心理学思想

哈特曼敏锐地觉察到，古典精神分析在自我的研究方面的最大问题是过于强调自我与本我的冲突，忽视了"没有冲突的自我领域"。他所谓没有冲突的自我领域，并非指空间领域，而是指一套心理机能，这些心理机能在既定的时间内可以在心理冲突的范围之外发挥作用。在他看来，诸如知觉、思维、记忆、语言、创造力的发展，以及各种动作的成熟和学习等，都属于自我的适应机能，它们不是自我与本我相互冲突的产物，而是在没有冲突的领域里发展起来的。

哈特曼的整个自我心理学体系都是以没有冲突的自我领域为基础建立起来的。这一概念的提出使精神分析对自我的研究找到了立脚点，扩展了精神分析的范围。

哈特曼认为，自我独立于本我，是与本我同时存在的心理机能。为此他提出，自我和本我都是从同一种先天的生物学禀赋，即"未分化的基质"中分化出来的。他在自我起源问题上的这一修正标志着自我心理学的最重要的进展。哈特曼认为，自我在发展上也独立于本我的本能发展，他称之为自我的自主性发展。

哈特曼认为，要想使自我彻底离开本我，实现自我自主性，就必须修正和扩展弗洛伊德的心理能量的概念。为此，他提出能量的中性化，意思是指一种把本能能量改造成非本能模式的过程。

哈特曼的能量中性化概念是对弗洛伊德思想的进一步修正和扩展，二者在两个方面有所区别：一是弗洛伊德的中性化概念仅涉及性本能的非性欲化，而哈特曼强调指出中性化涉及两种本能的改造，即性本能的非性欲化和攻击本能的非攻击化；二是弗洛伊德的中性化是一个暂时的过程，例如升华作用是暂时把本能目的转变为社会可接受的目的，而哈特曼主张中性化是一个持续的过程，自我借助这一持续的中性化过程，可以贮存中性化的能量，以备自我随时随地地使用。因此，哈特曼的中性化能量只在名义上根源于本我，而实质上已经是自我的能量，不再具有本能的形态。在他的自我心理学中，中性化是一个十分广泛的概念，为自我的次级自主性提供了能量来源，促使自我适应环境。

适应在实质上是自我与环境取得平衡。他借助弗洛伊德的自体形成和异体形成概念来说明个体对环境的适应，人类的适应活动总的来说是先使环境适应人的机能，然后人又适应自己创造的环境。哈特曼主张人还具有第三种适应形式，即个体能够对有利于生存的新环境做出选择。

哈特曼还探讨了外部环境对适应的影响。他提出"正常期待的环境"的概念，意思是指人的正常适应和正常发展所面临的环境，是正常人可以期待和想象的环境。正常人一生的大部分时间都处在这种正常期待的环境中，因此他的个人适应和发展的要求与环境的要求相吻合。哈特曼的自我心理学强调自我和环境的调节作用，从而使精神分析从强调本我转变为强调正常的发展，无疑具有重要的意义。

不可不知的名著

《自我心理学与适应问题》，1939 年

《自我心理学与适应问题》是哈特曼在维也纳精神分析学会上所作的一系列讲演的专辑，被誉为同弗洛伊德《本我与自我》相媲美的重要著作。该书的主要贡献在于，一方面澄清了弗洛伊

德体系中关于自我心理学的一些模糊思想，另一方面又把精神分析学中一些命题的表述恰当地纳入普通心理学的范畴，试图建立精神分析学与普通心理学的联系。

《自我心理学与适应问题》主要论述了精神分析的新使命——自我的适应机制的研究；精神分析如何研究适应；自我的整合机能及自我的组织结构。

哈特曼的伟大贡献

在精神分析历史发展中，哈特曼是一位承上启下的人物。正是由于他对弗洛伊德的后期的自我心理学理论的重新诠释和内涵的创造性理解，使得古典精神分析找到了新的发展方向。

在继承弗洛伊德的自我心理学思想的基础上，哈特曼创立了自我心理学的理论体系，他的思想又影响了后来大批的自我心理学家，如斯皮茨、雅可布森、玛勒和艾里克森等。他是在弗洛伊德以后引导正统的精神分析沿着自我心理学的方向发展的领路人。

哈特曼的自我心理学对弗洛伊德模糊的自我心理学思想进行了必要的澄清。他进行了新的理论的建构，探讨了没有冲突的自我领域的心理学规律。

他的理论把自我的能量中性化，并探讨自我与环境相互作用的适应过程，他使弗洛伊德的自我心理学思想在两个根本方面得以修正。一是他改变了自我在实质上隶属于本我的看法，二是他改变了自我的机能主要是对本我的防御功能的看法。这种根本的改变的一个显著的重要意义是扩大了精神分析的目的和范围，使古典精神分析从研究本能冲突的病态心理学转向研究自我适应的正常心理学，从而在古典精神分析与普通心理学之间的鸿沟上架起了一座沟通之桥。精神分析的内容能够被纳入普通心理学，有利于精神分析的发展不脱离整个心理学的进程。

同时，哈特曼侧重研究自我的发生和发展，从而开辟了精神分析的发展心理学。他的学说标志着自我心理学的真正建立，被誉为"自我心理学之父"。

局限：历史的遗憾

但是，哈特曼的自我心理学体系也存在不可克服的矛盾。

为了强调自我及其自主性，他将自我和本我绝对地分割开来，把对环境的正常的适应归属于自我的机能，把病态的本能冲突归属于本我。因此，他没有能将包括自我和本我在内的整个的人格结构与社会环境具体地统一起来，只是在自我水平上，人与环境是统一的、相互影响的，在本我水平上，环境的影响则是外在的、抽象的。

另外，在哈特曼的理论体系中，对弗洛伊德的本我决定作用的观点又是妥协的，这体现在他用能量中性化的概念来说明白我的次级自主的过程中，认为自我的次级过程的发展所需要的能量仍然不能摆脱本我的束缚，从而没有给自我以真正独立的地位。

心理学界的"百科全书"

让·皮亚杰 Jean Piaget

1896~1980

在荣格之后，瑞士又诞生了一位历史性的心理学家——让·皮亚杰。他告诉了人们一件简单的事情，那就是：在成人看来极为简单的儿童心理，其实并不像我们想像的那么简单。

"天才儿童"皮亚杰

皮亚杰聪慧过人、勤奋好学，在童年时代就养成了独立思考的习惯和科学探究的精神。皮亚杰的父亲是文史教授，有着严谨的治学作风和进取的科学精神，母亲是虔诚的教徒，心地善良，宽容仁慈。父母对小皮亚杰拆卸手表等行为一般不加干涉，因此，皮亚杰的兴趣爱好得以自由发展，为以后形成探究真理的科学精神打下了良好的基础。

11岁时，皮亚杰在地方性的自然科学杂志上发表了他的一篇"论文"，从此一发而不可收拾。他主动写信给软体动物学家、纳沙特尔市自然博物馆的馆长，请求给予研究博物馆藏品的便利。馆长同意了，条件是皮亚杰必须义务为藏品贝壳贴标签。

上中学以后，他的很多论文在《瑞士动物学评论》等专业杂志上发表。《瑞士动物学评论》主编、兼日内瓦自然博物馆馆长

那些智慧的心理学家

贝陀先生非常欣赏皮亚杰，邀请他担任博物馆软体动物藏品部的主任。中学生皮亚杰当然不能担任这一职位，但是两人从此成为忘年之交。有些杂志知道了"软体动物学家"皮亚杰原来只是中学生，就拒绝再登载他的文章。皮亚杰向贝陀诉苦，贝陀幽默地说："年龄竟然成了发表文章的标准，看来这家杂志的主编一定没有别的可以衡量文章的标准了。"

直到担任了大学教授，皮亚杰也总在进行着没完没了的研究工作。由于社交圈子太小，所以像许多勤奋的心理学家一样，他也娶了自己的女学生。1925 年至 1930 年，皮亚杰的两个女儿和一个儿子相继出生。因为向别人借孩子，尤其是初生婴儿来做研究实在是太麻烦了，现在有了 3 个理想的"免费试验品"，当然不能放过。皮亚杰在夫人的协助下，以自己的孩子为个案进行细致、系统的观察，详尽研究了儿童早期的心理发展。这样，他把和孩子一起玩耍也变成的工作。

皮亚杰对数学、物理学、社会学、生物学、逻辑学等学科的一些最基本的概念的个体认识发展特点都进行过研究和阐述。皮亚杰关于时间、速度和运动等概念的个体发生的实验研究，还曾受到爱因斯坦的由衷赞许。因为皮亚杰的研究接触了众多的科学领域，所以被人们誉为"百科全书"式的心理学家。他一生著作等身，研究过大约 1500 个题目。除弗洛伊德以外，他的文章成为迄今为止在心理学领域中被引用得最多的文献。

不过这也给他带来过一些尴尬。据说，皮亚杰在接受美国心理学会授予他的"杰出科学贡献奖"时，曾经向学会申请心理学博士学位，但是未能如愿以偿。人们给他的解释是："您的理论应该获得的不只是心理学的学位，只授予心理学学位是对您的贬低。再说，您现在并不需要这个学位，它对您并没有什么意义。"

前辈师承

皮亚杰取得生物学博士学位后，就转到苏黎世大学学习实验心理学。他先在列勃斯（T. Lipps）和雷舒纳（Wreschner）的心理学实验室工作，又在布鲁勒（E. Bleuler）的实验室从事精神分析诊断的工作。他还在荣格的指导下研究精神分析理论。学习精神分析学对皮亚杰实现自己的理论构想毫无帮助，不过精神分析的方法对他的研究具有重要的影响。

1919 年，皮亚杰进入巴黎的比奈实验室工作，直接受著名心理学家西蒙（T. Simon）的指导。

皮亚杰的理论，还深受其恩师、日内瓦大学卢梭学院院长克拉帕瑞德的生物学和机能主义观点的影响。他始终不渝地坚持心理的机能是适应、智力是对环境的适应的思想。皮亚杰赞成格式塔心理学派关于部分与整体关系的理论。他在《结构主义》中提出的结构的三个特征是整体性、转换性和自我调节，其中整体性这个特点就是受格式塔心理学的影响。

皮亚杰的心理学思想

儿童的心理发展是皮亚杰的主要研究方向。除了儿童心理发展的起源、因素和基本过程以外，儿童的心理发展的阶段性是皮亚杰最突出的研究成果。在他看来，按照儿童发展的水平，可以把儿童的心理发展划分为四个阶段。

0岁~2岁称为"感知运动阶段"。这时儿童主要靠感觉和动作来认识周围世界的。婴儿只认为自己看到的事物是存在的，而看不见时也就不存在了。大约1周岁左右，儿童完成了"哥白尼式的革命"，能在事物不在眼前时依然认为它是存在的，建立了"客体永久性"概念。同时也产生了因果认识。

2岁~7岁是"前运算阶段"，儿童的认知开始出现象征功能，能凭借语言和各种示意手段来表征事物，例如用小木棒当"枪"。但是这时儿童还不能形成正确的概念，只考虑自己的观点，不能接受别人的观点，也不能将自己的观点与别人的观点协调，没有真正的逻辑思维。

7岁~12岁的儿童进入"具体运算阶段"，开始有了抽象概念，能够进行逻辑推理，但是思维还离不开具体事物的支持。

"形式运算阶段"是指12岁~15岁，这个阶段的儿童形成了解决各类问题的推理逻辑，他们能通过假设来解答问题，有能力分清形式与内容，用符号替代具体事物。

皮亚杰成为儿童心理发展研究的权威之后，又突然转向，开始对发生认识论的研究。皮亚杰进行心理学研究的初衷，就是力求通过心理学的研究把生物学和认识论结合起来。既然已对儿童的认知发展有了较为深入的认识，接下来的研究自然应当回归到认识论本身。

按照皮亚杰自己的解释，"发生认识论就是企图根据认知的历史，它的社会根源以及认识所依赖的概念与运算的心理来源，去解释知识，尤其是科学知识"。由此可见，皮亚杰发生认识论的基本假设，就是人类认识的发生和发展与儿童个体认识的发生和发展是平行的或相似的。皮亚杰的发生认识论，是从儿童心理的角度研究认识的发生问题，回答"人的认识是怎么发生的"。

皮亚杰的发生认识论涉及哲学、生物学、逻辑学、心理学等很多学科，其理论体系是颇为庞大的，而且理解起来有一定难度。其主要观点有：

皮亚杰根据他对儿童心理发展的研究，提出了认识的心理发生论。他认为，从心理发生的角度来看，认识来自客体和主体之间的相互作用。也可以说，认识来源于动作。他把生物学上的表型复制理论运用于认识发展，用内因与环境的相互作用来说明主客体之间的相互作用，从而做到了生物学与认识论的统一。在皮亚杰看来，生物可观察的外显特征是遗传和环境的相互作用，人类的认识也同样如此，并且内部的自我调节在相互作用中发挥主要影响。

皮亚杰认为，认知结构是心理发生的产物，实际指的是主体作用于客体的动作。同化和顺应是认知结构的基本功能。在不断的同化和顺应中，个体的认知结构得到发展。认识就是这样一个不断建构、形成新结构的过程。

不可不知的名著

《智慧心理学》，1947 年

《智慧心理学》是皮亚杰 1942 年在法兰西学院讲学时的讲

稿，1947年第一次以法文版的形式出版。他批判地吸收了生物学、认识论、数理逻辑和现代心理学各流派的观点，博采众长、自成一体，提出了智慧的生物性和逻辑性的双重特点，划分了儿童智慧发展的阶段及其特点，建立了科学的智慧心理学体系。

《发生认识论原理》，1970 年

《发生认识论原理》一书是皮亚杰在1970年出版的一本理论性著作，较系统地阐述了他对于认识论的观点。他认为发生认识论的第一个特点是研究各种认识的起源；第二个特点是它的跨专业性。在他看来，相对于"人类"这一群体而言，儿童的心理发展是一种个体发生。个体的心理发生发展是个体的生命发生发展的继续，而人类群体的认知发生发展与个体认识的发生发展之间也存在着联系。这些都可以研究，都是一种"发生"认识论。

实验室的故事

在研究工作中，皮亚杰发现测验只能检测出认知的结果，而不能说明这个结果是如何产生的。所以皮亚杰对测验本身没有什么学术兴趣，却重视儿童在测验时做出的一些可笑荒谬的回答。

他启发孩子们说出真实的想法，力图揭示儿童的思维秘密。通过研究他发现，儿童回答问题的策略与成人不同，而传统认识论只顾及成人水平的认识，却忽视了认识从儿童到成人的发生与发展。从此，皮亚杰专心致力于儿童心理学的研究，并把儿童个体的认知过程作为自己的研究方向。

皮亚杰创造了一种新的研究方法，叫做"临床谈话法"。即研究者在接近于自然的交往中向儿童提出一些活动任务或一些特定问题，儿童可以毫无拘束地自由做出回答和反应，研究者则继续根据新的任务对儿童进行追问，从中收集资料，深入分析儿童的思维过程。

皮亚杰最早的研究，是通过"三山实验"研究儿童的思维形式发展。他用三座各不相同的模型山，先让儿童从各个角度观察它们，目的是使他们看到不同角度的三座山之间的空间关系。然后将一个玩偶娃娃放置在与儿童相对的山的那边，出示 10 张不同角度山景的图片，并问："那个娃娃看到的山是什么样子？"实验结果证实，7 岁以下儿童能指认的山景的图片，几乎都是从他自身角度所见的，而非玩偶所处的角度所见。也就是说，他们并不明白玩偶观察的角度与他们自己有何不同。皮亚杰由此得出结论，7 岁以下儿童在认知能力上是倾向于自我中心化的，只能从自己的主观角度考虑问题，所以不可能有逻辑思维。

后世传人

皮亚杰晚年将精力集中于建立一个更为纯粹的严密的实验科学，热衷于用逻辑数理概念来描述儿童认知的发展，并创立了一门发生认识论。他所任教的日内瓦大学的同事们，以教育是人格全面发展的需要为指导，将皮亚杰的后期研究方向加以拓展。他们以儿童认知发展的研究为核心，从儿童发展的整体观出发，研究影响儿童认知发展的各种因素，例如社会关系、文化影响、情感性因素、生物基础等等。同时研究儿童心理的多方面发展，如自我意识、情感、无意识幻想的发展。此外，他们还将皮亚杰的科学方法应用于教育教学，并且大胆引进新技术，创新儿童心理学的实验方法，形成了一个生机勃勃的新皮亚杰学派。

反对者与超越者

同样研究认知发展的心理学家布鲁纳并不承认皮亚杰的研究属于心理学范畴，他认为，皮亚杰的理论对于人们理解成长的过程很有帮助，"但它并不是对成长过程的解释或心理学的说明，而更像是向任何企图用心理学来说明成长过程的人提出了问题"。

皮亚杰的理论与行为主义是相悖的，所以在行为主义一统天下的时候，皮亚杰的学说几乎不为世人知晓。直到20世纪50年代末，美国兴起了课程改革运动，促使人们为新课程改革寻找理论依据，而皮亚杰的理论正好为编制适合于小学生思维的新课程提供了理论基础。自此以后，皮亚杰的理论在教育界和心理学界被广为传播，并赢得众多美誉。

但是，皮亚杰的理论体系过于庞大，很快就变得模糊不清。成百上千的心理学研究者进行了数以百计的皮亚杰式实验研究，所得到的发现既不同程度地修改了原来的理论，又向其提出了挑战。心理学研究者设计出许多实验方法，对皮亚杰的方法进行了重大修正，甚至对他的部分研究作了全盘否定。

例如，皮亚杰曾就"数字守恒"问题作过研究，他的实验方法是给孩子展示6个排得很近的物体，再展示同样6个排得很开的物体；如果孩子能认识到二者数目是一样的，就是有"数字守恒"的认识。皮亚杰的实验结论是：除非达到具体运思期，否则就没有这个认识。但是心理学家罗克尔·容尔曼的"魔术"实验修正了这个观点。他在一块木板上放上一些玩具，然后用布盖上，偷偷拿走一只或增加一只。实验结果发现，5岁甚或更小的孩子都能分辨出玩具变少或变多了，而且还知道减少或增加了多少。

认知发展领域尽管一直受皮亚杰的影响，但它已成长为一个生长繁茂的花园，就像爱因斯坦的理论包容且远远超过牛顿的物理学定律一样，新的理论将在包容皮亚杰的基本概念的同时，远远超出了皮亚杰理论的涵盖。认知发展心理学需要有人以全新的综合视点对其进行大刀阔斧的整修。

皮亚杰的伟大贡献

皮亚杰最大的贡献在于创立了发生认识论，以此填补了传统认识论研究的一项空白。发生认识论不再停留于哲学认识论的思辨层次，而是通过研究个体的认识发生，即儿童认知发展心理学，实现了心理学与哲学的结合。它"代表着一种具有丰富事实、概念、解释和罕见的一致性系统"，在探索个体认识发展规律方面取得了丰硕的成果。当今的认知发展研究大都以他的理论为基础或参考。

虽然有人认为，皮亚杰并不是严格意义上的心理学家，但是他在心理学方面的贡献绝不逊色于任何一名专业心理学家。"他给人们提供了任何心理学家都望尘莫及的从出生到成人的认知发展的蓝图"，完全有资格跻身于 20 世纪最杰出的心理学家行列。可以这样说，当代发展心理学的繁荣，皮亚杰功不可没。

局限：历史的遗憾

　　尽管接受过自然科学的培训，也曾决心对自己的理论进行生物学上的解释，但皮亚杰的理论几乎完全是从认知的过程来解释发育的。在他的理论中，人体的成熟过程将自动引起某些行为变化。这样一来，要么完全忽略了成熟自身的作用，要么就认为成熟作用是理所当然的。然而，大多数现代发展心理学家认为，除非成熟在心理发展中所起的作用得到全部理解，否则人们就无从知道行为在多大程度上受先天决定，而不是通过同化和顺应获取。

心理学的莫扎特

列·维果斯基　Lev Vygotsky
1896~1934

由于出身与种族的原因，求学期间他饱尝辛酸；由于身体健康的原因，他屡受疾病的困扰，几度徘徊于死亡边缘；由于政治的原因，他饱受冷遇与旁落。但是他依然奋斗不止，创造不息，虽历经沧桑，却矢志不渝。他就是前苏联的心理学天才人物维果斯基。

戈麦尔镇上的"小教授"

维果斯基是犹太人，出生后不久，全家就搬到了一个叫戈麦尔的小镇。维果斯基的父亲毕业于商学院，是戈麦尔一家银行的经理，他精明能干，兴趣广泛，精通好几种外语，还在小镇发起并创办了一个公共图书馆。年幼的维果斯基就是从这个图书馆里如饥似渴地获取知识的营养。维果斯基的母亲也受过良好的教育。她的志愿是成为一名教师，但应为种种原因从来没有机会到学校工作。于是，她将全部精力都用来抚养、教育孩子。

维果斯基聪颖好学，机敏过人，能说 8 种语言，具有超人的阅读速度与超常的记忆，并且对戏剧、历史、哲学表现出浓厚的兴趣。15 岁时，他组织朋友开展知识讨论，探索许多思想的产生背景，讨论诸如拿破仑、亚里士多德等著名人物的人格作用，被镇上的人们称为"小教授"。在探索科学领域的同时，维果斯基也钟情于艺术和诗歌，深深地被普希金和莎士比亚的著作所吸引。

1913 年维果斯基完成了大学预科学习，凭借其优异的成绩赢得了一枚金质奖章，被莫斯科大学录取。在当时，在只有 3% 的犹太学生可以进入莫斯科大学。

维果斯基感兴趣的学科是历史与哲学，但他接受父母的意见选择了医学，一个月之后又转到了法学院。第二年，强烈的求知欲使维果斯基决定同时在莫斯科大学和沙尼亚夫斯基人民大学就读。

1924 年，莫斯科心理研究所所长克里洛夫（Komilov）盛情邀请维果斯基加盟。维果斯基是个惜时如金的人，到莫斯科心理研究所供职的当天上午就会见了两位同事鲁利亚（Luria）和列昂捷夫（Leontiev），勾画工作蓝图，确立了创造一种崭新心理学的宏伟目标。著名的"维－列－鲁"三人工作小组就这样形成了。他们三人每周在维果斯基的房间会面两次，开展讨论和研究。

不幸的是天妒英才，维果斯基的身体一直羸弱。他的名著《心理学危机的历史意义》是在因患肺结核而被隔离期间完成的。康复后的维果斯基更是全身心地投入到了工作之中，仅 1929 年至 1930 年间他就写了近 50 本论著。

令人惊叹的是，这样一位 37 岁就英年早逝、声名显赫的心理学家从事心理学研究不过短短的 10 年时间，以他思想与成果的丰富性、独到性、广泛性以及其生命的短暂性而论，他创造了心理学历史上的一个奇迹，被后人盛誉为"心理学的莫扎特"。

前辈师承

维果斯基的理论思想受到了来自多方面的影响。他曾参加过布隆斯基开设的关于教学法的演讲课程，参加过伊万诺夫斯基举办的关于逻辑、哲学史的研讨会。正是伊万诺夫斯基激发了维果斯基对德国古典哲学、新康德主义哲学的兴趣，而这几乎影响了他的整个生活。

维果斯基后期的著作深受伊万诺夫斯基关于科学方法论的思想影响。他也受到了罗帕丁（Lopatin）关于哲学史与车尔帕诺夫（Chelpanov）关于心理学史的演讲的影响。

应该说，维果斯基的成就来自于与西方，尤其是美国完全不同的文化传统。他关于高级心理机能的社会起源与社会性质的论述代表了对"记忆"、"思维"等现象定义方式的根本转变，不再想当然地假设它们植根于个体，而将它们归因于集体。这种观点从深层次反映了维果斯基倡导的心理研究方法与在西方占主导地位的研究方法之间的文化基础差异。在美国心理学研究的文化传统中，个体是显而易见的极易分离的分析单位，在俄罗斯文化传统中很难对个体与集体做出这样的界限划分。

所以说，正是博大精深而又独树一帜的俄罗斯文化养育了维果斯基的伟大理论。

维果斯基的心理学思想

维果斯基创造性地涉足许多领域。当然，其最突出的贡献是创立了文化历史理论，形成了文化历史学派。

维果斯基主张，心理学应该坚持用科学的、决定论的、因果性的解释原则来研究高级心理机能，他反对将复杂的形式分解成简单的成分，因为那样就失去了整体的属性。他坚信马克思主义关于"人的实质由社会关系构成"之论断的正确性，拒绝从大脑深处解释高级心理过程。

维果斯基的理论核心是文化历史理论，包括四个方面。

其一，维果斯基主张，要理解心理机能的任何方面都必须理解其产生的起源与历史。他使用发生学的分析方法，考察人的发展的起源和历史，超越了发展心理学家惯常的做法，转而探讨种族发生与社会文化历史。

"内化"是维果斯基心理学理论的一个关键概念，与社会决定论相关，是高级心理过程发展的机制。维果斯基指出，"任何高级心理机能在其发展过程中必然经历一个外部阶段，因为起初它是一种社会机能"。内化过程不是外部活动向事先存在的内部意识阶段的转移，而是通过它形成了内部阶段。

维果斯基认为，高级心理机能是以工具和符号为中介的。人生活在一个符号世界之中，我们的行为不是由对象本身决定的而是由与对象联结在一起的符号决定的，我们赋予客体意义并按照那些意义行动。语言是人类为了组织思维而创造的最关键的工具，概念和知识都寓于语言之中。语言也是通过历史而发展的。

　　在将一般的发生律应用于儿童的学习与发展问题时，维果斯基提出最近发展区的概念。将其定义为"实际的发展水平与潜在的发展水平之间的差距。前者由独立解决问题的能力而定，后者则是指在成人的指导下或是与能力较强的同伴合作时，儿童能够解决问题的能力"。

　　维果斯基将学生解决问题的能力分成三种类别：学生能独立进行的、即使借助帮助也不能表现出来的、处于这两个极端之间的借助他人帮助可以表现出来的。维果斯基明确指出了教学与发展之间的关系，认为教学促进发展，教学应该走在发展的前面，"良好的教学走在发展前面并引导之"。

　　文化历史理论博大精深，其基本主张可以概括如下：人的心理活动是社会学习的结果，是文化和社会关系内化的结果；心理发展本质上是一个社会发生过程；文化是以神经生理系统的形式被内化的，形成了人的大脑的生理活动；高级神经活动是高级心理过程形成和发展的基础；高级神经活动内化了从人类的文化活动与中介符号中引申出来的社会意义；社会活动与实践活动促进了感觉运动格式的内化；高级心理机能的内化过程在本质上具有历史性；在不同的文化历史环境中，知觉、随意注意、记忆、情绪、思维、语言、问题解决、行为等具有不同的形式。

不可不知的名著

《教育心理学》，1926 年

《教育心理学》是维果斯基生前出版的唯一著作。他用反射学术语解释人类意识，将意识解释为"反射的反射"。

20 世纪 20 年代早期，反射学在心理学中取得了主导地位，经常被定义为"唯物主义的客观心理学"。维果斯基认为，学校的任务是为年轻一代的生活做准备，教师的目标就是依据儿童的行为规律控制教育过程。维果斯基将反射作为一种新型儿童科学的基础，认为，"条件反射理论是建立新型心理学的基础，条件反射是将我们从生理学带向社会学的机制，使我们建立了教育过程的特点和实质"。

《心理学危机的历史意义》，1982 年

《心理学危机的历史意义》是维果斯基著作中最重要、最有意义的部分之一，这本书在维果茨其他作品中所发挥的突出作用与地位是显而易见的，这本书所体现的方法论特征与历史取向、分析的内容与实质、对心理学状况的严肃观察等，不仅使维果斯基成为苏联心理学的奠基者，而且突出了维果斯基的科学方法论者身份。

这本书的意义在于自始至终努力用马克思主义观点解释心理学中的危机，为发现当代心理学存在的相当严重的具体问题提供了一个方法论维度。

这本书不仅对世界心理学或对科学理论是必要的，而且对维果斯基自己也是非常必要的。恰恰是他自己研究取向的危机启发了他对这本书的写作。这本书意味着维果斯基对意识问题研究取向的巨大变化，可以被看作其早期观点与文化历史理论之间的一道分水岭。这本书是维果斯基为了摆脱自身理论冲突而做出的新

的尝试，是对自己以前提出的概念装置进行方法论方面的自我修正，也是对以前的解释理论的修正。对维果斯基本人而言，方法论的研究是非常必要的，他分析的焦点集中于他自己以前的思想、理论观点与冲突而不是世界心理学的理论观点与冲突。

后世传人

文化历史理论并非维果斯基以一人之力所完成的，而是集体智慧的结晶。

除了"维–列–鲁"三人工作小组，还有维果斯基的学生萨博罗兹赫茨（Zaporozhets）、博兹霍维奇（Bozhovich）、莫罗佐娃（Morozova）、斯拉维纳（Slavina）、列维纳（Levina）等五人加入。

维果斯基的思想为发展心理学提供了一种新视角。那些关心婴儿发展、心理障碍、科学概念进化与政治态度社会化的学者纷纷研究维果斯基，试图从维果斯基那里探矿寻宝，寻求对自己理论的支撑与启发。

1980年之后，西方出现了维果斯基思想的研究热潮，对维果斯基著作的翻译和引用大量涌现。维果斯基的大部分著作陆续翻译成英语，不断地出版或再版。维果斯基的许多思想直接与教育及其他应用领域的问题相关。由于全世界的心理学家都在积极寻找新的理论框架，而维果斯基的思想正好启发、促进了他们的探索。

不公正的反对者

维果斯基的理论受到了多方面的批评，但是这些批评大多数都不是正常的学术批评，所以很难说是公正的。

1936 年，前苏联政府签发了行政命令，废除教育学并且禁止测验。这项禁令明显是要抑制心理学的思想独立和自由。因为维果斯基是教育学的奠基者之一，文化历史理论被视为教育学的同类，遭到了无端的质疑。维果斯基的同事和支持者甚至都受到了株连。

同时，前苏联的部分心理学研究者出于学术和政治的双重考虑，也与维果斯基划清了界限。他们指责维果斯基"唯心地理解了马克思主义观点"。而他们强调"与现实的真实关系"的重要性，与维果斯基对符号与历史文化的强调形成鲜明对比，更容易被正统思想所接受。

维果斯基认为，当时心理学理论的中心在欧洲（德国、澳大利亚、瑞士、法国），他创造性地吸收了精神分析、格式塔心理学、皮亚杰认知发展理论、文化人类学以及各种哲学取向的思想，喜欢批判性地引用上述理论以支持自己的观点。但在前苏联领导者的眼中，西方理论具有资产阶级性质，是"危险的"。所以，维果斯基的国际主义取向被指责为"依靠资产阶级理论反对马克思主义理论"。

维果斯基的同事鲁利亚对中亚地区的心理学考察成为攻击维果斯基的又一个理由，对考察结果的讨论也被视为有民族主义取向而遭到禁止。原因显而易见，科学考察的结果与官方的信仰相矛盾。

由于上述原因，维果茨基理论处于长时间的尘封状态。直到政治形势缓和，维果斯基学派才发展壮大起来。

维果斯基的伟大贡献

许多领域的重要人物都将维果斯基的理论作为现在、甚至将来理论发展的推动力量。在文化人类学与跨文化心理学领域，许多学者研究维果斯基的思想，将其作为一种解决久而未决的问题的途径。

维果斯基是一个朴实的天才，他以至今还没有被完全领悟的方法整合或综合了许多观点。他提出了一个宏观的理论框架，这正是学科分化日益加重的今天所严重缺乏的。虽然西方学术界鼓励专门化、具体化，但学科之间综合性理论框架的缺乏引起了人们的警觉与关注。社会科学的细分源于实用主义倾向，寻求解决局部的、孤立的问题而不考虑总的理论问题。此外，社会要求技术专家使用新的研究工具，如计算机，这更增加了研究者关注整体问题的难度。因为维果斯基生活和工作的学术环境不存在上述倾向，因而他勾画出了颇具包容性的整体理论框架。维果斯基倾向于将他思考的每一个问题都作为宏大理论系统的组成部分，这从一个侧面反映了长期存在于俄罗斯的知识传统。

另一个增强维果斯基对当代心理理论影响的重要因素与心理学中对个体作用的看法有关。维果斯基的所有观点都奠基在其整体的理论框架基础之上，他拒绝将个体从社会机能中分离出来，他的这些思想观点在今天吸引了众多的心理学家与其他社会科学家。他的思想对当代心理学研究方法走出普遍意识到的困境提供了有益借鉴。

维果斯基的思想在其死后几十年能够进入当代心理学的话语中心，充分说明了维果斯基不仅走在了"他所处的时代的前面"，也走在了"我们时代的前面"。

局限：历史的遗憾

由于疾病缠身，英年早逝，维果斯基开展工作，撰写著作的都是在与时间赛跑。他短暂的一生充满紧张的探索，不断提出新的思想，急于建构自己的理论，没能像冯特、弗洛伊德那样到晚年有足够的时间对其早期理论作进一步的修改、补充与完善，因此，维果斯基的理论不可避免地存在一些缺点，难免粗糙或者欠成熟。

维果斯基把历史主义原则引进心理学时，没有分析社会形态的具体性质。脱离具体的社会形态谈历史，只能使历史抽象化。他还过于武断地认为高级心理机能的发展与有机体结构的生物变化无关。发展与变化是永无止境的，他把心理机能的自然发展过程与文化历史发展过程两者对立起来是没有充分科学根据的。

因为维果斯基本人不断修正、拓展自己的观点，对许多问题都没有做出定论，加上他的许多作品没有出版，所以后人对维果斯基既丰富又深刻的文化历史理论的解读歧义丛生。

自由与爱

埃利希·弗洛姆　Erich Fromm
1900~1980

自由是每个人都渴望的，所以有"不自由，毋宁死"的口号。但是，有位伟大的心理学家却通过研究发现，逃避自由是现代人普遍的心理状态。这位揭示了专制主义心理起源的，就是精神分析社会文化学派中影响最大的人物埃利希·弗洛姆。

弗洛姆的生平

弗洛姆出生于德国法兰克福一个犹太商人家庭，22 岁就获海德堡大学哲学博士学位，曾在柏林精神分析研究所接受精神分析治疗的正规训练。1925 年加入国际精神分析协会。1930 年在弗洛伊德主办的《意象》)(1mage) 杂志上发表关于基督教义的演变及宗教的社会——心理功能的精神分析的长篇论文。1934 年随法兰克福大学社会研究所一起离开纳粹德国，迁往纽约并加入美国国籍。在美国，他从事了广泛的教学、理论研究和精神分析治疗活动。他先后在哥伦比亚、耶鲁等大学任教，担任过著名的怀特精神医学研究所主任。1951 年到墨西哥国立大学医学院精神分析学系任教授。1957 年回美国，先后任密歇根州立大学、纽约大学教授。1980 年 80 寿辰前夕在瑞士因心脏病发作而去世。

前辈师承

与弗洛伊德一样，弗洛姆也出生在德国一个犹太血统的家族中，只是他比弗洛伊德小了 44 岁。也就是说，在弗洛姆出生的时候，弗洛伊德已经基本完成了他的精神分析学说的创立工作。恰恰是在弗洛姆出生的这一年，弗洛伊德出版了他著名的《梦的解析》一书。而当 22 岁的弗洛姆从海登堡大学毕业并获哲学博士学位的时候，弗洛伊德完成了将精神分析理论从一种单纯的疾病治疗方法升华至理解人类动机和人格的理论的转移。这些看上去互不关联的事件，冥冥之中影响了弗洛姆的一生。

学术背景方面，弗洛伊德是毕业于维也纳大学的医学博士，其职业是医生，因此他的研究更多地带有自然和生物的属性，其精神分析理论最初是作为一种精神疾患的治疗方法提出来的，即使晚年弗洛伊德将其扩展到社会研究领域，其学术的基本兴奋点也还是针对作为社会个体的人。弗洛姆读的是哲学专业，其学术背景是人文和社会科学的，其学术兴趣在于社会批判和拯救，他所关注的是群体的命运、宏观的社会趋势。严格说来，弗洛伊德的精神分析学只是弗洛姆研究和借鉴的对象。

除弗洛伊德之外，对弗洛姆产生重大影响的还有马克思和中国的禅宗。

由于弗洛伊德所受的专业训练是医学和生物学的，因而弗洛伊德对潜意识的研究也是建立在生物学基础之上的。这一点最终导致了弗洛伊德的偏颇。因为人是高度组织化的社会性动物，既是生物性的一面，也有社会性的一面，抛开哪一面都不能完整全面地认识人。而在对人的社会属性的研究和认识上，西方世界尚无人能够超过马克思。

如果说在对人性及人的本质的认识上，弗洛姆是融合了马克思和弗洛伊德的话，那么，在社会批判方面，弗洛姆则更多地吸收了马克思的思想。与马克思将劳动、资本等经济学概念引入人类学范畴一样，弗洛姆也将交易、生产、消费等经济学概念引入人格研究和社会批判，并将人的性格分为生产型和消费型、交易型。

弗洛姆的心理学思想

弗洛姆是著名的心理学家、社会学家和哲学家，这得益于他在学术上的兼收并蓄。他接受了马克思和弗洛伊德的思想，试图用人本主义来调和马克思主义和弗洛伊德学说。他还受到东方禅宗的影响，与法兰克福学派的其他代表人物有思想或工作上的联系。

关于人的处境的学说是弗洛姆整个思想体系的逻辑起点。弗洛姆认为，在人的处境中，最重要的是人的存在的矛盾，因为它根植于人本身，不可能被解决。特别是其中的个体化与孤独感的矛盾最具实质性，因为人越是超越自然和本能，也就是越发展自我意识、理性和想象力，与自然、他人和真实自我的关系就越疏远。他的全部理论都是以这一观点为基础的。

弗洛姆认为，人的基本需要就是人对存在的矛盾性的处境的反应。不同人满足需要的方式不同，有的是健康的，有的是不健康的。人的性格和潜意识是在这些需要的基础上形成的。

他提出，人与世界的关系可以分为两种：人与物的关系，表现为人要获取物体，即"同化"；人与人的关系，表现为人要与他人发生联系，即"社会化"。所谓性格就是把人的能量引向同化和社会化过程的相对稳定的形式。

弗洛姆终生关注的是资本主义生产方式及其社会生活的具体状况下的社会性格和社会潜意识。他的心理学的核心问题是现代西方人的困境、精神危机和出路。

弗洛姆认为，古代社会的生产方式和社会关系限制了个人的自由，但使人感到安全。而在现代社会，由于生产和技术的发展速度不断加快，社会变迁越来越频繁，人际竞争日趋激烈，经济危机和战争频繁难料，导致人的不安全感日益增加。在资本主义社会，表面看来人的独立和自由增加了，但人的孤独和不安全感也增加了。因此，资本主义社会的自由是不安全的自由，即"消极自由"，所以人们要逃避自由。只有到未来健全的社会，人们才能获得安全的自由，即"积极自由"。

弗洛姆指出，现代人在艰难的处境下形成了特殊的性格和潜意识。法西斯主义国家常采用施虐、受虐和破坏的方式，而民主的资本主义国家常采用迎合的方式。19世纪资本主义社会占主导地位的性格是剥削倾向和囤积倾向的结合，20世纪占主导地位的社会性格则是接受倾向和市场倾向的结合。因此现代人患上了堕落综合症。

一般以适应社会作为心理健康的标志。那么，以上描述的资本主义社会的现代人都是健康的。但是从人本主义的观点来看，他们都是被异化的，是极为不健康的人。相反，那些被异化的社会认为是不健康的人则是最健康的。因此，弗洛姆以"病人最健康"为题发表了他的最后的谈话。在他看来，真正健康的人必须是具有创生性倾向的人。

不可不知的名著

《逃避自由》，1941 年

弗洛姆著作甚丰，而且几乎每本书都是名著。《逃避自由》一书使他一举成名，被人誉为运用精神分析于社会学的杰作。这本书一再重印，仅仅到 1961 年，就印了 22 次之多。

这本书出版于第二次世界大战全面爆发之际。弗洛姆是一个社会责任感十分强烈的学者，作为德国犹太人，他又遭受纳粹的威胁，被迫流亡美国。法西斯主义对现代文明、对个人生命和尊严的威胁，促使弗洛姆去探讨与当时的社会危机直接有关的问题。他说，心理学家的当务之急是毫不迟延地对分析当前的危机做出自己的理论贡献。

弗洛姆认为历史创造了人，人也创造着历史。忽略了心理因素在社会演变过程中作为一种积极的力量所起的作用，也不能理解社会现象。揭示人的心理因素在社会进程中作为一种积极的力量所起的作用，是心理学家义不容辞的责任。

强调从心理学的角度考察社会局势，并不意味着过高估计了心理学的作用。因为社会的基本单位是个人，是个人的欲望与恐惧、个人的激情与理性、个人的乐善好施或心狠手辣。要考察社会的动态过程，须先剖析个人心理的动态过程，正如要考察个人，须先把他放到造就他的文化背景中。从这个意义上讲，法西斯主义的兴起有其心理基础，这一心理基础就是现代人的性格结构，而现代人的性格结构又是现代人所处的特有困境造成的。

弗洛姆认为现代人的特有困境就在于资本主义的自由，这种自由具有两面性：它解除了传统社会强加在个人身上的种种束缚，个人获得了独立；同时，这种自由又使人感到不安全，感到孤独和恐惧。人在孤独恐惧的困境中，会不由自主地屈从于一个权威，甚至在权威的感召下，去虐待、侵略和破坏。

在这本书中，弗洛姆提出了一个著名的观点：古代社会安全而不自由，现代社会自由而不安全。现代人在这种处境下，形成了逃避自由的心理需要，而在满足这些需要的过程中，又形成了各种性格，其中大多数为不健康的性格倾向。这些不健康的性格倾向成为法西斯主义崛起的心理基础，也成为和平条件下民主社会的各种社会问题的心理基础。出路在于，以人的理性和爱的潜能的自由发展为目标和准则，对社会的整体结构进行改革。

弗洛姆的伟大贡献

弗洛姆利用历史作为心理学调查的一个领域，他广泛利用历史文献，从希伯来历史、中世纪、宗教改革、产业革命到纳粹主义兴起，并以这些文献作为他研究心理学问题的依据。

他在广阔的经济、政治和文化的社会环境中研究心理现象，注重分析一定的经济结构中的生产方式、分配方式和生活方式对人的影响。他的研究对象不仅是少数的心理疾病患者，而且是整个社会中的各种人群。他以社会批判者和改革者自居，他的心理学实际上是他为医治社会痼疾开出的良药，恢复和弘扬了精神分析的社会批判精神。

他提出了社会性格和社会潜意识是联系经济基础和意识形态的中介，从而揭示了经济基础和意识形态之间的作用和反作用的过程，并强调了社会心理作为一种能动的力量在社会进程中的作用。他的社会潜意识理论是对弗洛伊德和荣格等人的潜意识理论的一种发展。他以现代人的困境和精神危机作为其关注的核心问题，突出了其学说的现代性和实用性。

弗洛姆的理论体系涉及心理学、哲学和历史学，是一个影响广泛的体系，增强了精神分析的生命力，丰富了现代心理学的内容。

局限：历史的遗憾

弗洛姆试图综合马克思和弗洛伊德的理论，但实际上歪曲了马克思主义。马克思的学说是建立在经济学基础上的唯物主义，弗洛姆的学说是建立在心理学基础上的唯心主义。这从他提出的社会改革方案中可以看出，他设想通过建立人本主义宗教和进行人本主义教育来达到未来的健全社会只能是空想。

划分人生的八个阶段

埃里克·埃里克森　Erik Erikson
1902~1979

在资本主义社会的经济大萧条的背景下，有位心理学家面对社会现状，深感精神分析学说已不足以应付当时的社会需求，于是，他强调自我的适应性功能，创立了新的精神分析学说。他就是弗洛伊德的再传弟子埃里克·埃里克森。

"危机"中的埃里克森

埃里克森生于德国法兰克福，父亲为丹麦籍，母亲是犹太人。他生后不久父母就离异了，母亲改嫁给一位犹太儿童医生。从此埃里克森便由继父抚养，改姓洪伯格尔。以后埃里克森曾把这称为自己的第一次危"同一性危机"。

继父和母亲都是犹太人，埃里克森却继承了生父的北欧血统，长得身材高大，金发碧眼。在游戏和交往活动中，埃里克森明显地感受到来自伙伴们的异样目光，他的小学同学视他为犹太人，而犹太学生又因他长相不同而疏远他，甚至称他为"非犹太人"，因此埃里克森常感到寂寞孤单，后来他把这称为他人生的第二次"同一性危机"。

大学预科毕业后，他违背继父要他成为医生的愿望，从事艺术专业，并周游整个欧洲大陆。

1927 年是埃里克森一生的转折点，他受老同学彼德·波罗斯的邀请到维也纳一所学校中工作，该校的学生都是弗洛伊德的病人与朋友的子女。

一次，安娜·弗洛伊德征求他是否愿意接受培训当儿童精神分析者。埃里克森接受了安娜的提议，以每月支付 7 美元培训费的条件接受安娜的精神分析训练。1964 年，埃里克森把自己的《洞察力与责任感》一书献给老师安娜，以表对她的感激之情。

埃里克森被邀加入一个当时被医疗机构拒之门外的团体。通过参加这个"遗弃者"的组织，使他能作为一名"局外人"保持自己的同一性。另一方面，由于这个团体的职能是帮助烦恼不安的人们，所以他起码能够间接地满足继父希望他当一名医生的愿望。

埃里克森只有一张蒙台梭利学校的毕业文凭（相当于高中学历）。因为埃里克森没有获得高级学位，所以他完全可以成为弗洛伊德所认为的精神分析家不必攻读医科专业主张的一个典型范例。后来，埃里克森被哈佛医学院录取为心理学哲学博士候选人，但只有几个月他就放弃了这个意图。

1936 年起，埃里克森在耶鲁大学精神病学系医学院任职，他在那里研究了正常儿童和情绪紊乱的儿童。他还与一些人类学家有过交往，曾经前往南达科苏语印第安人的松脊居住地进行了实地考察，观察了苏语印第安人抚育子女的情况。诸如此类的人类学研究使埃里克森进一步认识到社会文化因素对人格形成的重要性。这种认识极其强烈地渗透到他整个理论中。

1939 年，埃里克森担任了加利福尼亚研究所的研究助理，又升任心理学教授。但是有一年他拒绝在效忠宣誓上签字，被免去教授职务。后来，加利福尼亚大学发现他"政治可靠"，又重新授予他心理学教授，但是埃里克森拒不接受，因为其他教授也因同样的"罪名"被免职了。

从自己多种多样的经历中，埃里克森感到人的发展是一项终生的活动。在这些发展过程中，人会经历一系列的心理斗争，每种斗争都是生命的一个阶段。这样的感受使他正是的人生阶段理论的起源。

埃里克森与弗洛伊德

虽然埃里克森自称为弗洛伊德的信徒，但他的理论与弗洛伊德的理论很少有共同之处。此外，他有关人性的概念与弗洛伊德的人性观有显著的差异。

这在很大程度上是因为埃里克森的心理学导师安娜的精神分析理论就与他父亲的理论不同，在诸多方面都具有独特的创建，这对埃里克森产生深刻的影响。

弗洛伊德把他的研究集中于六岁前就形成的心理性欲发展阶段，因为他感到人格发展的大部分最重要的东西那时就已形成。而埃里克森研究的是贯穿整个人生的人格发展。尽管荣格也相信重要的发展在整个人生中都会出现，但是，埃里克森对发展过程的阐述比荣格更为详尽。

弗洛伊德对宗教的看法是模糊不清的，他认为宗教仅仅是建立在幼年恐惧和愿望之上的集体神经病症。埃里克森完全反对这个观点。他认为，宗教是许多人真正需要的东西。多少世纪来，人类一直运用宗教来更好地表达人生的各种事件，从而减少对人类的威胁。根据埃里克森的观点，如果没有宗教，成千上万人的人生中将会充满着不确定性。在这方面，埃里克森与荣格和阿德勒的观点是相吻合的。

埃里克森把成功地通过人生八个发展阶段，从而获得美德的人看成是健康的人。如果没有获得这些美德，那他们的自我就会比健康人的自我更脆弱，帮助提供形成这些美德的各种条件正是治疗者的职责。这与弗洛伊德把使用诸如梦的分析和自由联想法的治疗作为有助于了解潜意识的信条截然不同。

也许埃里克森的理论本身并非像他个人坚持认为的那样很接近弗洛伊德的理论，这实际上只是反映了他对弗洛伊德的门徒接纳他为其中一员，从而解决他自身严重的同一性危机的感念之恩。

埃里克森的心理学思想

人生发展的八个阶段理论是埃里克森心理学理论的重点。前五个阶段的划分与弗洛伊德划分的阶段相对应，但是，埃里克森强调的重点不是性欲的作用，而是个体的社会经验。后三个阶段是他的创新。

0~1岁，基本信任对基本不信任。这个阶段的儿童对成人的依赖性最大，如果能够得到足够的爱和有规律的照料，就能对周围人产生一种基本的信任感，反之则会产生不信任感和不安全感。

如果这一阶段的危机得到积极解决，就会形成希望的品质，消极解决则会形成惧怕的品质。

1~3岁，自主对羞怯和疑虑。儿童学会了爬行、走路、推拉和说话，能在一定程度上自主控制外界事物。儿童有了自主意愿，常常和父母的意愿构成冲突。如果父母能对儿童的行为给予必要的限制又给予一定的自由，就会使儿童形成自我控制和意志的品质，反之危机的消极解决会形成自我疑虑。

3~5岁，主动对内疚。儿童的活动能力更进一步增强，语言和思维能力也得到了很大的发展，表现出积极的幻想和对未来事件的规划。如果父母能经常肯定和鼓励儿童的自主行为和想象，儿童就会获得主动性，反之儿童就会缺乏主动性并感到内疚。

5~12岁，勤奋对自卑。儿童大多数正式进入学校接受教育，学习成为他们的主要活动。如果能够从需要稳定的注意力和一定努力的学习活动中获得满足，他们就能发展勤奋感，对未来自己能成为一个对社会有用的人有信心，反之则产生自卑感。

12~20岁，同一性对角色混乱。这一阶段儿童接受了更多的关于自己和社会的信息，并要对它们进行全面的深入思考，以为自己确定未来生活的策略。如果能做到这一点，儿童就获得了自我同一性，反之会产生角色混乱和消极同一性。埃里克森强调了同一性及其反面都和社会的要求和儿童对社会环境的适应有关。他认为，同一性的形成对个体健康人格的发展十分重要，它标志着儿童期的结束和成年期的开始。

20~25岁，亲密对孤独。只有建立了牢固的自我同一性的人才能与人发生爱的关系，热烈追求与他人建立亲密的关系。因为与他人发生深刻的爱的人际关系，要求把自己的同一性和他人的同一性融合为一体，这就需要个体做出某种程度的自我牺牲。而没有建立牢固的自我同一性的人，会担心因与他人的亲密关系而丧失自我，他们会寻求逃避，从而产生孤独感。

25~65 岁，繁殖对停滞。由儿童变为成年人，通常已经建立了家庭和自己的事业。如果个体已经形成了积极的自我同一性，过着充实的幸福生活，就会试图把这一切传递给下一代，或为了下一代创造更多的精神和物质财富。

65 岁~死亡，自我整合对失望。大多数人都停止了工作，处于对往事的回忆之中。如果能顺利渡过前面七个阶段，就会有充实幸福的生活，对社会有所贡献，从而具有完善感，不惧怕死亡。而在过去生活中有挫折的人，在回忆过去的一生时常体会到失望，因为他们已处于人生的终结阶段，无力再实现过去未完成的生活目标，所以对死亡感到惧怕。

不可不知的名著

《童年与社会》，1963 年

《童年与社会》是埃里克森的第一部著作，收集了他 20 世纪 40 年代所写的文章。

埃里克森独特的个人学术生涯及丰富的临床实践经验使本书以广泛的内容和富于想象力的临床实例描述见长，它包括了精神分析、特别是自我心理学和文化人类学两方面的材料，其观察范围从对幼儿和老年的临床诊断到印第安人的现场观察，以及对现代国家的家族形象的分析，表明了他的人格理论和心理历史观点的基本形成，并首次对人生周期以及诸如自我同一性的危机、合法延缓期等概念进行了描述和表达。埃里克森曾把它称为"一本论自我与社会的关系的精神分析书籍"。

通过《童年与社会》一书，埃里克森所要向人们指出的不仅仅是人类在发展中所体验的生物的、心理的和社会事件的发生顺序和这三个变量的交互关系，在这之外，他更为强调的是自我在克服发展中的倒退和恶化以及在防止潜能的消耗各方面所起的重大作用，是人在个体发展中通过自身去战胜心理危机的可能性。埃里克森对人性所抱有的乐观主义精神是他比他的前辈们更能有效地制定一种理论假设并根据这些假设去从事精神分析工作的原因。

在风格上，本书与其他学术专著迥然不同。看起来，它似乎没有严谨的结构、缜密的逻辑和层层深入的论述，甚至更接近一种散文式的氛围。通过生动丰富的案例娓娓道来，像是闲聊，又寓意幽深，对人具有启迪意义。它先后被译成7种文字，是一部研究人类童年和社会生活关系的佳作。

《同一性：青少年与危机》，1968年

这本书是埃里克森有关同一性的论文集。埃里克森认为此书可视为《童年与社会》和《青年路德》的姊妹篇，对同一性概念具有更深入的介绍。

实验室的故事

埃里克森的理论被许多人看作是所提出的人格理论中最有价值的一种，但是仍旧缺乏科学的严谨性。埃里克森认为除了实验室研究法外，还有其他评定人格理论的方法。

埃里克森感到需要对他的理论进行科学验证时，其他学者已经开展了这一工作。例如，心理学家西厄欧（Ciaccio）要求120名男孩，分为4岁，8岁和11岁三个组，用五幅图画来编造故事。

研究者对儿童所叙述的故事按照它与哪个发展阶段最一致来逐句分类，并把每个儿童所使用与埃里克森前四个发展阶段相联系的句子的百分比作了记录。结果表明，4岁儿童表现的主题与第二发展阶段相关性最高（46%），其次为第三发展阶段（42%）；8岁儿童表现的主题与第三发展阶段相关性最高（56%），其次为第二发展阶段（20%）；11岁儿童表现的主题与第四发展阶段相关性最高（41%），其次为第三发展阶段（26%）。这些数据明显地支持了埃里克森的理论。

埃里克森曾经运用他的理论剖析了几个非常著名的历史人物的生平，例如：希特勒、萧伯纳、甘地和高尔基。他的成就导致了一门称为历史心理学的新学科的诞生。

有人问埃里克森：你对历史人物分析的精确性如何呢？

答复是：我的分析是基于一种训练有素的主观性，也可以说是基于"半传说"之上的。

埃里克森说：如果说这种分析中的某些部分是传说的话，那就让它这样吧。传说的构成部分来自对历史的学术上的改写，部分来自学者著作中使用的原始素材。因而，只要所记载的事件与其他公认的事实没有矛盾，只要始终坚持一种真理的口吻，只要得出一种与心理学理论相一致的意义，我们就不得不把它当作是半传说半历史的。

所以要认识到埃里克森提供给人们的是一套理论，而不是一些事实。正是由于他部分地承认自己缺乏理论意识，才使许多读者在读完他的著作后破除一种迷信。尽管他表白过他的意图，但他仍然揭示了一门必然性的学科，而不是建构了一种有价值的观点。

埃里克森的伟大贡献

埃里克森进一步发展了哈特曼所关注的社会环境对自我的适应作用的思想，对精神分析的自我心理学的发展做出了重大的贡献。

他在心理与社会的相互作用中来考察自我，强调了社会环境在自我形成和发展中的作用，从而将弗洛伊德的心理性欲发展理论修正为心理社会发展理论，这是自我心理学的理论的突破性发展。他探讨了整个生命周期中的心理社会发展阶段，而不是局限于生命的早期和青年期。他用一对特殊的矛盾来标识每一个发展阶段，认为每个阶段的任务就是围绕着这一阶段的特殊矛盾的解决而进行的，自我正是在这每一阶段的冲突、危机和矛盾解决的过程中得到了增强的。因此，他的人格发展渐成论具有一定的辩证因素。他关于自我同一性和同一性危机的思想非常著名，广为流传，并已得到许多研究的证实。

　　埃里克森与许多心理学家相比的一个个人特色就是他从未变成一个狭隘的学科"专家"，他把视角广泛地深入到历史、政治、文化、社会生活环境的诸多方面，既把精神分析作为贯穿人类发展的一种研究手段，又把人类发展的各方面因素作为精神分析研究的滋养。

局限：历史的遗憾

　　埃里克森的人格发展八个阶段的理论虽然显得较为精致且富于哲理，但仍和其他许多精神分析的理论一样缺乏科学的证明，思辨性和经验性较强，科学性和实证性较弱。

　　其次，埃里克森的理论是"个人－社会发展"的机械平行论。也就是说，虽然他强调自我与环境、个人与社会的相互作用，但归根结底他认为自我是按照先天的成熟顺序的安排来发展的，社会本身基于个人的心理社会的发展也是一个发展过程，但他没有探讨社会实践活动对自我的发展的决定性作用，也没有探讨社会发展究竟是如何以个人的人格为基础的。他之所以得出个人社会发展的平行论是因为他相信，个人在心理发展过程中反映了社会的历史发展，而个人成长中遇到的危机反映了社会历史发展中出现的危机。

审视人的价值

卡尔·罗杰斯　Carl. Rogers

1902~1987

虽然心理学是关于"人"的科学，可是长久以来，"人"在科学心理学中的地位和实验用小白鼠差不多。尤其是患有心理疾病的人，心理医生在他们面前就会觉得自己像上帝一样。然而从卡尔·罗杰斯开始，心理学研究者开始重新审视"以人为本"的价值。

马路对面的"心理学"

罗杰斯出生于一个经济富裕的家庭。那时，上大学还是一件很奢侈的事，而罗杰斯的父母都是大学毕业生，这是很了不起的。

由于父母管束严格，小罗杰斯不能和周围的孩子一起玩耍，很少有与外界朋友交往的机会，于是他更多的时候就孑然独处，到书本中去寻求慰藉。上学第一天，校长经过测验，发现小罗杰斯的阅读能力远在别的同学之上，于是就让他直接读二年级。罗杰斯有爱好幻想、自编故事的习惯。他编了许多故事，还写成海报贴在学校的公告栏上。

12岁时，罗杰斯全家迁到一个大农庄里面。他的父亲鼓励孩子们每人经营一个小小的项目。为此，罗杰斯把一套多卷本巨著《饲养学》细细啃了下来。从这本书中，他懂得了什么是科学实验，合适的实验设计应该如何拟订，如何设立控制组，如何控制无关因素而只留下一项变数以便探讨它的主要影响，如何用统计学的方法处理、分析所得结果等等。他不仅获得了科学方法的初步知识，而且深深地被科学方法的价值所打动。

受父母的影响，罗杰斯有虔诚的宗教信仰。1922 年，他曾经作为美国的代表出席在北京（当时叫北平）召开的"世界基督教同盟大会"。这次东方之旅，使他对宗教宽容与和平主义产生了深刻的认识。回国后，罗杰斯找了一份临时工作，还选修了一门心理学导论性质的函授课程，教材就是的詹姆斯的《心理学原理》。这也许是他日后转向心理学的最初契机。

大学毕业后，罗杰斯同妻子一起进了纽约的联合神学院，打算为从事宗教工作做准备。但是，古德温·华生博士执教的"与青年人相处"课程使他第一次认识到，"与人亲密相处可以是一种职业，这种可能性为我们提供了走出宗教工作的一条道路"。他发现，"基督教的宗教信仰可以使不同人的不同心理需要都得到满足。……重要的不是宗教信仰，而是人"。

在神学院就读期间，罗杰斯曾经去马路对面的哥伦比亚大学旁听心理学课，杜威的进步教育思想和对有心理问题儿童的指导和矫治，使罗杰斯耳目一新。终于，他跨过马路，转学至哥伦比亚大学师范学院，实现了由一位牧师向世界心理学大师的转变。

前辈师承

罗杰斯 17 岁时考入威斯康星大学农学专业，参加了由汉弗莱教授领导的星期日午间活动小组。这个小组带给罗杰斯一系列新的经验，不过其中重要的并非专业知识。

汉弗莱教授的教学模式让人耳目一新，他完全抛弃了传统的灌输式的授课方式，不让学生依赖教师的讲解，而是鼓励小组成员自己商讨决定。小组集体设定课程、组织社交和教学活动，像正式会议一样讨论，成员之间进行深入的沟通交流。这可能是罗杰斯最初获得的小组生活经验，而这种经验可能对罗杰斯后来关于治疗式小组活动的创造有重要影响。

罗杰斯转学到哥伦比亚大学时，美国著名的教育心理学家桑代克正好在那里执教。罗杰斯选修了桑代克的"数学性向测验"，这完全是因为桑代克的名气，而并非对那门课有特别的兴趣。

当时，心理学尚处于"婴儿期"，心理学专业的主导倾向是所谓"实验心理学"的传统，强调严密的科学研究程序、严格的客观方法和统计学的运用。在哥伦比亚大学师范学院，大部分教师都对测验感兴趣，而把精神分析大师弗洛伊德视为"不干净的存在"，避而不提。桑代克和他的同事都相信，测验或测量对于新兴科学而言，是不可或缺的基本技能。或许正是桑代克的影响，使罗杰斯的心理治疗没有踏入精神分析的窠臼。

罗杰斯的心理学思想

在当时的心理治疗领域，弗洛伊德的精神分析理论体系占据支配地位。这个体系的主要特点是：以心理医生为中心，心理医生是无所不知的，而患者是软弱无知的，由心理医生指导一切，即由心理医生对患者进行"治疗"。这就是当时盛行的"指导性疗法"。

罗杰斯不否认弗洛伊德所做的贡献，但不认为弗洛伊德的理论具有很高的实用价值。对于精神分析治疗技术，罗杰斯表示了如下的不赞同态度："精神分析学者声言，一个病人接受100个小时的精神分析始能见效是很平常的事。……心理医生为数很少，但需要接受心理治疗的人有好几百，在这种情况下，精神分析治疗法能普遍适用吗？我们要推广它吗？"

罗杰斯还认为，精神分析疗法过于强调经验和被压抑的心理因素对于心理偏差的影响力，而故意忽视个人当时环境的影响力，而且精神分析心理医生不欢迎研究者对他的治疗效果加以科学的验证。他觉得精神分析心理医生大有在具体心理疾病者身上披上神秘衣服的魔术师作风，还经常把心理疾病说得可怕无比。

罗杰斯以强调人有一种朝向自我实现的内在驱动力，叫做"实现趋向"。借用马斯洛的比喻来说，人渴望长成他自己，就像是一颗橡子"迫切要求"长成为一颗橡树。当人认识到这种倾向时，他就必须把机体评价过程作为生活的参照框架；也就是说，人必须用他内在的情感来决定经验的价值。如果人按照他的机体评价过程生活，他就是一致的人，过着本真的生活，并将最终发挥自己的全部潜能。不幸的是，因为人有积极关怀的需要，他们常常让有关系的人把有价值的条件加在他们身上。当有价值的条件取代机体评价过程成为生活的参照框架时，人就变得不一致，过着非本真的生活。在罗杰斯看来，避免不一致的唯一方法就是从有关系的人中获得无条件的积极关注。罗杰斯相信，实现趋向不仅是人类所具有的本性，在更具普遍性的意义上，实现趋向是一切生物都具备的基本倾向，是最能体现生命本质的生物特性。

询者中心疗法

罗杰斯将自己的治疗命名为"非指导性治疗"，然后又改为"询者中心疗法"。因为他发现，心理医生在治疗过程中既要营造一种非常适宜的心理环境和心理气氛，又要帮助咨询者澄清自己的思想，因而心理医生还是具有指导作用的。他认为心理医生不应把来访者视为病人，而应该看作是与其享有同等权利的参与者，他们是能够了解自己的人。所以，罗杰斯从来不把他的治疗对象叫做"病人"，而称他们为"客户"（Client）。

心理医生向咨询者说明，咨询或治疗只是提供一个场所或一种气氛，帮助咨询者自己找到某种答案或自己解决问题。心理医生必须以友好、诚恳、接受对方的态度，促使对方对自己情感体验的自由表达。

最困难也很微妙的部分，是心理医生要能够接受、认识、澄清对方的消极。这是很一步。心理医生接受了对方的情感信息时必须有所反应，但不应是对表面内容的反应，而应深入咨询者的内心深处。不论对方所讲的内容是如何荒诞无稽或滑稽可笑，心理医生都应能以接受对方的态度加以处理，努力创造出一种气氛，使对方认识到这些消极的情感也是自身的一部分。

然后，促使咨询者开始接受真实的自我，为其进一步在新的水平上达到心理的调和奠定了基础。领悟导致了某种积极的、尝试性的行动，此时疗效就产生了。由于是咨询者自己领悟到了，有了新的认识，并且付诸行动的，因此这种效果即使只是瞬间的，但仍然很有意义。

至此，咨询者不再惧怕选择，处于积极行动与成长的过程之中，并有较大的信心进行自我指导。此时，心理医生与咨询者的关系达到顶点，咨询者常常主动提出问题与心理医生共同讨论。

到了1974年，罗杰斯又将"询者中心疗法"改为"以人为中心的疗法"。这不仅进一步把他的理论和方法应用到家庭、社会等其他人际关系领域之中，而且更充分地体现了他的人本主义的人性观。

不可不知的名著

《成为一个人》，1961年

这是罗杰斯所有著作中最具轰动效应的一本，是罗杰斯从自己10年间所写的书及文章中选编出来的，是对自己从事心理咨询工作30余年经验的总结。

全书分7个部分，内容并非局限于心理治疗，而是就人类生活的许多哲理、实际的方面做了广泛的讨论。他在书中写道："我开始充分认识到治疗人员务必作为治疗关系中的一个人出现，假如治疗发生的话。这是更深层次的'我－你'的关系，这种关系在弥漫着相同的不强迫哲学的医生和患者之间形成。"

从19世纪50年代中期，罗杰斯写文章开始用第一人称，而这本《成为一个人》使这种表达真正成为他的风格，这种表达风格与一般科学论文的要求格格不入，但它的表达力更强，更富有个人色彩，加上罗杰斯的文字表达能力高超，所以这本书非常富有感染力。

此书发行之后，无数的人被吸引住了，褒扬的信件使罗杰斯应接不暇。他的名字一夜之间传遍千家万户。

治疗室中的发现

1940 年 12 月 11 日，是罗杰斯个人中心理论思想诞生的一天。这天，他在明尼苏达大学讲学后，似乎意识到形成治疗效果的原理，是一种不可言喻的感觉体验，绝不是经过训练的技术。只要提供适当条件，患者自己有解决自身问题的能力。这样开始了他把治疗转向从患者个人方面来考虑的思想。

其实这个思想在他日常的治疗工作中就已经开始悄悄萌发了。有一天，作为心理医生的罗杰斯接见了一位的母亲。儿子的问题给她带来了困苦：这个孩子表现出种种捣乱行为。按照精神分析理论的理解，孩子的行为明显是由于母亲在先前对孩子抱有一种拒绝的态度。为了向这位母亲表明这一点，罗杰斯使出浑身解数，把种种证据作了详尽分析和归纳，但就是不能使这位颇具领悟能力的妇女领悟。

罗杰斯回忆说："最后我放弃了。我告诉她，尽管我们都尽了力，但我们还是失败了，所以我们最好还是放弃合作。她同意我的观点。于是我们握手，结束会谈，随后她向门口走去。就在到了门口的时候她又转过身来问我：'你也为成人咨询吗？'当我给予肯定的答复后，她说：'那么，我希望得到一些帮助。'她重新回到刚才坐的那张椅子上，开始倾诉她对婚姻的绝望，她与丈夫间糟糕的关系，她的失败感和困惑感。所有这些与她先前所讲的那干巴巴的关于儿子的情况是如此不同。那时，真正的治疗才开始。治疗效果也令人非常满意。"

很多类似这样的经历使罗杰斯开始产生一种强烈的感受：咨询者也许比心理医生对自己知道得更多，他们了解自己的问题，了解是什么伤害了自己，了解应向什么方向努力，了解什么问题最重要，了解自己隐藏着什么体验等等，因此，他们比心理医生在治疗中更有发言权，也应该在治疗中发挥更大的作用。

罗杰斯慢慢了解到，除非心理医生有意向咨询者显耀自己的聪明与学识，否则心理医生最好让咨询者自己来完成这个治疗过程。

当时，这个新的思想还只是萌芽，其中信念和预感多于事实和论证，星星点点的思想火花尚未连缀成大致轮廓的理论造型。然而这些萌芽确是后来导致他创立一个重要的心理学流派的一些基本想法和认识。

不可或缺的科学研究

传统心理治疗一个经常为人诟病的缺点，就是缺乏实验数据。罗杰斯填补了这个空白。在芝加哥大学，罗杰斯和他的同事客观地测量了心理治疗的效果。

他们使用一种"Q分类技术"。这一技术要求来访者描述他们此刻的自我（真实自我）和他们想要成为的自我（理想自我），以这种技术测量两个自我就能测定两者的相关度。通常治疗开始时，两者间的相关度很低，但如果治疗有效，相关度就会变化很大。也就是说，来访者开始朝着恰当的方向改变自己，他们也就有可能成为他们想成为的人，他们也可以修正自己的理想自我，使它与现实自我更一致。用这种技术，在治疗时或治疗后的任何时候治疗师都能测定其治疗程序的效果。

罗杰斯是第一个尝试对疗效进行量化研究的心理学家。从那时起，罗杰斯这个名字开始在咨询和心理治疗领域响亮起来，然后在整个心理学界逐渐被人们熟悉。

罗杰斯的伟大贡献

在长达 60 年的专业生涯中，罗杰斯给他的时代带来了独特的影响。如果局限于心理学领域，罗杰斯完全算得上是一个伟大的人物。而在心理学领域之外，他的基本信念——人天生具有建设性、向善的倾向，人有自我成长、自我完善、自我引导的力量，人类生活的各方面应该助人实现，利于人的成长，等等，在广泛的领域中得以传播。

罗杰斯凭着对人类生活的洞察及敏感，使他毫无疑问地成为代表时代精神的"第三思潮"的发起者和代言人。他的成就让人如此炫目，难以尽述。

他认为，"以人为本"已经不仅仅是心理治疗的方法，而是一种人生哲学、社会哲学。对人的真正的关心是贯穿他整个职业生涯的主线。罗杰斯以人为本的心理学已被应用到宗教、医学、法律的执行、民族与文化关系、政治、国际冲突、组织发展、教育、婚姻、个人权利、未来等许多领域。在生命中的最后 15 年，他致力于研究如何解决社会冲突和世界和平问题。

局限：历史的遗憾

在科学的世界里是没有"绝对"这个词的。罗杰斯的"询者中心疗法"也有其鞭长莫及之处。"客户"前来求助，这对"询者中心疗法"来说是一个重要的前提，如果患者不承认自己需要帮助，不是在很大的压力之下希望有某种改变，咨询或治疗是很难成功的。

心理学有"自知力"的概念，即人察觉自我状况的能力。就像许多醉鬼会叫嚷"我没醉"一样，很多有心理疾病，尤其是严重心理疾病的人丧失了自知力，是绝对不承认自己"有病"的。"询者中心疗法"对他们束手无策。

或许有严重心理疾病的人在客观上已经丧失了部分"人性"，如果按照罗杰斯"以人为中心"的思想，一味地把他们看成"完整的人"，恰恰有失偏颇。

"发明家"与"驯兽师"

伯尔霍斯·斯金纳　Burrhus Skinner

1904~1990

他身穿白大褂，脚蹬胶皮靴，手提装着小白鼠的笼子来回穿梭于实验室走廊。他研究智力低下的小白鼠和鸽子，然后把成果用于改造复杂的人和社会。他就是激进的行为主义者，在心理学界最有名的伯尔霍斯·斯金纳。

"发明家"斯金纳

斯金纳的父亲非常和善，从不粗暴地对待孩子的过失。他对孩子的惩罚方式主要是吓唬。他常带儿子去参观监狱，说这就是做坏事的人会去的地方，并用警察吓唬斯金纳。斯金纳回忆说他看到警察就害怕，每次警察来学校推销舞会入场券，他都会主动多买一些。父亲还用奖赏来鼓励孩子。只要他们表现良好，父亲就会带他们出去旅行。这些教育方式其实就是斯金纳创立的行为强化理论的原始雏形，即利用令人厌恶的刺激去纠正不当的行为，而用令人愉快的刺激去强化正当的行为。从某种程度上说，父亲是斯金纳心理学理论的启蒙者。

在小时候，斯金纳就有制作复杂小玩意儿的癖好。斯金纳的母亲对孩子要求严格，连睡衣没挂好也会受到训斥。为了适应母亲的严格管教，斯金纳不得不想出各种应付的办法。他设计制造了一个由衣钩、滑轮和写着"挂好你的睡衣"的木牌组成的机械装置，只要睡衣没有挂在衣钩上，斯金纳出门时木牌就会落下来。斯金纳还制造过跷跷板、旋转木马、滑梯、弹弓、弓箭、喷水枪，甚至还设想制造一部永动机。

创造才能和动手能力对斯金纳的成功有着极大的帮助。他曾说，假如他不能设计制造"斯金纳箱"和累积反应记录仪的话，他也就不可能发现动物的反应与刺激之间的这种有序的函数关系，自然也就提不出操作性条件反射理论。

上大学时，斯金纳就对学校的教育方式不满，对很多教师也不满意，所以就成了学校里的恶作剧大王。一次，他领头印制了一些海报，说电影明星卓别林将要来学院讲演，主办人就是他们厌恶的英语作文老师。他们不仅四处张贴海报，而且通知了新闻媒体，结果引来了上千人，还惊动了警察。

现代心理学的研究表明，具有高创造性的人往往会表现出许多不可思议的行为，有些行为甚至还具有一定的破坏性，教育者应该用宽容来对待他们。幸运的是，斯金纳恰好处在这样一个宽容的环境中。无论是他的父母还是故乡小镇上的其他人，都有着宽容的心态。他10岁时就为自己建立了一个独立的"箱子"，用布帘挡住"箱子"的入口，里面有放书的架子和烛台，这实际上就是斯金纳的书房。斯金纳用这种方式把自己与家庭和社会隔离开，为自己寻找一片独立的天地。长辈们对此表现出宽容和理解，人们从不干涉这个在里面一待就是几个小时的孩子到底在干些什么。

前辈师承

斯金纳真正开始对心理学产生兴趣，是在看了英国著名哲学家罗素的《哲学》一书之后，罗素在这本书里详细介绍了华生的行为主义理论。斯金纳随后就决定把华生的《行为主义》一书找来进行阅读。在此基础上，斯金纳又阅读了巴甫洛夫的《条件反射》，这样他就对学习过程中的经典反射理论和相关的实验技术比较熟悉了，他曾说道："罗素和华生并没有给我心理学的实验方法，但巴甫洛夫却做到了：控制环境的影响，然后你就能发现行为的规律。"

在哈佛大学上研究生时，斯金纳把行为主义作为自己心理学的研究方向。但是当时哈佛大学心理学系的系主任是伊顿·波林（Edwin Boring），他并不看重行为主义，所以哈佛大学是内省式心理学的天下。

但斯金纳对那些他自称为"内幕消息"的东西不感兴趣，而是致力于实验老鼠的行为主义研究。在进行博士论文答辩时，人们请他列举出对行为主义的反对意见，可他一条也没有列举出来。

好在斯金纳的导师是威廉·克洛泽尔（William Crozier），他是最早研究"向性运动"的雅克·罗勃（Jacques Loeb）的学生。向性运动就是一种"由刺激引起的有机体作某种定向运动方式的反射"，斯金纳之所以到哈佛大学读研究生，主要就是对研究反射特别感兴趣，师生在这一方面有着共同点。

斯金纳的心理学思想

20 世纪 30 年代，美国学术界出现了操作实证哲学、物理学操作观点和动物心理研究的一般操作方法，这些被称为"操作主义"的思潮影响了心理学。激进的行为主义者斯金纳受这股思潮的影响，将自己的心理学理论建立在客观的操作实验的基础之上。他通过以小白鼠、鸽子为对象的"操作性条件反射实验"，将华生的"刺激－反应"公式发展得淋漓尽致。

但斯金纳的研究又和华生有很大的区别：华生注重研究行为的机体变化引起的各种生理反应，如肌肉的收缩和腺体的分泌等，斯金纳认为这种研究实际上使心理学变成了生理学，并没有真正研究行为本身。他认为行为研究应该使用操作的方式，实验者通过设置和控制一定的实验情景，并操纵自变量，继而观察对象的行为变化。操作行为原理主要是通过"斯金纳箱"实验得出的。

"强化"在操作性条件作用理论中起着关键作用。斯金纳认为，强化有积极与消极之分，积极强化可以增强行为的动力，而消极强化会使个体厌恶，从而减少相应的行为。消极强化和惩罚的概念也不同，呈现一个消极强化和取消一个积极强化都具有惩罚的功能。

"强化"一般以物质的形式出现。"初级强化物"指直接满足个体本能需求的物品，比如在实验中给老鼠的食物。在许多时候，某个强化物具有多方面的强化作用，就称为概括性强化物。例如金钱，与衣、食、住、行都有匹配联系，所以它就是一个典型的概括性强化物。

斯金纳根据操作强化原理对行为控制的规律创造出一套行为矫正术，广泛应用于各种社会机构，特别是学校、精神病院、弱智儿童教养所、工业管理等方面的心理矫治，取得了卓著的成效。行为矫正术后来也成为主要的心理治疗技术，现在还经常在临床中得到使用。

斯金纳为自己的行为理论制定的最宏大的应用计划就是社会控制，这个思想反映了斯金纳的严格环境决定论的观点。在这个宏大的计划里，他试图把实验室中发现的行为规律转移到社会中去。

不可不知的名著

《第二个沃尔登》，1948 年

一本乌托邦式的小说，描绘了没有政府的、宗教的和资本主义的机构，只有面对面的个人控制。新成员从学习简单的规则开始，通过一些帮助和建议，行为被那些精细设计的社会联结所取代。那里没有惩罚，只有积极的强化，儿童也会操纵自己的情感。

虽然这部小说对话平淡，情节做作，但还是极为畅销，甚至成为大学的必读书。1967 年，有人尝试按照该书创建一个社区，名叫"双橡树公社"，最初只有 8 个人，后来人口增长到 81 个。虽然社区按书中的模式进行管理，但社员们放弃了对定义理想行为的努力，也不再通过斯金纳强化法给彼此的行为定型。

《科学与人类行为》，1953 年

该书向传统心理学对人类行为的理解提出异议，反对从有机体的内部寻找行为的原因，肯定遗传素质作用的同时尤其强调重视后天环境条件对有机体行为的塑造。有机体的行为和外部环境之间存在着的函数关系、条件性行为特别是操作性条件行为以及强化等概念是分析、理解、控制人类行为的关键。该书的后半部分着重分析了作为整体的个人在群体中的行为表现，探讨了控制机构如政府和法律、宗教、心理疗法、经济、教育、文化对人类行为的控制问题。

《超越自由与尊严》，1971 年

此书一经问世便成为风靡世界的畅销书，售出超过百万册。美国《科学新闻》称该书的出版为"20 世纪心理学中最重要的事件之一"。斯金纳根据行为主义的原理，对传统人文研究和继承了传统人文研究方法的深层心理研究运动进行了猛烈的抨击，并指出人只可能是环境的产物，根本不可能有绝对的自由与尊严，因此，人类面临的首要任务是设计一个最适合自己生存的文化与社会。

实验室的故事

在斯金纳那里，心理学家的形象是最像"科学家"的。尤其是他的同学查里斯·特鲁布拉德（Charles Trublood）。特鲁布拉德是由研究文学而转入心理学的，他做的是小白鼠走迷宫的行为

实验研究。特鲁布拉德经常身穿白大褂，脚蹬胶皮靴，手提装着小白鼠的笼子来回穿梭于实验室走廊。他的形象在斯金纳心目中深深地扎下了根。

斯金纳设计制作了专门用于研究动物学习的装置——"斯金纳箱"，里面有一个杠杆，与食物盒相连。老鼠只要按压杠杆就会掉出食物。和"斯金纳箱"相连的是斯金纳发明的"累积反应记录仪"，用以记录老鼠按压杠杆的速度、频率和次数等数值。

斯金纳把一只饥饿的老鼠放进箱子，让它在箱子里摸索。在一阵漫无目的地摸索中，偶然地碰压了箱子里的杠杆，就有食物掉了出来。在这样的几次偶然事件之后，老鼠就会有意识地去按压杠杆来获得食物，操作条件作用也就形成了，斯金纳依靠这一实验装置，总结出了操作性条件作用的行为原理。斯金纳在实验中还发现，连续得到强化容易使已经形成的操作条件反射消失，而不连续的间隔强化则使形成的操作条件反射很难消失。斯金纳曾经利用他的理论使鸽子的行为定型。他在一只斯金纳箱里放置一块彩色塑料圆盘，希望鸽子来啄圆盘。首先，只要鸽子朝盘子的方向稍稍转动身体就给它喂食，这会增加类似行为的频率。然后，只有在它朝盘子移动时才实施奖励。以此类推，最后，只在它的头接触到盘子时才给予以奖励。

其他心理学家利用斯金纳的技巧创造出奇特得多的行为。有人教会兔子捡起一枚硬币，含在嘴里，再扔进一只存钱罐里。还有人教会一头名叫"普里西拉"的猪打开电视，捡起脏衣服并扔进大篮子里，还学会使用吸尘器。从这个角度来说，斯金纳的门徒都是合格的马戏团驯兽员，不过训练动物只是他们的研究手段，更宏伟目标是训练人类，改造社会。

斯金纳的"伟大发明"之一是"教学机器"。他对当时学校教育的教条化非常反感，认为教师的做法违反了学习原则和心理学原则。于是，斯金纳运用他的操作强化理论，精心设计和制造了一种可以放在讲台上的机械装置，含有一套预先编好的教学程序，以问题的形式由浅入深、由易到难渐次排列。学生只有通过前面的问题，才可以进入下一个问题或程序。一个大学生买了一个生物化学的程序教材。他告诉斯金纳说："太神奇了，一周之内我就了解了生物化学。"他并没有成为生物化学家，但是他在相当短的时间内，以很少的精力就了解了非常多的知识内容。

斯金纳把这种机器教学看作是教学的最合理形式，这反映了他的激进行为主义的实质："学习就是条件作用，学习就是行为，甚至思维也是一种能够被分解和编制成详细行为目录的行为。"斯金纳的"教学机器"实际上就是"计算机辅助教学"的雏形。

后世传人

斯金纳的心理学思想能够在后世流传，他的一位朋友弗雷德·凯勒（Fred Keller）功不可没。凯勒因为对行为主义的爱好而与斯金纳结为终生好友。后来，凯勒任教于哥伦比亚大学教书，他致力于推广斯金纳的理论，培养了一大批坚定的"斯金纳主义者"，同时他自己也把行为原理在教育中的应用作为自己的主要研究方向。

无处不在的反对者

斯金纳受到批评最多的，是他反对一切理论的极端的实证主义做法。反对者认为，斯金纳的实验设计已超过了实际所具有的状况，特别是在各种细节方面，这种实验设计本身就是一种理论。

其次，斯金纳热衷于对人类社会的经济、政治事务方面的行为分析，这只是基于实验室已有资料而根据经验所进行的一种推导，也和他的理论立场自相矛盾。

斯金纳把行为原理推广到解释意识、思维和语言等高级心理问题时也显得简单草率。他认为意识、语言都是环境选择性相互作用的结果，只要能够精确描述可以体会到的外在条件与这些现象之间的函数关系，就能够解释它们。这种想法将人类的高级心理活动简单化了，自然也就招致语言学家和认知心理学家的批评。

斯金纳的伟大贡献

作为一个富有创新精神的科学思想家，斯金纳坚信心理学不需要任何理论，这虽然使他经常遭到批评，但斯金纳坚持描述行为而不是解释行为原因的立场本身就代表了他的理论倾向。他以客观的行为主义立场、科学的描述原则，建立了精确而清晰的操作行为主义体系，是行为主义集大成者，对心理学产生了巨大影响，从而成为最杰出的心理学家之一。

斯金纳把心理学的创造性同发明家的天才结合起来，他的程序教学方案统治了学习心理学的领域，促进了教学运动的发展。

他创造的"行为矫正术"极大地推动了心理治疗的发展，至今仍被广泛应用。

斯金纳重视心理学在社会领域中的应用，为心理学获得实践的意义和实践的支持做出了贡献，也为后来的心理学家树立了榜样。他在行为研究中所表现出来的创新和创造精神也给人留下了深刻的印象。

有人用问卷调查了 1725 名美国心理学会会员，并且综合了学术书刊的引用情况，对 20 世纪前 100 名心理学家做了一个排名。结果斯金纳被排在第一位，超过了科学心理学的创始人冯特、精神分析的创始人弗洛伊德、行为主义创始人华生。

局限：历史的遗憾

斯金纳把对动物行为的研究结果用于描述和控制人类行为的倾向，这个过程过分简单化、片面化，使他的激进行为主义有了一些缺憾。正如认知心理学家批评说的那样，"在程序指导下的学习缺少获得创造性的机会"。

催眠大师

欧内斯特·希尔加德 Ernest Hilgard

1904~2001

催眠是一种神奇的心理现象，在弗洛伊德之前，催眠就被应用于心理治疗。而揭示这一现象心里本质的，是美国心理学家欧内斯特·希尔加德。他还是将心理学应用于教育的干将。

希尔加德的生平

希尔加德出生于美国伊利诺伊州的贝尔维尔，父亲是开业的内科医师，他自幼即有志继承父业，14 岁时父亲在法国从事医务工作意外死亡，他就改变初衷进伊利诺伊大学专修化学工程。

大学毕业后希尔加德曾参与青年会活动，对咨询辅导工作发生兴趣，于是考进耶鲁大学专修心理学。1930 年，他在雷蒙德·道奇教授指导下完成了有关人类眼睑条件反射的学位论文，获耶鲁大学实验心理学专业的哲学博士学位。在耶鲁时，他结识了未来的妻子约瑟芬（Josephine Rohrs）。约瑟芬当时在格塞尔教授门下攻读发展心理学博士学位，后来成为斯坦福临床心理学教授。

1929 年，希尔加德协助学校筹办国际心理学会在耶鲁大学的年会，得以结识巴甫洛夫、皮亚杰、柯勒、勒温、麦独孤及桑代克等世界著名心理学家。

1933 年，他受著名心理学家特曼之邀，到斯坦福大学任职，后来成为心理系主任。

第二次世界大战以前，希尔加德的研究兴趣主要集中在学习和动机心理学领域，战争期间，他以普通公民身份在华盛顿各政府部门从事社会心理学方面的工作。战后，他在斯坦福心理系领导一个催眠术研究实验室。与此同时，继续发表和修订了许多著作。他早期研究动物和人的条件反射，后来研究人的动机作用和无意识过程，晚年主要从事美国心理学史的研究。他的研究兴趣主要是学习和动机心理学，涉及面广，从早期的眼睑条件反应的实验工作，到对动机的作用、随意与不随意反应、志向以及催眠的心理动力学的研究等。

希尔加德虽一生多半处于心理学思想纷争时代，但他的思想却不囿于某一流派，而是像他在自传中所说的："我所做的一切都是我自己认为重要的事"。

希尔加德的心理学思想

希尔加德的研究兴趣主要是学习和动机心理学，涉及面很广，从早期的眼睑条件反应的实验工作，到对动机的作用、随意与不随意反应、志向以及催眠的心理动力学的研究等。他的主要成就之一是将学习心理学的基础研究与应用研究概括为六种类型，揭示了这两类研究的复杂关系。对两大研究范畴六种研究类型的划分，表明了他对学习的基础研究至教育革新的分步观点。

希尔加德的另一成就是强调学习理论的可应用性。认为各种学习理论或多或少能对教育或教学提供某种有用的建议。如对行为目标进行任务分析，从而规定可测量的教育目标，要求"主动应答"，强化与任务有关的行为，"为理解而教"等等。希尔加德认为，教育工艺学是更加广泛意义上的学习心理学或学习心理学的重要应用。

希尔加德总结概括出了认知心理学家14条对学习问题的共同见解：

在决定谁该学习什么时，必须考虑到学习者的能力；

具有一定动机的学习者学起来比没有动机的人更快更容易；

对于学习某些作业，特别是含有难于辨别的资料的作业，过强的动机不如温和动机的效果好；

用奖赏控制学习通常比用惩罚控制学习更为可取；

受到内部动机所推动的学习比受外力推动的学习更为可取；

遭遇失败时，要准备卷土重来以争取胜利；

树立现实的目标比树立不现实的目标更能导致满意的进步；

个人的生活经历，可能阻碍，也可能提高向某位教师学习的能力；

在学习中，学习者如能积极参加活动比消极接受更有好处；

学习有意义的教材和有意义的作业，比学习无意义的教材和学习者不能理解的作业，学习起更快更容易；

重复练习是使技能纯熟的唯一方法；

明确作业的评价标准并得到反馈，对学习是有益处的；

让学习者发现事物间相互关系，并学会在不同情况下应用原理，是学会迁移的最好方法；

若要将所学的材料长期保持在记忆中，时间间隔的或分布的回忆是有利的。

催眠也是希尔加德的研究方向，他在将催眠当作改变了的意识状态方面，做出了最具有影响力的解释。他认为，人经过催眠后，其意识分离为两个层面，第一个层面是人接受暗示之后所意识到的一切新经验，第二个层面是催眠中隐藏在第一个层面之后，不为人所意识到的经验。

换句话说，在催眠状态下，人的意识状态分离成两层。第一层的意识是在催眠师的暗示下产生的，其性质有可能不是真实的，扭曲的，但这一层意识可以与外界进行交流。第二层的意识是人根据自己的感觉产生的，其性质是比较真实的。只是因为当时受到催眠暗示的影响，第二层面意识被第一层所掩盖，所以人不能以口头方式表达出来，希尔加德称之为"隐秘观察者"。他相信许多催眠效果是这种被分裂的意识的产品。例如，被催眠者可能对疼痛表现出没有反应，是因为疼痛并没有在与外界进行交流的那部分意识上登记。

神奇的催眠术

催眠术在西方已有上百年的历史，一直被认为是一种神秘的现象。催眠状态，是指一种被能够改变感知和行为的特殊技术所引导的、强化了的心灵感应状态。

通常，催眠师暗示被催眠者放松，并且描述他们身体各部分所应有的感觉。慢慢地，被催眠者开始昏昏欲睡，进入催眠状态。

每一个人对于催眠术的反映相当不同。研究表明，大约10%的人根本不能被催眠，相反，也有10%的人能够被很好催眠。那么，是什么原因使得一些人对催眠术高度敏感，而另一些人毫不被其左右？过去人们曾认为那属于人格特质，与易受吸引和表象清晰有关。但研究表明二者的相关很低，再考虑其他方面，发现对催眠的受暗示性与一个人的态度和期望密切联系，凡对催眠持积极态度，相信催眠的可能性，同时又对该催眠者表示信赖时，他就容易很好地配合接受暗示并取得成功。这也与人们常用的一句谚语"心诚则灵"相符合。

催眠术能够使人产生幻觉或感觉的扭曲。通过催眠，被催眠者可能能够看见或听见本不存在的事物或声音。相反，他们也可能无视就在眼前的东西。更神奇的是催眠术能够使被催眠者产生一种类似亢奋的状态并且认为不用为自己的行为承担任何责任。

催眠术创造了很多神奇的现象。麻醉现象应该算是催眠术最大的功用了。一些医生已经使用催眠术取代了麻药在手术中。尽管麻醉药有着更高的可依赖度，但实践表明催眠术是非常有效地对于一些人。

绝大多数情况，催眠的成功依赖于被催眠者高度的配合和与催眠师的默契，并且在催眠状态中被催眠者也很难做出与自己意愿相违的事情。然而，有时催眠术能够减少被催眠者对于某种有违常理或为社会所不容行为的心理约束力，例如使被催眠者在公共场合脱光衣服。此外，催眠术还能产生一种类似健忘症的症状。被催眠者从催眠状态中醒来，可能忘记催眠过程中所发生的一切。

不可不知的名著

《学习原理》，1949 年

《学习原理》是教育心理学领域内最有影响的著作之一。本书内容极广，探讨了各种各样的当时有关学习心理的热点问题，如驱力、教学模型、学习类型和学习律等。修订版讨论了行为的信息加工理论，各种学习理论的新近发展和教学理论。

希尔加德在书中阐述了关于学习的一些具体问题，例如学习是什么、驱力与习惯强度之间的关系、学习的教学模型的价值、同化律的地位等等。

《学习原理》的特色主要表现在对斯金纳等新行为主义四家学习理论的评价上，坚持以历史的、发展的、科学的观点正确评价每个理论体系的成就与不足，在正确评介各种理论体系的基础上，又进一步概括出许多公认的学习基本规律，对指导教育实践具有重要意义。

实验室的故事

希尔加德通过实验研究，证实了他在催眠领域的观点。

在实验中，希尔加德先暗示被试者：催眠后他的左手将失去一切痛觉。当被试者进入催眠状态后，希尔加德就将他的左手放置入冰水中。一般情况下，手放入冰水中数秒钟后会引起无法忍受的刺痛感，如果这时要求被试者回答他的左手是否感到刺痛，他的回答是不痛。但是如果将他的右手放在按钮上，并告之如果感到左手刺痛，那么就用右手按按钮。结果发现，虽然被试者在口头上报告没有刺痛感，但他的右手确会将按钮按下。这表明，在催眠状态下，口头回答的不痛是在催眠暗示下所产生的意识经验，是失真的、扭曲的，而按按钮的行为表达出了人自己的感受，是真实的。这个实验说明了在催眠状态下，意识的确是一分为二的。

希尔加德认为分离的意识是一个普通的、常见的现象。例如，在长途汽车驾驶时，驾驶者会对交通信号和其他的车辆做出反应，但过后却回想不出自己是如何做出的反应。

在这些例子中，意识明显被分开，一部分用来开车，另一部分用来想其他的事情。这种寻常的体验在较早时就被称为"高速公路催眠"。在这种条件下，支配开车那部分意识中甚至也存在"记忆缺失"，与催眠后遗忘类似。

当然，他也发现了催眠易感性的个别差异。催眠感受性指被试在心理与行为上自愿接受催眠师暗示的程度，如被试自愿按照催眠师暗示去做，即表示他的暗示感受性高（如催眠师暗示："你的眼皮越来越沉了！"被试就会自动合上眼睛）。经过对500多个人施测后发现，具有明显催眠感受性者约占25%，能进入深度催眠状态者约占10%，另有10%的人根本无法催眠，其他的人则催眠感受性不明显。由此可见催眠术并非对所有人都有效。他在1965年编成类似心理测验的《斯坦福催眠感受性量表》，用以鉴定被试催眠感受性的高低。

总之，希尔加德的观点表明催眠是意识的一种可以解释的变化，且这种变化可以在日常经历中看到。

催眠术的反对者

社会心理学家斯潘纳斯（Spanos）凭借 10 年的研究，对希尔加德的意识分离理论提出了置疑。在斯潘纳斯看来，那些所谓催眠状态下的行为实质上都是在人正常的自主范围之内。他指出，一个人确定自己被催眠的唯一原因是：他们在催眠条件下的行为与自己期望在这种状态下会出现的行为相一致。

他认为，催眠的过程是西方文化中一种具有多种含义的仪式。人希望放弃对自己行为的控制，随着催眠过程的深入，他们开始相信他们的自主行动开始转化为自发的不随意活动。

斯潘纳斯举了一个这样的例子：在催眠过程的初期，给人一些随意活动的指导语，如"放松你的腿部肌肉"，但后来就变成一些不随意活动的暗示，如"你的腿感觉到沉重无力"。斯潘纳斯以一些实际研究来证明，人们之所以在催眠状态下做出某种特定行为，是因为他们觉得催眠就应该是那样，而不是因为催眠改变了他们的意识状态。其中一项研究是给两组学生作关于催眠术的讲座。讲座中，除了告诉其中一组学生胳膊僵直的感觉是在催眠过程中不由自主出现的现象以外，其余内容完全相同。随后，两组学生都被催眠。在讲座中听到有关胳膊僵直的信息的那组学生，在没有给出任何指导语的情况下，就有人"不由自主地"表现出了这种行为。然而在另一组人中，没有人胳膊变得僵直。按照斯潘纳斯的观点，这就说明在催眠中，人是按自己对催眠的想像来行动的。

斯潘纳斯也对痛觉缺失的催眠性解释予以驳斥，并提供证据证明，在催眠时人疼痛感的降低是他们动机和期望作用的结果。所有催眠研究使用的人都是在受催眠影响的敏感性测量中获得较高分数的人。斯潘纳斯认为，这些人知道研究者正在把清醒状态与催眠状态作比较，人们想证明催眠的确有效。

目前，有关催眠是否是一种改变了的意识状态的争议仍在继续。

希尔加德的伟大贡献

心理学能否直接应用于教育问题，自 19 世纪科学心理学开始即为争议的问题之一。机能主义创始人詹姆斯反对将心理学的原理原则直接应用于学校教学，他认为心理学是科学，教学是艺术，艺术创作带有情意成分，不能套用呆板的科学法则。他的弟子桑代克后来建立的科学教育心理学，却未能遵守他老师的建言，直接将动物实验所得到的学习法则用于解释学校的教学。

直到 20 世纪 60 年代，"心理学原理原则在教育上的应用"才成为一般承认的教育心理学定义。希尔加德反对这种做法，他认为心理学属纯理论科学，学校教学是应用科学，要使纯理论科学达到应用的目的，必先建立两者间的桥梁。

希尔加德在心理学上最大贡献，是以通儒型心理学家的角色，大力推广心理科学教育，因此一般公认他对心理学的贡献是全面的，此外，他的后半生中对专题研究方面也有重大贡献。其在推广心理科学教育方面的贡献，最为心理学界称道的是其《学习理论》与《心理学导论》两书。这两本书自出版以来被各大学广为采用。

此外，他以其在学术上的声望争取到福特基金的支持，1951年在斯坦福大学设立行为科学高级研究所，提供世界各国行为科学家研究场所，研究人类的心理与行为。

发现善良人性的基石

亚伯拉罕·马斯洛　Abraham Maslow
1908~1970

　　长期以来，心理学的人格理论多数来自变态心理和精神治疗的研究，这些观点消极地强调永久存在绝望和玩世不恭，认为人类基本上是残酷和不值得注意的。有个人开始寻求人类固有的善良的价值，从而改变了心理学的面貌。他就是"人本主义心理学之父"——亚伯拉罕·马斯洛。

人道主义者马斯洛

　　马斯洛的父亲是从俄国逃难到美国的犹太难民，而他母亲非常迷信，经常用"上帝将严厉惩罚你"这样的话来威胁他孩子们。恰恰从这种威胁中，爱好思考的马斯洛看到了宗教和迷信的荒谬，并对宗教产生了强烈的怀疑。但是，成年后的马斯洛又意识到，这种对宗教的简单盲目的反感并不是一件好事。他站在无神论的基本立场上，从特有的心理学视角对宗教进行了全新的理解。

　　酷爱读书的小马斯洛经常到社区图书馆去看书，这段路必须穿过反犹太人种族的街区。经常有人咒骂他，追赶他，甚至用石头砸他。这对于瘦弱胆小的马斯洛来说是非常可怕的事情。所以在9岁的时候，他还计划参加一个自我防御性质的犹太人帮伙。

然而因为它"不向女孩子扔石头，也不杀猫"，这个帮伙最终没有接纳他。这种童年经历对他的世界观的形成产生了重要影响。

因为童年的种族歧视和缺乏母爱的阴影，使马斯洛形成了羞怯和压抑的性格。不过，对于智力早熟、爱好思考的马斯洛来说，正好能让他把所有的时间和精力都用来读书。所以他就能够考上当地最好的高中。

在高中，他阅读了物理老师推荐的厄普顿·辛克莱的著作。这激起了他对社会和道德问题的潜在兴趣，并因此成为一个民主社会主义者，使他逐渐树立了为一个美好的社会而奋斗的理想主义信念。这期间，他还读了有关托马斯·杰斐逊和亚伯拉罕·林肯的传记，这些人成了他后来的自我实现理论研究中的自我实现者的典型。

马斯洛曾经追随德莱塞、科勒和米克尔三位教授来到威斯康星州立大学，却发现他们都是名誉教授，并不授课。他在这里接受了严格的行为主义训练，也使他认识到了行为主义的局限性。

在撰写硕士论文时，他按照自己兴趣计划写美学问题，但是他的导师凯森按照学校的研究风格否定了这个选题，并给他指定了"文字材料的学习、保持和词汇素材的繁衍再造"这样一个问题。马斯洛完成了这篇题为《学习的保持力》的论文，并获得硕士学位。文章在导师的推荐下发表后，由于他实在不欣赏这篇论文，而且怀疑它的价值，就溜进图书馆里将它偷出来扔掉了。

1966年，马斯洛曾经梦见自己被美国心理学会开除了。但是按照某些人的迷信说法，梦境和现实是相反的。恰恰在这一年，他被选为美国心理学会的主席。马斯洛赢得了前所未有的最高的赞誉，被美国人道主义协会评选为年度"人道主义者"。

前辈师承

马斯洛最早接触到的是铁钦纳的构造主义心理学，但不久他就厌倦构造主义心理学的元素论方法。他发现华生的行为主义方法比构造主义更合理，就开始对行为主义产生兴趣。但当他的第一个孩子出生后，他用行为主义方法教育这个孩子，但是毫无成效（有可能是孩子智力低下），这样他就对行为主义感到失望。

著名心理学家爱德华·桑代克对马斯洛的博士论文给予了很高的评价。并吸收他做了自己的博士后研究生。因为对桑代克的研究没有兴趣，马斯洛曾经提出过尖锐的反对意见。桑代克不仅没有气恼，反而放手让他去做自己的研究。桑代克之所以对马斯洛这么宽容和信任，主要是由于马斯洛在智力测验中获得了195的高分，这是桑代克测试中遇到的第二个高分。

希特勒在德国兴风作浪，这对世界来说是不幸的，可是对马斯洛来说却是幸运的，因为大批的心理学家陆续移民美国。

马斯洛遇到了马克斯·惠特海默（M. Wertheimer），他是格式塔学派的创始人之一。惠特海默睿智、热情、谦逊的美好人格，赢得了马斯洛的敬重。也正是由于这个原因，激起了马斯洛对完美人格的研究，并且认为惠特海默是一个自我实现者的典型。

马斯洛还选修了格式塔学派心理学家考夫卡（R. Koffka）的课程。考夫卡在价值观和价值体验方面的理论影响了马斯洛关于价值的研究。

通过惠特海默，马斯洛结识了神经精神病学家戈尔茨坦（K. Goldstein）。戈尔茨坦认为，人作为一个生物体，并不是由各个器官系统简单堆积起来，而是以一种整体的方式活动。只有以这种整体的观点来看待人类，才能正确理解人类的活动。戈尔茨坦还认为，每个有机体都有实现自己内在潜能的需要，即生物性的先天的冲动，戈尔茨坦称之为"自我实现"。马斯洛在建构他的人格理论时，借用了"自我实现"这个概念。

马斯洛还认识了卡伦·霍妮（R. Homey）。她在精神分析的基本观点的基础上，通过引进文化因素而创造了自己的人格理论，强调家庭环境对个人人格的影响，给了马斯洛很大的启发。

虽然没有遇上弗洛伊德和荣格，但马斯洛结识了阿尔弗雷德·阿德勒（A. Adler）。阿德勒认为，人的体格结构对人格的形成有重要的制约作用，这种观点对马斯洛发展自己的理论产生了重要影响。

埃利希·弗洛姆（E. Fromm）是马斯洛认识的另外一位精神分析派的心理学家。他坚持的是人本主义的观点，试图将精神分析和马克思主义结合起来，并以此来促进社会的健康发展和世界的进步。他认为在日益工业化的社会中，人的异化也越来越严重，孤独感越来越强烈，只有通过社会和经济变革才能从根本上解决这一问题。这个目标正是马斯洛当初从事心理学研究的出发点。

这些影响人类历史的顶尖级的心理学家塑造了马斯洛的成功。正如马斯洛所说的那样："他们是世界上最好的老师，既有正式的，也有非正式的。自古希腊以来还没有出现过这样的景象……"

马斯洛的心理学思想

"需要层次论"是马斯洛最为人称道的研究成果。他认为人类的需要是促使人生存和发展的内在动力，是按照力量强弱排列成的等级系统。人类的需要按照从低到高的顺序分成五个层次——生理需要、安全需要、归属与爱的需要、尊重的需要和自我实现的需要。并且低层次的需要是高层次的需要的基础。

一般来说，只有低层次的需要获得基本满足后，高层次的需要才能出现。只有生理需要基本得到满足时，安全需要才会产生，而自我实现的需要是在前四种需要基本得到满足的基础上才会出现。但是，如果一个人的生存需要得到满足后没有更高层次的追求，就会出现"衰变综合征"，最后陷入麻木、绝望和精神错乱。

此外，各层次的需要的产生还和个体的发育密切相关。婴儿是生理需要占优势，而后产生安全需要、归属与爱的需要；到了青少年期，尊重需要日益强烈；青年中、后期开始，自我实现需要占优势。

此外，在四层"需要"之外，还有更深层次价值水平的需要，包含 18 种价值：真、善、美、完整、超越、活泼、唯一性、圆满、必然性、成就、公正、秩序、朴素、富足、不费力、有趣、自我满足、意味深长。满足这些层次的需要时，这个人就达到他称为"最高的涅槃"。不过，所有需要都能满足的情况，一般人是难以达到的，而只能达到一种"高峰经验"的时相。

需要层次论的基础上，马斯洛提出了自我实现论。他认为，

发现善良人性的基石

自我实现是一个人力求变成他能变成的样子，例如，一位画家必须绘画，一位诗人必须写诗，否则他就无法感到满足或者到幸福。自我实现是一个连续不断的实现过程，趋向自我实现的每一步都有高峰体验的出现。通向自我实现的途径主要有：忘我地体验生活，全身心地投身于事业；做出成长的选择，而不是畏缩的选择；承认自我存在，让自我显露出来；诚实，遇到问题有反躬自问的责任心；从小处做起，培养自己的志趣和爱好，有勇气而不畏缩；经历勤奋的、付出经历的准备阶段；创造条件，实现高峰体验；通过上述步骤，发现自己很难改变的先天的生物学本性。

马斯洛在著作中经常用"自我实现"，而不用"心理健康"。他认为"自我实现"这个术语强调"完美人性"，强调人的生物学基础，受时间、地域的影响比较小，与文化的相关性弱，并且具有经验的内容和操作的意义。他所描述的自我实现的人之所以产生了一些似是而非的看法，是因为没有顾及他仔细描述过的那些经验事实，即自我实现的人是利他的、献身的、超越自我的、社会性的人。

马斯洛的自我实现论描绘了一条通向完满人生的一条大路，它使得心理学中又一次出现了人的主动性和创造性。

不可不知的名著

《存在心理学探索》，1962 年

这是马斯洛晚年的一部重要著作，是他 1954 年写成的《动机与人格》一书的续篇。本书不是一部结构和体系十分严密的教

科书式的著作，而是由作者的一些论文和讲演稿汇编而成的。

本书是对一种系统的、内容广泛的、以经验为依据的、总括的心理学和哲学的探讨，它同时包含着人性的深度和高度，把"健康和成长心理学"与心理病理和心理分析动力学，把动力的与整体论的、形成的与存在的、善的与恶的、积极的与消极的心理学整合起来的第一次尝试。它是在一般心理分析和实验心理学科学实证主义的基础之上，建设优美心灵的、存在心理学的和超越性动机的上层结构的一种努力，这种结构超出了心理分析和实验心理学体系的局限。

《人性能达的境界》，1971 年

这是马斯洛亲自选定的论文集，是一本关于人性与社会关系的研究，共 8 篇 23 章，还有 5 个附录，包括书评、青少年犯罪、需要的判断标准及马斯洛的文献目录等内容。

跨越文化的研究

在进行心理学研究的同时，马斯洛还常常参加人类学的讨论会，结识了一些人类学的教授。马斯洛与露丝·本尼迪克特（Ruth F. Benedict，《菊与刀》的作者）的关系最为亲密。

当时，马斯洛信奉文化相对主义，即每种文化都是独特的，价值观、道德等都是相对某一文化来说的，没有普遍适用的价值观和道德。所以，不同文化的价值观、道德是不可比较的。后来，本尼迪克特建议他去位于加拿大北方的"黑脚"印第安人部落作

一次实地考察，真正体验另外一种文化的生活，只有这样才能消除文化偏见。

于是，马斯洛和另外两位博士结伴开始了对印第安人部落的实地调查。马斯洛通过对印第安人的友谊、财富观念、儿童教育的调查发现，他们非常慷慨大方，并且以此为美德、为光荣；他们非常自信，安全感非常强，根本不知道什么叫做害羞、胆小、腼腆等，人们之间的友谊也是非常亲密。印第安人对儿童的教育是非常强调个人责任，鼓励儿童去做力所能及的事情，而不要依赖成人。另外，黑脚印第安人部落也没有犯罪和暴力，即使有冲突，也都通过幽默的方式来和解。通过这次实地考察，马斯洛发现文化相对主义是错误的，并不能解释人类的本性。

马斯洛在当教授时，还担任过学生的心理辅导员。通过对咨询案例的反思，马斯洛确信，每个人都有某种内在的需要和冲动，比如寻求目的和意义的需求。

有一次，一位女大学生说自己经常失眠、没有食欲、月经失调，觉得生活很无聊，感到什么也没有兴趣。这位女生一年前从布鲁克林大学毕业，她本来喜欢学术工作，但由于家庭经济情况不好，所以就放弃了上研究生继续深造的计划，找了一份薪金很高但是不符合她兴趣的工作。

马斯洛认为问题的本质是她没有找到生活的意义，觉得自己浪费了天赋。马斯洛在研究报告中说："任何天赋、能力都是一种动机、需求和冲动。我建议她可以用晚上的时间继续学习研究生课程……她对此做了安排，进展非常顺利。她变得更活跃、快乐，而且风趣。当我最后一次看到她时，其大部分生理症状都已消失了。"这类咨询经验对马斯洛日后形成自我实现理论具有重要的启发意义。

斤斤计较的反对者

马斯洛的需要层次理论并没有得到实验研究的充分证实。斤斤计较的学者们对他的观点提出很多疑问，例如：如何解释用绝食作为手段进行社会性抗议的行为？"追求公正"的元需要是如何战胜更基本的对食物的生理需要的？因此，马斯洛的需要层次学说更多地被视为一种哲学观点，而不是科学理论。

尽管有反对的观点，但这一理论对于人们理解和预测人类动机之间的各种相互作用有着很大的影响。

马斯洛的伟大贡献

人本主义心理学的基本理念、观点与行为主义和精神分析完全对立，所以又被称为心理学的"第三势力"。

人本主义心理学以一个整体出现在心理学史上，马斯洛无疑起了最大的作用。他提出了最能够代表人本主义心理学要义的自我实现理论。在组织机构的建立以及期刊的创办等具体工作上，他也是贡献最多、影响最大。因此马斯洛被尊奉为"人本主义心理学之父"。

更有意义的是，它富有说服力的思想开始渗透到其他领域，包括企业管理、市场销售、教育、心理辅导以及心理治疗等。对许多关注心理学以及心理学应用的人来说，马斯洛的名字开始成为一种深入探索人性的象征。

局限：历史的遗憾

尽管马斯洛把所有他尊敬的人的分析为"自我实现者"，但他也不是以一厢情愿的主观善良愿望看待事物的人。在他生命的最后几个月里，他更加意识到，任何关于人性的理论都应该承认我们自身的不完善性。马斯洛看到，即使是最优秀的人，包括他怀着崇敬心情研究了很长时候的"自我实现者"，也同样是不完善的。所以，对于人与人之间的关系中任何完美的期望都是错误的，甚至是危险的。他在日记中坦率地写道："一个美满的婚姻是不可能的，除非你愿意接纳对方的丑陋与缺陷。"

遗憾的是，因为过早地离开人世，马斯洛没能在理论上让自己的学说达到完满，只给后人留下思索的空间。

人，存在着

罗洛·梅　Rollo May

1909~1994

人本主义心理学是现代心理学的三大流派之一，而人本主义心理学的两大基础理论是马斯洛、罗杰斯的自我实现论和自由选择论。自由选择论的创立者，就是美国存在主义心理学的创始人罗洛·梅。

从"精神"到"存在"

罗洛·梅生于美国俄亥俄州。和许多著名的学者不同的是，他的父母都没有受过教育。当他的姐姐患上精神病时，父母却认为这是由于学习太多造成的。

罗洛·梅上大学期间对古希腊艺术和哲学十分感兴趣。大学毕业后，他随同一个美术家旅行团赴欧洲，学习绘画，并研究了一些欧洲土著人及其艺术。

在哥伦比亚大学研究院攻读博士学位期间，罗洛·梅患上了肺结核，由于当时没有治疗此病的良药，他经历了一段特别可怕和抑郁的时期，有好几次面临死亡的威胁。为了消遣难熬的时光，他细心研读了两本对他至关重要的书，一本是弗洛伊德《焦虑的问题》，另一本是克尔凯郭尔《恐惧的概念》。不过，罗洛·梅更赞同克尔凯郭尔的观点，认为他的观点涉及到焦虑的机制、结构及其与人的存在的关系，而弗洛伊德是从人的性本能来阐述焦虑的。正是从此开始，他逐步由一位精神分析学家转变为存在分析学家。1949 年，罗洛·梅获得哥伦比亚大学的第一个临床心理学博士学位。

罗洛·梅在纽约怀特学院担任研究员，1958 年当选为怀特学院的院长。曾在哈佛大学、耶鲁大学、普林斯顿大学、纽约大学、哥伦比亚大学等著名高校执教。历任纽约心理学会会长、美国心理治疗与咨询联合会主席、美国精神分析学会会长等职。1971 年获美国临床心理学科学与专业卓越贡献奖；1987 年美国心理学学会为其颁发了终生贡献金质奖章。

前辈师承

在欧洲旅游期间，他参加了精神分析家阿德勒在维也纳山区举办的暑期培训班，并且与他"建立了联系和进行亲密的讨论"。可以说，罗洛·梅最初对心理治疗的兴趣以及他的早期心理咨询与治疗实践，都和阿德勒的影响分不开。

在纽约联合神学院进修时，他结识了侨居美国的德国存在主义哲学家蒂利希，并成为终生好友。通过蒂利希的影响，罗洛·梅对克尔凯郭尔、海德格尔和萨特等人的存在主义哲学发生了浓厚的兴趣，并逐渐把存在主义作为自己心理学的理论基础。

罗洛·梅的心理学思想

传统的心理学，特别是行为主义心理学由于过分强调实验技术，忽视了与人类生活密切相关的爱情、选择等心理学问题的探讨，致使心理学理论抽象枯燥，脱离了生活的实际。罗洛·梅对这种空洞的心理学理论研究深恶痛绝。他曾经举了一个形象的比喻来讽刺心理学脱离实际的研究：

一位心理学家死后带着一箱子论文、实验报告去见上帝。这位心理学家自以为成果丰硕，但上帝却沉默不语，反问他：你这些成果对人类究竟有什么实际效用呢？上帝的问话使这位心理学家窘迫得无地自容。

在罗洛·梅的理论中，人的存在是一个基础性概念，他的所有思想几乎都是围绕着这一概念展开的。罗洛·梅指出，人的存在指的是人的整体存在，既是物质的，也是精神的。他认为，人的存在是难以用语言描述的。一个人的存在，只有他自己才能体验到，别人无法了解。但是个人的存在是他自己选择的结果，任何逃避选择的行为都不利于其自我的存在。

罗洛·梅毕生奋斗的一个目标是，发现人的存在的真谛，探索存在的意义，以便发现一种基本的人的心理结构，建立存在主义心理学的治疗体系。他主张，心理治疗的目的是使病人重新经验他自己存在的真实性，更充实地体会到自己存在的意义。在罗洛·梅看来，心理治疗专家的任务是增强病人的自我存在意识。因为许多精神病患者由于对自己的存在开始感到暧昧，极易受到外界的影响，对自己的行为失去了自我控制，因此需要心理治疗者的积极帮助。

焦虑理论在存在心理学理论中占有重要的地位。罗洛·梅认为，焦虑是个人的人格及存在的基本价值受到威胁所产生的忧虑，也就是人类对威胁其存在，或使他与存在相认同的某种价值的基本反应。在现代社会生活中，人们更是普遍面临着严重的焦虑问题。

罗洛·梅的焦虑理论显然受到了弗洛伊德的影响，但更重要的是接受了克尔凯郭尔的焦虑思想。同弗洛伊德一样，罗洛·梅也认为焦虑标志着人的内心的冲突，但是他反对将焦虑与性本能的压抑联系在一起。在罗洛·梅看来，焦虑是人对威胁他的存在、价值的基本状态的反映。

根据临床经验观察，罗洛·梅总结了人们应对焦虑困境的基本方式：变态型的应对方式和正常或健康的应对方式。变态型的应对方式也就是消极的焦虑方式，这在神经症病人身上表现得最为明显。他们通常采用压抑、禁忌的方式，企图通过缩小自己的意识范围来消除内心的矛盾冲突，以避免所有引起困难的机会，来逃避焦虑。正常或健康的应对方式是一种积极的或建设性的解除焦虑的方式，是指人们既不逃避焦虑，也不墨守成规地避免焦虑问题，而是勇敢地面对焦虑问题。这就需要个人深信自己赖以存在的基本价值，不惧怕任何威胁。

不可不知的名著

《存在心理学》，1961 年

探讨存在的意义是《存在心理学》的一个最基本主题。他继承发展了存在主义哲学的基本观点，阐发了存在分析理论。

罗洛·梅所谓"存在感"是人对自己存在的内心体验。正是这种存在感才把个体的身与心、个体与自然、个体与社会、个体与他人联成一个统一的整体。因此，心理治疗的最终目标就是唤起病人的存在感，使其重新认识自我的价值。

罗洛·梅把人视为有机存在的统一体，其中包含着理性和非理性、意识、价值、人生的意义，也包含着自然和环境的影响，构成了一幅复杂丰富、内涵深邃的人格画卷。心理学研究和心理治疗所要理解的就是这个有机的存在。罗洛·梅指出，对人类进行咨询的有效性依赖于我们对人究竟做什么样的理解。在他看来，这种理解必须以存在和存在感为基础和目标。通过对病人当前存在状态及其存在感的了解，确定心理治疗的目标。

《爱与意志》，1969 年

正如罗洛·梅自己所说，这本书是他"发自内心的第一次全面阐述"。这部名著出版以来一直保持畅销的势头。罗洛·梅站在存在主义哲学的角度去研究人和人性，站在心理学角度去研究爱和性。这种新的视角、观点，是其他各类讨论爱的书籍所不具有的。

罗洛·梅在临床心理治疗中发现，大多数病人丧失了爱与意志的基础，缺乏爱与意志的能力。这些病人并不是感受到本能的压抑，而是感受到极度的空虚、孤独、自我异化和生活无意义等痛苦的情绪体验。他们可以在毫无激情、没有任何体验的条件下从事性的活动。从事这种活动并非出于爱，而仅仅是为了证明自己的存在，证明自己还活着。这样一来，性活动本身的意义丧失了，对于这些人来说，这种活动再也没有任何激情可言。

罗洛·梅从临床心理治疗的角度出发，指出性泛滥是对爱的一种反动。现代西方人成功地把爱从性中分离出来，并作为性的反面，从而导致了"新清教主义"的产生。这种新清教徒同以往清教徒不同，以往的清教徒是有爱而无欲，新清教徒则是有欲而无爱，走向了对爱的反动。

在《爱与意志》中，罗洛·梅处处表现出了他的艺术家的气质和文学才华。由于他把文学艺术渗透到心理学理论中，就使得《爱与意志》免于肤浅、枯燥的说教。本书的结尾，罗洛·梅满怀期望地说："因为在爱与意志的每一个行动中，我们都同时既塑造着我们的生活世界，又塑造着我们自己。而这，也就是孕育和拥抱未来的全部含义。"

罗洛·梅的伟大贡献

罗洛·梅把欧洲的存在主义加以美国式的理解和改造，结合他自己的人生体验和心理治疗实践，创建了美国的存在心理学，并使之成为人本主义心理学的一个重要组成部分，为美国的人本主义心理学运动的发展做出了重要的贡献。他被公认为是美国人本主义心理学提倡自由选择的存在倾向的主要代表。同时，他把存在主义哲学的基本原则与精神分析学说紧密结合起来，在促进精神分析向人本主义心理学的过渡方面发挥了重要的桥梁作用，为人本主义心理学的产生与发展做出了特殊的贡献。

其次，罗洛·梅从存在主义的本体论出发，探讨了人的存在感、自我意识、价值观、社会整合、自由选择等人格观念，阐述了构成人格的主要特征。他强调人格的完整性和统一性，关注人生存于世界的三种方式，突出了自我意识在促进人格发展中的作用，这对于促进现代人格心理学的研究和发展均有重要的意义。

罗洛·梅在美国首创了存在心理学的治疗理论，受到了许多临床心理学家的重视和欢迎。他的心理治疗观点提倡在治疗过程中的理解，通过医生与患者之间的交往互动关系，帮助病人理解自己的现实存在。强调心理治疗的理解性原则、在场性原则、体验性原则和信奉性原则，重视在心理治疗中从对人的关系世界的这种认识出发来理解病人的存在，这种观点在一定程度上推动了心理治疗的进步，丰富了心理学对人类本性的了解。

局限：历史的遗憾

罗洛·梅的存在主义心理学理论也有很多局限性。在他的理论中，有许多概念和命题直接源于存在主义哲学，因此其理论看起来更多是属于哲学而不是心理学的，具有主观本体化倾向，缺少客观的科学检验。

罗洛·梅的理论由于十分强调个人意志自由和先天超越能力的非社会性存在，把人的存在、自由、创造、焦虑等与社会相对立起来，因而受到了很多学者的批评。同时，罗洛·梅的心理学观点中存在着浓烈的非理性主义倾向和神秘主义倾向，在一定程度上影响了其理论的科学性。

寻求完美的智慧

杰罗姆·布鲁纳　Jerome Bruner
1915~

他是著名的心理学家，也是一位具有深远影响的教育家。虽然他是以动物学习和知觉研究开始其个人专业生涯的，但最令其为世人瞩目的却是一场轰轰烈烈的，引发了全球教育激烈震荡的教育改革运动。他是第一次认知革命的建筑师杰罗姆·布鲁纳。

"教育家"布鲁纳

作为一位心理学家，布鲁纳却在教育领域声名远播，这一巨大光环甚至超过了他在心理学领域的杰出贡献和深远影响。

布鲁纳出生于美国纽约的一个中产阶级家庭。良好的家庭条件使他能够按照自己的意愿去选择自己喜爱的专业。1937年，他从杜克大学顺利毕业，不久就进入杜克大学心理学研究院，但随即转学至哈佛大学，并在1941年获得哈佛大学心理学博士学位。

第二次世界大战的爆发，使得一大批心理学家开始用心理学为政府服务，也使得一批原来从事基础研究的心理学家纷纷倒戈，奔向了应用研究的阵营。布鲁纳在这个时候也改向社会心理学的研究，进入了情报部队，一直在艾森豪威尔将军司令部下属的心

那些智慧的心理学家

理战部门工作，主要研究公众的态度和纳粹德国的宣传技术。

随着二战的结束，布鲁纳也回到了大学，成为哈佛的教授。或许是战争期间有关舆论的研究令他有所触动，他并没有继续从事动物的实验，而是开始着手从事人的感知觉研究。从此以后，布鲁纳对现实的人而不是动物给予了更多的关注。这种思想一直都在他身上表现得相当明显，甚至到后来，他在评价认知心理学的发展时，也能够体现这一点，那就是对人本身的重视。在很大程度上，布鲁纳之所以能够给教育带来这么大的震撼，也和他对人的重视有千丝万缕的联系。

1960 年，布鲁纳与心理学家米勒（C. Miller）一起创办了"哈佛大学认知研究中心"。按照米勒的说法，在当时，"使用'认知'这个词仍然是一种反叛的行为"，但布鲁纳却大力支持这位"在认知心理学的形成中已成为唯一最有成效的领导人"。在布鲁纳的主持下，这个中心取得了巨大的成就。

英国 BBC 电台的一位主持人曾经半开玩笑地说：行为主义统治的黑暗时期，M、I、N、D 这四个字母是很肮脏的（mind，单词"思想"的意思，行为主义心理学认为思想是不可测量的，所以在理论中将对思想的研究完全抛弃），但是，布鲁纳把它重新复活了。毫无疑问，布鲁纳在认知研究的开拓时期，始终站在战线的最前端，成为目前占统治地位的认知心理学的先驱者之一。

布鲁纳在进行认知研究的同时，并没有忘记教育的存在。在美国心理学年会上，他大声疾呼心理学应用到教育现实中的必要性。他竭力使他的同行们相信，教育和教育学需要他们，脱离教育学的发展心理学和忽视成长的教育学一样，都是空洞无物、毫无意义的。

　　布鲁纳还在白宫的教育研究与发展专门研究小组任职，也就是美国总统的教育顾问。可以说，布鲁纳对教育的关注始终不变。虽然他是一个心理学家，但他一直倡导把心理学应用到教育教学中去，并为此而努力，形成了自己独特的教育思想。

前辈师承

　　布鲁纳在哈佛大学进修时，哈佛心理学系刚刚成立不久，系主任是著名的心理学家波林。

　　哈佛心理学系的主要研究方向是动物学习和知觉，在这样的学术氛围下，布鲁纳的努力方向自然也不太可能脱离此道。在哈佛，布鲁纳发表的第一篇论文的题目就是《电击对小白鼠随后学习的影响》。这个题目实际上也反映了当时行为主义大行其道。

布鲁纳的心理学思想

　　布鲁纳认为，人的认识过程是把新得到的信息和以前学习所形成的心理框架（或现实的模式）联系起来，积极地构成他的知识的过程。一个人对世界的认识是以他构想的现实模式为基础的。这样的模式首先是从个人的文化中汲取的，又适应于个人的各种不同的用法。记忆不只是一个人对固定的、没有生气的痕迹的重述，而是一个人完成想象的重建的问题。思维就是一个人通过概念化或类型化的活动来弄懂所察觉的一大堆杂乱事实的过程。总之，布鲁纳反对把人看成是一个在认识上被动的接受者，而把人的认识过程看成是一种积极的构造过程。

布鲁纳受皮亚杰认知发展阶段论的影响，也对儿童的智力发展进行了实验研究。他认为，智力乃是人获得知识、保持知识以及将知识转化成他本人的工具的力量。他认为，学习过程包括三个几乎同时发生的过程：习得新信息；把知识整理成另一种形式，以便超越所给予的信息；检查我们处理信息的方式是否适合于这项任务。布鲁纳由此认为，学生不是被动的知识接受者，而是积极的信息加工者。他的这种观点，是与他从事的认知方面的研究密切相关。

布鲁纳在解释思维过程时，对"编码系统"作了深入的研究。所谓编码系统，就是人们对环境信息加以分组和组合的方式，它是不断地变化和重组的。

在布鲁纳看来，编码系统的非具体性，在知识的保持和迁移中起重要作用。人们在回忆某一具体事物时，通常要回忆起它作为其中一个成员的编码系统，然后重新形成这一具体事物的详细细节。因此，在研究学习时，最重要的事情，是要系统了解学生已有的编码系统。

布鲁纳十分重视生长（growth）的问题。在他看来，如果教育者忽视已有的有关生长的知识，那是会误人子弟的。他甚至相信，总有一天会建立起一门综合性的"生长科学"。在他看来，事实上，每一个科学家都从他自己所擅长的角度来探讨生长的问题。

在此基础上，布鲁纳提出了"发现学习"的概念。他认为，教学是要帮助或形成学生智慧或认知的生长，教育工作者的任务是要把知识转换成一种适应正在发展着的学生的形式，而表征系统发展的顺序，可作为教学设计的模式。

布鲁纳强调，学生不是被动的、消极的知识的接受者，而是主动的、积极的知识的探究者。他还强调学生直觉思维在学习上的重要性。

布鲁纳认为，在教学过程中，学生是一个积极的探究者。学习的主要目的不是要记住教师和教科书上所讲的内容，而是要学生参与建立该学科的知识体系的过程。要让学生自己去思考，参与知识获得的过程。

布鲁纳认为，大量事实都表明，直觉思维对科学发现活动极为重要。他认为，直觉思维与分析思维不同，它不根据仔细规定好了的步骤，而是采取跃进、越级和走捷径的方式来思维的。不论在正规的学科领域还是在日常生活中，不论是科学家还是小学生，都需要也都可以使用直觉思维，所不同的只是程度，其性质都是一样的。所以，教师在学生的探究活动中要帮助学生形成丰富的想象，防止过早语言化。与其指示学生如何做，不如让学生自己试着做，边做边想。

在布鲁纳看来，学生在一般教学条件下，学习的动机往往很混乱。有些学生谋求好成绩，是为了一些外来的动机，如为了得到或避免教师和家长的奖励或惩罚，或为了与同学竞争。而布鲁纳更重视的是形成学生的内部动机，或把外部动机转化成内部动机。而发现活动有利于激励学生的好奇心。学生容易受好奇心的驱使，对探究未知的结果表现出兴趣。所以，布鲁纳把好奇心称之为"学生内部动机的原型"，与其让学生把同学之间的竞争作为主要动机，还不如让学生向自己的能力提出挑战。当然，布鲁纳在强调学生内部动机时，并没有完全否认教师的作用。

不可不知的名著

《教育过程》，1960 年

布鲁纳撰写这本书和地球另一面的一件事有关。前苏联第一次把人造卫星送上太空，给政治对手美国带来极大的冲击。整个美国朝野震动，人们纷纷质疑政府的教育工作，这就促使美国政府对教育进行一系列改革。

1959 年，布鲁纳正好升任美国科学院教育委员会主席一职。年底，35 位科学家、学者和教育家云集伍兹霍尔，召开讨论中小学数理学科教育改革会议，布鲁纳担任会议主席。

专家们紧张地进行了一系列有关各方面课程设计的讨论，并且审查了一些最近的研究成果。经过几个月的整理，布鲁纳在广泛征求与会者意见的情况下，把会议的主席报告加以修改，最后由哈佛大学出版社正式出版的《教育过程》这本小册子。在《教育过程》这本书中，更多地体现了布鲁纳本人长期以来对心理学的研究，更多地反映了他本人的教育基本理念。正如他在该书序言中写到的那样，"主席主要应该对本书的内容负责"。也正是在这本书中，他的结构主义教育思想得到了较为系统详细的阐述。

《教育过程》在很短的时间内就重印 16 次，并且被翻译为多国文字传遍整个世界，在很长的一段时间内，被美国及至全球的教育界奉为经典。

实验室的故事

布鲁纳对记忆过程持比较激进的观点。他认为，人类记忆的首要问题不是贮存，而是提取。尽管这从生物学上来讲未必可能，但现实生活要求学生这样。因为学生在贮存信息的同时，必须能在没有外来帮助的情况下提取信息。提取信息的关键在于如何组织信息，知道信息贮存在哪里和怎样才能提取信息。

在一项实验中，布鲁纳让学生学习 30 对单词，对一部分学生说，只要求他们记住单词；而其他学生则需要设法把每对单词造成一个句子。结果发现，后者能复述其中的 95%，而第一组学生的回忆量不到 50%。所以，学生如何组织信息，对提取信息有很大影响。学生亲自参与发现事物的活动，必然会用某种方式对它们加以组织，从而对记忆具有最好的效果。

布鲁纳最著名的也是引起争议最多的论点是：任何学科都可以用"理智上忠实"的形式教给任何年龄阶段的任何儿童。

布鲁纳认为，小学低年级学生往往能够像鹦鹉学舌似地说出"几乘以几等于 18"，但他们对"9×2"与"2×9"有没有不同常常拿不定主意。但是，如果学生自己先动手操做做，在天平一边的"钩子 9"上挂 2 个小坏，让学生在天平的另一边寻找各种能保持天平平衡的各种组合，并把它们记录下来。小学生根据以往玩跷跷板的经验，很快就能知道在"钩子2"上挂9个小环都能保持天平的平衡。这样，学生掌握的不只是"$9 \times 2 = 18$"，而是代数的基本结构——交换律。

在学习过程中，开始时，让学生动手操作；接着，移去天平，让学生凭借头脑中形成的视觉映象来运算；最后，学生熟练掌握运算规则，不用实物和视觉映象，用符号也能自如地运算了。布鲁纳由此认为，教师只要把握每门学科的基本结构，根据学生表征系统形成的特点来设计教学，那么，任何年龄阶段的学生都能掌握各门学科的基本结构。

布鲁纳和数学家迪因斯（Z. Dienes）合作设计了一个发现教学法的经典例子。教学任务是引导儿童发现二次方程式的因式分解的规律。实验教学中首先让儿童熟悉表示数量的扁平的积木块，即"迪因斯积木块"。

在儿童熟悉这些积木以后，布鲁纳向儿童呈现一个由积木拼成的正方形，并告诉儿童，这个图叫做"正方形"。在开始时，布鲁纳使儿童相信，正方形的面积确实不知道，而且不必关注它到底有多大，接着问：你们能拼成比这个正方形更大的正方形吗？儿童轻而易举地拼出了另一个正方形。接着，布鲁纳要求儿童描述他们拼成的图形，在此基础上，布鲁纳告诉儿童另一种根据边长说明正方形的方法。

布鲁纳让儿童继续拼搭更大的正方形，并记下推导出来的方程式。他们耐心地让儿童自己去操作、探究、对照。到了一定的时候，孩子们就会逐渐领悟到隐藏于其中的数学规则。等到他们悟出其中的规则后，就无需再继续动手搭更大的正方形了，仅凭视觉映象就能列出方程式。最后，当孩子们熟练掌握规则后，仅凭符号就能运算了。

布鲁纳的伟大贡献

布鲁纳把人的内在"价值"引入到自己的研究之中。在以往的知觉研究中，人们不承认价值观和需要诸如此类的东西。但在布鲁纳那里，这一切都有了合法的地位。他的研究表明，即便是在知觉领域内，人的价值和需要也不是没有存在的空间。恰恰相反，人的内在价值和需要却对人的知觉产生着巨大影响。布鲁纳的这种观点给整个知觉研究领域带来的影响是显而易见的。正是布鲁纳的努力，使得知觉的研究进入到所谓的"新貌"阶段。

布鲁纳的学习理论和教学论思想是既注重知识的理解，又注重对学生能力的培养的理论。这符合学习和教学的一般规律和本质特征。因此．是正确的和有指导意义的。

局限：历史的遗憾

布鲁纳过于强调学生的发现学习。但是，发现学习有时的确是一件费时费力的事情。而且，完全独立的发现学习在现实中也是不存在的。因此，布鲁纳只提供了一种理想的可能性，在实际中我们应该强调发现学习与接受学习的相互配合和有效的补充。

布鲁纳的学习理论特别强调学生对概念和原理的学习，并且对人工概念的形成做了比较严格的实验研究。但是，布鲁纳却没有从事原理学习的实验研究。直至今天，原理学习的实验研究仍然是一片空白。这不能不说是一个遗憾。

布鲁纳认为"编码系统"可以产生出新的创造性信息，这是符合实际的。但是，他对新信息产生的心理机制却没有进行深入地探讨和研究。这使得我们对创造性的培养仍然是无所适从。他的观点成为理论上可信，而不知如何实际应用的"空理论"。

布鲁纳学习理论中的缺陷和不足与它的贡献和所产生的积极影响相比，自然是微不足道的。但是，指出它的缺陷和不足有助于进一步开展研究，从而完善学习理论，为人们增强学习能力指明道路。

通用问题解决者

赫尔伯特·西蒙　Herbert Simon
1916~2001

不知道人们会不会相信，有个人获得过诺贝尔经济学奖、计算机科学的最高荣誉图灵奖、美国电子电器工程师学会的冯·诺依曼奖、美国公共管理学会的沃尔多奖，而他本人则是个政治学教授。如果有人做到这一点的话，那他一定是赫尔伯特·西蒙。

多才多艺的西蒙

西蒙的父亲是工程师，母亲教授钢琴，舅舅哈罗德·默克尔是著名制度经济学家康芒斯的学生。虽然默克尔 30 岁就去世了，但他留下的许多书籍使外甥西蒙很早就接触到了经济学和心理学。

4 岁时，西蒙和家人一起摘草莓。别人很快就能摘一桶，而他的桶里却只有可怜的几个。这是因为草莓是红的，叶子是绿的，而他是个色盲。色盲使西蒙意识到他看到的事物并不等于别人看到的，真实的外部世界也不等于知觉世界，因此他很容易就接受了伦理和认识论的相对主义。

由于西蒙比同龄人更聪明，所以上学时他跳了三级半。他的多数朋友都比他大几岁，他就靠书本、玩具和集邮自娱自乐。用舅舅留下的书，他自学了经济学、心理学、古代历史、一些解析几何和微积分，还有物理学。西蒙对创造充满了乐趣，他甚至对哥伦布十分怨恨，因为哥伦布终结了对新大陆的发现。西蒙还渴望世界呈现出一种简洁的、有规律的、柏拉图式的美感。

然而西蒙并不是一个书呆子。他活跃于学校的辩论协会、科学俱乐部和拉丁俱乐部等团体，并且经常担任主席。

不到 12 岁时他就领会到，同样是理智的、可信赖的人，却可能通过迥然不同的方式来认识同一类事件。有时他必须向冲突双方解释对方的观点，因此练就了这样一种本事：不管面对什么观点，都能从相反的方向出发看到其优点，并且接纳它。他从辩论中学到了一条重要的道理：不能靠逻辑击败人们以改变他们的观点，人们不会因为一时不能答辩就觉得有义务同意。从这时起，他就已经知道要怀疑人类的实时逻辑。由于辩论的题目涉及诸如自由贸易、单方面裁军、个人税等问题，他不得不广泛而深入地阅读经济学以及其他社会科学书籍。他学会了批判地阅读，用一本书去和另一本书争辩。

西蒙中学毕业后获得了芝加哥大学的全额奖学金。他开始决定投身经济学，但是因为不愿意修会计学课程，就改学了政治学。芝加哥大学灵活的教学方式让西蒙超常的自学能力得以发挥作用。从二年级起他就不再选修数学课，而是自学数学。他还学会了德语、拉丁语和法语。

大学期间，西蒙参与了一次失败的投资：养牛。西蒙学会了驾驶卡车、履带拖拉机，他们种了 600 英亩的牧草并放养了小牛，但牛群什么都吃就是不吃他们栽种的牧草，还撞开所有铁蒺藜和电网闯出牧场。从这次经历中，他发现人有人的计划，而牲口却有牲口的计划。他明白了理论不管如何"明显"地有道理，都可能被现实世界顽固的事实完全推翻。

前辈师承

西蒙在大学读得是政治学专业，但是三个并非政治学系的老师给了西蒙更大的影响。

第一位是数学生物物理学家尼古拉·拉什夫斯基，他是天生的数学家，具有在生物学系统模型中建立简单假设的惊人才能。

第二位是开设计量经济学课程的亨利·舒尔茨，他的著作和课程使西蒙对经济学的数学应用以及现代统计理论有了深入透彻的了解。舒尔茨总是对所从事事情的哲学基础感兴趣，并为学生指点许多有趣而有价值的书。

一次计量经济学课上，舒尔茨给出一些数据让学生们为出生6个月的婴儿的身高和体重之间的关系构造一个方程，西蒙用直觉得出的答案只得了"B"。西蒙一直记得这件事，它的意义在于让西蒙相信，在经验科学中最终的检验不是数学的简洁优美或先验的貌似合理，而是理论与数据的相符。这使得西蒙渐渐克服了完美主义的心理，并对新古典经济学再次产生质疑：新古典经济学对数学的简洁优美极其敏感，而对现实数据却无动于衷。

另一位影响巨大的老师是著名哲学家卡尔纳普。怀着对社会科学逻辑的强烈兴趣，西蒙修读了他的逻辑学和科学哲学课程，他后来的博士论文《管理行为》就始于对管理科学逻辑基础的研究。

西蒙与中国的缘分

1972 年，中美之间的冰层刚刚解冻，西蒙就作为美国计算机科学家代表团的一员踏上了这块东方的神秘土地。

他曾经担任中美学术交流委员会主席，与中国科学院心理研究所进行科学合作，在汉字的短时记忆、问题解决和学习等方面取得了丰硕的成果，并且系统讲授认知心理学。他和中国科学院心理研究所的朱新明进行合作，对通过示例学习获取产生式的问题进行了系统研究。他们编写了从初中代数和几何课程的全部示例学习材料，进行了"示例教学"的实验。结果，实验班学生在两年内基本上学完了初中三年的数学课程，其成绩与用三年时间学完这些课程的班级持平。

西蒙还是中国科学院外籍院士、中科院心理研究所名誉研究员，北京大学、西南师范大学和天津大学也聘请他为名誉教授。

他甚至给自己起了一个地道的中国名字：司马贺。

西蒙的心理学思想

西蒙在 50 多年的学术生涯中，令人惊奇地在多个学科间游刃有余，登峰造极，而且将各领域中的研究工作统一成一个有机整体，整合这些研究的核心思想就是"有限理性"学说。

西蒙在《人类的认知》中总结道：根据米勒等人的发现，人类短时记忆的容量只有 5~9 个组块，从短时记忆向长时记忆存入一个组块内容需要 5~10 秒钟，记忆的组织是一种表列等级结构，这些都是大脑加工所有任务的基本生理约束。这种约束使得思维过程表现为一种串行处理或搜索状态，从而也限制了人们的注意广度以及知识和信息获得的速度和存量，注意广度和知识范围的限制又引起价值偏见和目标认同，价值偏见和目标认同再反过来限制人们的注意广度和知识信息的获得。

举例来说，一个人肚子饿了，走进玉米地找玉米吃，如果此人按照效用最大化的完全理性假设，企图在几平方公里的玉米地中找出一个最大的玉米来吃，等饿死了可能也找不到，而在有限理性的假设之下，他只要找到一个能吃的玉米，缓解了当前的饥饿就可以了。凭借对"有限理性"的阐释，它获得了诺贝尔经济学奖。

"有限理性"不但贯穿着西蒙的整个学术生涯，甚至影响着他的人生哲学。西蒙说认为：作为一种有限理性的生物，他不抱完全正确、客观地去理解整个世界的幻想，但他不能忽视这个世界，而是尽己所能，通过科学和哲学的帮助去理解它，然后使个人的立场与这个世界所呈现的种种条件和约束不会过分地不协调。

计算机科学的发展给"有限理性"的研究提供了绝妙的手段：短时记忆的容量限制类似于计算机有限的内存，短时记忆存入长时记忆的时滞恰似计算机从内存到外存的存取需要时间，而记忆的列表等级结构则类似于计算机数据在贮存器中的组织形式，因而用计算机对"有限理性"的人进行模拟成为可能，这又促进了西蒙在计算机科学和人工智能领域的探索。

不可不知的名著

《人类问题解决》，1972 年

西蒙一开始关于问题解决的研究，主要集中在"知识贫乏"领域，在这些领域的任务中，解决问题所需要的基础知识很少，如算术谜题、智力游戏等。西蒙和研究生艾伦·纽厄尔（Allen Newell）共同出版的这本书标志着知识贫乏领域的问题解决研究达到了顶峰。

书中提出了"通用问题解决器"理论。这个理论将问题的解决过程分为三种状态：初始状态、中间状态和目标状态。西蒙他们假设人在解决问题时往往采用启发式，按解决问题的策略进行"手段 – 目的"分析，先找出初始状态和目标状态之间的差距，制定出缩小差距的子目标，最终定出算法，以实现目标。

在对这些比较简单的认知过程有了较好的理解后，西蒙开始将研究重心逐渐转移到较为复杂的认知过程。

实验室的故事

1938 年，西蒙加入了"城市管理者学会"，并负责年鉴统计。在工作中，他得知 IBM 公司的穿孔卡片设备可以为统计工作提供便利，于是决定让年鉴的统计工作机械化。但西蒙万万没有想到，他今后会与计算机结下不解之缘。

1954年，西蒙和纽厄尔尝试着创造出一种会思维的计算机程序。一开始，他们就选择了非常有限的思维，也就是形式逻辑中的实理证实，里面完全是符号和几乎是代数的过程。西蒙的任务是求出定理的证明，"一定要尽量拆细，不仅求证步骤，而且要找出引导我的提示。"接着，他们将这些信息合成一个流程图，并将流程图变成计算机程序，世界上第一个人工智能程序——"逻辑理论器"。

"逻辑理论器"不是刻板的固定算法程序，而是编入了人脑在进行演绎推理时的逻辑过程、所遵循的一般规则和常用的策略、技巧，以及简化步骤的一些方法，从而让计算机具备了自己去探索解题途径的能力。

随后，西蒙进行了几个用"逻辑理论器"证明定理的实验。在第一个实验中，他们先输入数学家罗素的《数学原理》一书中的公理，然后按原书顺序输入第二章中的52个定理要求证明。"逻辑理论器"逐个地证明这些定理，一旦证出某个定理就将它存入定理记忆中，并与公理一起应用于后续的证明。

"逻辑理论家"成功地证明了38条定理，有一半只用了不到1分钟，其余大部分则用了1~5分钟的时间。随着证明长度的增加，所用时间急剧增加。

第二个实验中，他们将前一实验中证明的定理从"逻辑理论器"的记忆中删除，只保留公理，要求它证明书中的"定理2.12"，这一次程序没有完成任务，而在前一次实验的条件下，它只用10秒钟就证明了这一定理。

第三个实验在"逻辑理论器"中保留了公理和"定理2.03"，要求它证明"定理2.12"，这次它花了15分钟证明了这一定理。不过这次"逻辑理论器"用三步才证明了这一定理，而在第一个实验中只用了一步。

西蒙写信向罗素汇报了"逻辑理论器"证明定理的情况，并得到了罗素充满鼓励的回复。"逻辑理论器"的重大意义在于，它说明了尽管计算机本身并不具有任何智能，但是计算机的程序语言却可以用来模仿人类的思维活动，如果在计算机内部配有人类精心设计的程序，整个系统就可以具有一定的逻辑推理能力和一定智能功能。

第二年，西蒙和同事又写出另一个更为聪明的程序——通用问题求解器（GPS）。它合成了一系列与许多智力任务差不多的宽泛原理，包括几何公理的求证、解决密码算术问题和下国际棋。

通用问题求解器及后来的人工智能程序的两个基本特征为认知心理学带来了深刻的变革，因为它们给心理学家提供了前所未有的更详细也更可操作的心理过程的概念，同时也提供了调查这些概念的切实办法。

后来，西蒙又考察了专家是如何利用丰富的知识经验去解决复杂问题的。"专家"是指在某个特定领域中有几千小时问题解决经验的人，与"专家"相对的是"新手"。西蒙设计了几个问题进行实验，通过口语记录报告的分析，他们发现，在知识丰富领域问题解决的过程中，"专家"和"新手"之间存在着明显的差异。

专家的长时记忆中具备大量特定领域问题解决所需的知识，

其中既包括关于某一领域的事物和对象的知识，也包括许多与之有关的线索，这些线索使专家能够方便地提取有关知识，进而确定完成具体任务的步骤或程序。西蒙以国际象棋为实验材料，通过分析专家和新手的行为及对行为的计算机模拟，对专家知识的数量和组织方式进行了研究。

西蒙等人发现，如果假设象棋大师的脑海中存储有 5~10 万个棋子组合模式（即"组块"），就可以很好地印证实验和计算机模拟的结果。经过多次实验，西蒙对专家知识的数量做出了如下估计：在任何领域中，专家知识的数量是 5~20 万个组块，而获得这些知识所需的时间不少于 10 年。

电脑超越人脑？

"通用问题求解器"是世界上第一个问题解决的人工智能程序。今天，人工智能已经取得了长足的进步，并在需要速度、大容量记忆和较长时间的智力活动情境中充分体现出其价值，在某些任务中比人类做得更好。

1997 年，人类的智慧第一次迎接电子计算机的挑战，对阵双方是国际象棋世界大师卡斯帕罗夫和超级计算机"深蓝"。"深蓝"能够在 1 秒钟内计算 2 亿步棋，而且每走一步棋之前能够核查下一步棋的数十亿个可能的棋局。幸运而又遗憾的是，卡斯帕罗夫捍卫了人类的荣耀。

但是，经过计算机专家的改进，"更深的蓝"让卡斯帕罗夫臣服。电子计算机的胜利似乎使人类思维的能力黯然失色。然而，这实际上恰恰证明了人类智慧的巨大能量。仅仅为了对付一个人思维能力中用于象棋比赛的有限部分，就需要动用超过 500 名程序设计者，花费大量的时间编写程序才能达到目的。更何况，正是由于有了人类的思维才有了计算机的诞生。

研究表明，无论计算机的功能将来会有怎样的发展，它在适应能力、推理能力和创造思维能力等方面是不可能超过人脑的。但是，为了研究人脑思维的过程，也为了能够让人类从一些繁杂的脑力劳动中解脱出来，还是有无数的心理学家和计算机专家沿着西蒙开拓出的道路继续前行。

西蒙的伟大贡献

西蒙的研究工作涉及经济学、政治学、管理学、社会学、心理学、运筹学、计算机科学等广大领域，并在许多领域都做出了杰出的贡献，尤其是促进了认知心理学和人工智能的发展。

人人都是"受虐狂"

利昂·费斯汀格　Leon Festinger

1919~1989

如果你不得不做一些违心的事情，你的真实态度会发生了什么变化呢？答案非常令人惊讶：你态度会有所改变和行为保持一致，就好像你在心甘情愿做这件事一样。而且违心的程度越高，改变的幅度越大。察觉这个奇特现象的是美国心理学家利昂·费斯汀格。

"密探"费斯汀格

费斯汀格 1919 年出生于纽约，父亲是个刺绣工厂厂主。从上大学起，他就在心理学大师库尔特·勒温的悉心栽培下成长，直到荣任美国科学院院士，获得美国心理学会杰出科学贡献奖。

费斯汀格生性率直大胆，常常做出不同凡响的事来。有一次，他曾在报纸上读到一条新闻，有一位自称玛丽安·基切的家庭主妇说，她一直在接受一些来自克拉利昂行星上的守护者的信息，按照守护者的说法，一场大洪水将要到来，并将整个北半球淹没，除了少数被选中的人，所有人都将灭亡。

当时，费斯汀格正研究他震惊世界的认知失调理论，他和研究生莱厄肯、沙切特认为这是个研究的好机会，就做了 7 个星期的"密探"。

他们找到基切夫人，声称对她的故事十分好奇，想了解更多的情况。见面时，幽默的沙切特声称自己名叫利昂·费斯汀格。费斯汀格别无选择，只好说自己是斯坦利·沙切特。他们打进了基切夫人的信徒圈子，定期聚会，为将来筹划，并等待来自克拉利昂行星的最后指令。

研究小组起草了一份研究计划，除了已经参入的 3 人外，又加上 5 个学生，一起充当"不公开的参与观察者"。他们冒充真正的信仰者，访问这个小团体中的每个成员，参与他们的活动，参加了 60 次会议。

他们一方面必须要掩盖自己对一些荒诞不经的事情所做出的正常反应，另一方面要记录由基切夫人和其他人在恍惚状态中读出来的"守护者"的话。费斯汀格后来回忆说：我们几个人轮流去厕所记笔记，进出的频率要控制得恰到好处，否则会引起别人的怀疑。我们中的一两个人会不时宣称自己出去走动一下，呼吸一点新鲜空气。然后飞快地直奔旅馆房间，将记下来的笔记整理下来……到研究结束时，我们差不多已被累垮了。

7 个星期之后，基切夫人终于接受到等待已久的信息：太空飞船将于某时在某地降落，以解救信仰者，并把他们带到安全地带。但飞船既没有在特定时间到来，也没有在后来几度更改的地方降落，也没有发生任何洪水。这时，基切夫人也收到了来自外星人的"旨意"：由于信徒的良善和信徒创造的光亮，上帝已决定收回这场灾难，让世界重归安宁。

研究小组发现：那些心存怀疑的人根本无法承受自己信仰所托的预言的失败，宣布退出；那些坚信不疑，甚至辞去工作，变卖家产的信徒则更加坚定不移地信仰由基切夫人传达出来的"真理"。

前辈师承

费斯汀格是认知心理学大师勒温的得意门生。1933年报考爱荷华大学，投身在勒温门下时，费斯汀格对社会心理学并没有兴趣，跟着勒温是想学习其早期就动机和灵感等方面的研究。但在勒温的影响下，他渐渐被吸引到社会心理学这一领域，并于1945年成为勒温设在麻省理工学院集体动力学研究所的助理教授。

勒温死后，费斯汀格来到明尼苏达大学。随后的几年里，他继承勒温的衣钵，继续沿着这一方向前行。他生性聪明，在教学中大胆试验，并在研究中勇于打破行为规范的禁区，获取了其他方法根本无法获取的数据。他的所作所为无不表现了勒温式的大胆。

其实勒温很早就接触到认知失调这个课题了。他曾经探索个人态度如何受其所在团体的决策而发生改变，以及这样一个人又是如何固守这个决定，从而忽略此后与之相矛盾的其他信息。费斯汀格继续这一研究，并在此基础上发展出认知失调理论。

费斯汀格的心理学思想

费斯汀格在心理学上的贡献，主要来自于在社会心理学上两方面的研究成果：社会比较论和认知失调论。

社会比较论是费斯汀格于 1954 年《论社会比较》一文中所提出，指出团体中的个体具有将自己与他人进行比较，以从中确定自我价值的心理倾向，受到社会情境之影响，个体时而与条件胜于自己者相比较，有时将与条件劣于自己者相比较，旨在追寻自我价值。

认知失调论的理论来源于紧随 1934 年印度地震后广布全印度的谣言。谣言预测，在灾区之外还会有地震，而且规模更大，波及范围更广。这些传言没有任何科学依据。费斯汀格很奇怪，人们为什么要传播如此具有毁灭性的耸听危言。他突然想到：也许谣言并非增加焦虑而是确认焦虑。也就是说，即使住在危险区之外，这些人仍然非常恐惧。这样就产生了认知失调：对自身恐惧的认知与缺乏恐惧科学证据相抵触。所以散播将有更大地震的谣言就能确证他们的焦虑，减少他们认知的失调。他们是先有感觉和行为，然后再设法将他们看待世界的眼光与之相吻合。

认知失调论的基本理论为：当个体面对新情境，必需表示自身的态度时，个体在心理上将出现新认知与旧认知相互冲突的状况，为了消除这种因为不一致而带来紧张的不适感，个体在心理上倾向于采用两种方式进行自我调适。第一种是对新认知予以否认，第二种是寻求更多新认知的信息，提升新认知的可信度，以彻底取代旧认知，从而获致心理平衡。

用费斯汀格的话来说，认知失调理论就是：如果说服一个人去做或去说一些与他个人观点相反的事时，他就会有一种改变观点以和自己言行一致的倾向；引起公开行为的压力越大，上述趋势就越微弱。

认知失调理论可以被形象地表述为：

矛盾态度→行为理由充分→轻微认知失调→小程度的态度转变；

或者，矛盾态度→行为理由不充分→严重认知失调→大程度的态度转变。

认知失调理论被广泛用以解释人的态度的改变，成为一个被广为接受并且被大量引用的心理学原理。大多数心理学家认为我们的观点和态度由两个基本过程引起：一个是劝说——由其他人积极活动以劝服你改变态度，另一个就是认知失调。

实验室的故事

1959 年，费斯汀格和同事麦里尔·卡尔史密斯（Merrill Carlsmith）设计了一个实验，后来成为认知失调实验的经典之作。在实验中，他们巧妙地哄骗了受试者，不让其知道实验的真实目的，因为受试者一旦知道研究者想知道他们是否会为了减少认知失调而改变对某个问题的看法，他们也许会因不好意思而不予配合。

受试者都是大学男生，费斯汀格让他们做一件极端烦人的工作：将十几个卷轴装进一只盘子，然后再一个个拿出来，然后再放进去，一直重复半个小时。然后，他们要转动记分板上的 48 个木钉，每根顺时针方向转动四分之一圈，再转四分之一圈，一直转上半个小时。

待受试者都做完以后，费斯汀格告诉他说，实验的目的，是观察人对某件事情是否有趣的预期将影响其完成这件事情的效率，而且，他现在已经在"无预期组"里。

费斯汀格告诉受试者，下面还有人要来做测试，但是他的助手有事不能来了，他需要有人来接替助手的工作，并要求受试者帮忙一下。受试者被要求的任务是：告诉下一个受试者，说这件工作非常有趣。如果受试者愿意说这个谎，就可以得到1美元或20美元的报酬。几乎所有人都同意把明显是说谎的内容告诉下一个受试者。

实际上，那个人是费斯汀格的同事，他会问受试者说：你自己觉得这件事有没有意思。前面所进行的实验显然没有一点意思，因对别人撒谎就会形成认知失调（"我对别人撒谎了，可我并不是这种人"）。问题的关键是，他们所得的报酬是否能够引导其减少认知失调，从而认定那是有意思的。

在1959年，20美元对穷学生来说还是一大笔钱，所以从直觉上看，那些得到20美元的人应该比那些得到1美元的人更倾向于改变观点。但费斯汀格所预测的结果却之相反：得到20美元的受试者为自己的撒谎找到了理由，得到1美元的人则感觉为1元钱而撒谎很不值得，他们会感到认知失调，所以，他们只好认为这项活动是有趣的，因而他们没有真正撒谎，同时就减少了认知失调。实验结果正是如此。

根据实验结果，费斯汀格归纳出，人类在处理自己信念受到挑战时，认知系统会进行一些处理。简言之，"认知失调理论"

主要在解释当个体知觉有两个认知（包括观念、态度、行为等）彼此不能调和一致时，会感觉心理冲突，促使个体放弃或改变认知之一，迁就另一认知，以恢复调和一致的状态。

在实验的真正目的被说穿了之后，费斯汀格要求所有的学生退还这笔钱。只有一个学生不肯还——他只得了1美元。

后世传人

认知失调理论在15年内一直成为实验研究中的主要课题。不过在今天，它已经降格为常识，不再是活跃的研究领域。

不过，不同领域的研究者还在偶尔确证费斯汀格的理论。在一次州长竞选过后，研究者让人们估计险胜的当选者和被淘汰者的票数。结果表明，人们明显高估获胜者的得票数。根据认知失调理论，此结果表明，当一位竞选者的胜出成为事实时，人们就会让自己接受它。

另一项研究发现，在某些情况下，人们确实可能为了较少的回报工作得更为努力。挪威的研究者发现，在完成简单任务时，获得低报酬的人要比得到高报酬的人表现得更加精力充沛。这可以用认知失调理论的一个变式来解释，就是说，你对一项任务难度的认知将取决于你所获得酬劳数。你会假设报酬付得越多，任务也应该越难。

一个人越是被迫面对信念和行为间的矛盾，越会感到认知失调，因此就越有改变行为的动机。对此，认知失调理论的积极倡导者说：我们大多数人终日做着矫饰行为，因为我们会自我蒙蔽，但如果有人来强迫你面对这种行为，恐怕你就无法对此付之一笑了。

反对者与超越者

费斯汀格早就预料到有些人会企图批判他理论，所以做了很多工作来解释试验的可靠性。但是他毫不留情地将批评斥为"垃圾"，并宣称人们之所以批评他的理论，是因为它提出了"并非理想的"人类图景。

也有心理学家在接受认知失调理论后，对其作了完善工作。心理学家库伯（Cooper）和法西奥（Fazio）对这些改进进行了总结，将认知失调中态度的转化过程分成四个必要步骤。

第一步，这种态度矛盾必须产生人们不愿有的消极影响。第二步，被试必须对这种消极影响负有责任感。第三步，生理唤醒也是认知失调过程中一个必要的组成部分。当被试自由地表现出态度的矛盾时，确实有生理唤醒的体验。不过费斯汀格没有测量这个指标。最后，被试必须意识到，生理唤醒是由态度矛盾引起的。

然而，对认知失调理论的另一种批评却不是轻易就可驳倒的。批评者直指实验本身，认为研究者们几乎总是哄骗人们去做一些平常不会做的事情（比如为赚钱而撒谎），或在他们不认可的情况下要其去做一些劳神费力或荒诞不经的事情，或把他们自己罪恶的一面呈现出来，从而使他们的自尊心受到伤害。

虽然心理学家研究者会向受试者解释实验的真实目的，并解释说合理的欺骗是必需的，而他们的参与使科学受益无穷。并且这种做法也部分地恢复了他们的安宁感。但批评者坚持认为，把别人摆在这样的体验中并且不告诉他们或不征求他们的同意仍然是不道德的。

如果站在伦理学的角度，这些说辞也没什么不妥，何况这些道德问题在认知失调研究中可以说司空见惯，甚至还以更严重的形式出现在社会心理学研究当中。最著名的实验案例是斯坦福大学的社会心理学家菲利普·津巴多（Philip Zimbardo）教授为研究囚犯的社会心理，在1971年所做的"监狱实验"：

21位性格成熟、情绪稳定、遵纪守法的志愿者分别充当看守或犯人，体验了6天的监狱生活。实验表明：正常的、健康的、受过教育的年轻人在"监狱环境"的团体压力下迅速地发生转变是件非常容易的事情。

伦理学家认为该实验实在是与道德不合，甚至搬出了美国最高法院1914年的一个判例，即"任何有正常头脑的成人均有权决定在自己的身上从事什么"。在道德的压力下，"监狱实验"再也没有重复，好在实验的结果已经被所有人接受。

正因为认知失调理论的实验设计往往用欺骗的办法来进行，是一种不道德的行为，因而引起人们的注意，所以逐渐被奥地利心理学家海德的"归因"理论所取代。

费斯汀格的伟大贡献

认知失调理论最伟大的贡献是发现了很不明显的，甚至和我们通常的印象相反的东西，许多行为主义难以解释的，现在被这一理论解释了。例如吸烟者会说：吸烟和癌症的有关证据不完全。考试作弊的人会说：人家都在作弊，我为什么不可以作弊？当自己觉得做了一件看上去很愚蠢或不道德的事后，当人们改变原先的看法时，也会使自己相信其行为是有些道理和公平的。

虽然认知失调理论招来了许多敌对的批评，但是大量的实验证明，这是最坚实和丰富的心理学理论之一。著名社会心理学家艾略特·阿龙森说："我们所做的一切就是坐着不动，并在一个晚上想到十个假设，这类假设在几年前是做梦也梦不到的。"

榜样的力量是无穷的

阿尔伯特·班杜拉　Albert Bandura

1925~

一直以来，心理学家在寻求着一种解释人类行为的"大理论"——这种理论要对人类行为这一复杂的问题提供一个综合的、准确而行之有效的说明。有位伟大的心理学家在这条道路上迈出了最坚实的一步，他就是社会认知理论的创始人——阿尔伯特·班杜拉。

"快乐的天才"班杜拉

班杜拉出生在加拿大一个偏远的小山村里，父母都是农夫，没有受过任何正式教育。虽然他们都很重视孩子的教育，可是那个人烟稀少的小地方只有一所小学和中学合二为一的学校，而整个中学课程只有两名老师，甚至整个学校只有一本中学数学教科书。一次，几个学生嫌家庭作业太多，就合伙偷走了这本数学书。老师只能减少了作业，才使课堂教学得以恢复。

但是，正是这种恶劣的学习环境，使学生发展起了自我学习的内在动机和自我指导的学习能力。班杜拉后来回忆说："学生必须对他们自己的教育负责，我们往往能比那两个劳累不堪的老师更好地把握课程内容。"

中学毕业后，班杜拉加入了一个筑路队去修补公路。筑路队是一个鱼龙混杂的群体，很多人是逃避债务和付不起赡养费的穷困潦倒者，也有人是为了逃避兵役，还有一些是缓刑的犯人。这些人经常喝那种粗制滥造的烈性伏特加酒，酩酊大醉后就打架斗殴。处在这样的群体中，让班杜拉感到非常苦恼，他不明白他们为什么会出现这样荒诞不经、不珍惜生命的行为。很快，他就凭直觉意识到，他们的行为可能与其生活经历有关，于是他对精神病理学的兴趣似乎就是在这寒风凛冽的苔原上开始的。

修路生活结束之后，班杜拉开始了大学学习，打算在生物科学中选择专业。因为住所离学校比较远，所以每天都要提早到校。恰巧在这段时间里有一门介绍心理学的课程，为了不浪费这段时间，班杜拉就随意听听这门课。就这样，班杜拉逐渐迷上了心理学，重新唤起了他在修路时期形成的对精神病理学的兴趣。这次偶然的选择改变了他一生的道路，决定了他终生的职业生涯。

偶然性在班杜拉的生活中有着重要的作用。有一天，他在阅读了一大堆枯燥乏味的资料之后，决定拉上好友去打网球。在球场上，他们遇到了两位漂亮的小姐，于是邀请她们一起组成双打。就这样，班杜拉认识了护理学院的年轻教师瓦恩斯小姐，两人情投意合，最后携手踏上红地毯。

择业和择偶这人生中两件大事的偶然性，给了班杜拉非常深的感触。他对生活中偶然因素的决定作用给予了充分肯定，同时也指出，机遇受社会环境的影响，而且人的因素也影响着机遇的出现和能否抓住机遇。他认为，偶然的机遇并非不可控制，个人的主动性能把人引入那种能塑造人生道路的幸运事件得以发生的环境中。

在学术事业之外，班杜拉也懂得如何享受生活。班杜拉自己动手给孩子做玩具，打制摇篮。他们全家都是旅行爱好者，也喜爱高雅音乐。班杜拉还是一位美食家，在他书架上，心理学的专业书和各种美食手册放在一起。据说，班杜拉在担任美国心理学会主席期间，为了选择年会地点，领着一些心理学家去新奥尔良考察。有人回忆说，他们在新奥尔良的全部的工作就是跟着班杜拉走街串巷，品尝各种风味小吃，以此决定是否在新奥尔良开会。

班杜拉对待同事和学生非常友善，深受人们的爱戴。因为他的乐观幽默和卓越成就，人们称他为"快乐的天才"。

前辈师承

班杜拉在心理学学术上的基础教育是在爱荷华大学完成的。爱荷华大学聚集了许多有名的心理学研究者，如勒温（Kurt Lewin）、斯彭斯（Kenneth Spenee）等人。尤其是斯彭斯，他是新行为主义心理学家赫尔（Clark Hull）的坚定追随者。他重视严格的实验方法，并对赫尔的理论体系进行修正，更加强调行为发生的内部动机。

由于班杜拉的志向是临床心理学，所以他选择了精神病理学家阿瑟·本顿为导师。本顿不仅在学术上对他的学生班杜拉产生了比较大的影响，而且在生活上对他也照顾有加。

当时耶鲁大学在赫尔的领导下成立了"人类关系研究所"，成员包括米勒（Neal Miller）、多拉德（John Dollard）以及后来转投爱荷华大学的西尔斯（Robert Sears）。就在班杜拉对行为主义学习理论不满时，米勒和多拉德给他带来了理论上的启发。他们对模仿的强调和工具性条件作用的概念让班杜拉如醍醐灌顶，让他觉得社会文化传递道德和复杂的技能主要是通过替代经验以及他们的模仿研究所揭示的学习方式。让班杜拉感到美中不足的是，工具性条件作用的概念仍然强调，观察如果不借由外在反应和强化是不可能产生学习的。这样的学习观未能冲破行为主义的理论束缚，依然表明学习行为是机械的，受其结果的控制。

在具体的研究上，班杜拉则受惠于西尔斯。西尔斯在爱荷华大学时研究过儿童的攻击行为与家庭教养之间的关系，他尤其重视对儿童社会行为和认同学习的家庭影响因素的研究。西尔斯的研究为班杜拉的理论创立提供了历史的偶然契机，也为班杜拉的研究提供了经验操作范式。

班杜拉的心理学思想

班杜拉认为，人的行为、认知以及环境三者之间构成动态的交互决定关系，其中任何两个因素之间的双向互动关系的强度和模式，都随行为、个体、环境的不同发生变化。在"三元交互决定"系统中，人一方面是自己命运的主人，另一方面也要受到环境条件的制约。因此，三元交互决定论包含着对人性的一种理解方式。

而传统行为主义的或精神分析理论认为行为要么是环境的产物，要么是个人内部倾向决定的。要真正理解人类行为现象，就必须放弃这种一元决定论的思想模式。

班杜拉认为，传统的学习理论，如"试误说"，根本无法解释人类社会行为的学习。如果人们的行为能力和行为方式的习得都取决于行为的后果，那么社会的文化传递是不可思议的，无法想象一种社会文化如何将其语言、道德规范和其他有效发挥机能所需的各种复杂能力传递给下一代。如果都按照试误的学习方式来进行，那么人们穷其毕生也无法掌握那些基本技能。在现实社会生活中，"试误式"的学习不仅不可能，而且还可能导致生命危险，比如学习汽车驾驶。如果盲目地转方向盘、踩油门，凭借动作的结果来逐渐淘汰错误动作，那会造成交通事故，给人带来致命的灾难。

实际情况是，人们对大多数行为技能的掌握都是在别人指导下进行的。直觉告诉班杜拉，以师徒关系或正规教育为手段而实现的知识和技能在不同个体之间的相互传递过程，是普遍发生于人类生活各领域之中的一种基本的学习方式。因而，"一个完善的学习理论体系不仅应该包括这种学习现象，而且还必须就这种学习现象如何发生的心理机制做出说明"。

可以说，班杜拉社会学习理论中的观察学习，是一种借助榜样的形象和语义符号形式进行加工编码，并在记忆中贮存，以后在一定条件下就可以用来指导将来行动的学习理论。由于这种社会学习理论吸收了社会认知和信息加工的知识技术，因而取得巨大成就，并且突破了行为主义的机械公式，形成了一种心理过程的学习模式。

不可不知的名著

《思想与行为的社会基础》，1986 年

《社会学习理论》是班杜拉系统阐述他的学术思想的理论著作，牢固奠定了他在心理学方面的历史地位。本书是他长期研究成果的延续和发挥，更加强调认知因素，并以"社会认知理论"为副标题。这本书同时也可以看成是班杜拉学术研究的分水岭，此后至今，他一直以"自我效能"概念为核心，全面展开对人类自我现象的理论与应用研究。"三元交互决定论"是全书的基本框架。

实验室的故事

班杜拉设计的"芭比娃娃"实验是心理学史上最著名的实验之一，它阐述了儿童是怎样产生攻击行为的。

班杜拉找来了斯坦福大学附属幼儿园的 36 名男孩和 36 名女孩，他们的年龄在 3–6 岁之间，并把他们分成 8 个实验组和 1 个对照组。班杜拉还让幼儿园的老师对孩子们自身的攻击性做出评定，以免影响试验的准确性。

首先，把一名儿童带入一间活动室。在路上，假装意外地遇到成人"榜样"，并邀请他过来"参加游戏"。儿童坐在房间的一角，面前的桌子上有很多有趣的东西。随后"榜样"被带到另一角落的桌子前，桌子上有儿童拼图玩具，一根木槌和一个 1.5 米高的充气芭比娃娃。研究者向儿童解释说这些玩具是给成人玩

的，然后便离开房间。"榜样"先装配拼图，1分钟后，开始用暴力击打芭比娃娃，并且说一些攻击性的语言，比如"打他的鼻子！"10分钟的游戏以后，儿童被带到另一个有很多玩具的房间，让他们在这里玩儿一会儿。最后儿童被带进最后的实验房间内，里面的玩具分为攻击性（芭比娃娃、木槌和掷镖枪等等）和非攻击性（茶具、蜡笔或者塑料动物之类）。研究者让儿童在这个房间里玩20分钟，而自己躲在暗处进行观察。

而另一组儿童接触到的"榜样"只在孩子面前装配拼图，而没有暴力行为。班杜拉还把孩子们按照男女分组，每组分出一半接触同性"榜样"，另一半接触异性"榜样"。

研究的结果证实了班杜拉在实验前提出的四种假设中的三种：

第一，观察到攻击行为的儿童不论"榜样"是否在场，都会模仿做出类似的攻击行为。而且这种行为明显不同于观察到非攻击行为或根本没有"榜样"的儿童。

第二，儿童模仿同性"榜样"的行为远远超过模仿异性"榜样"的行为。

第三，男孩比女孩更倾向于模仿攻击行为，尤其是让儿童接触男性"榜样"时差异更明显。

唯一没有得到实验支持的假设是：接触非攻击性"榜样"能抑制攻击行为。也就是说，如果儿童的攻击性上升，是很难再下降的。

班杜拉认为，这个实验已经证明暴力行为（也可以泛化为任何特定行为）是怎样通过观察和模仿而习得。班杜拉的结论是：

成人的行为向儿童传递了一个信息，即某种形式的暴力行为是允许的，这样便削弱了儿童对攻击行为的抑制。班杜拉指出，当儿童遇到挫折时，他们可能更容易表现出攻击行为。至于为什么攻击性的男性榜样对男孩的影响明显大于女性榜样对女孩的影响，班杜拉解释说，在世界大部分国家的文化中，攻击行为被看成是典型的男性行为，而不是女性行为。换句话说，它是一种男性化的行为。所以，攻击性的男性"榜样"带有更大的社会认可度，也因此可能对观察者的影响更大。

电视开始在家庭中普及之后，班杜拉和同事又进行了一项后续研究。他们使用了类似于"芭比娃娃"的实验方法，发现真人"榜样"的影响力最大，电影"榜样"其次，卡通片中的"榜样"名列第三。但不管怎么说，三种形式的攻击性"榜样"对儿童的影响都非常大。

班杜拉在后来的研究中发现，在特定的条件下榜样的暴力影响可以被改变：当儿童看到暴力行为受奖励时，他们会更多地模仿暴力行为；当榜样的暴力行为受惩罚时，他们会明显减少对攻击行为的模仿。

后世传人

班杜拉绝对不是学术上的"独行侠"。自从他开始注意到儿童的攻击性有其家庭背景因素的影响时，就与他指导的第一个博士生沃尔特斯（Richard Walters）共同研究儿童攻击行为的社会学习过程，并合作出版了《青少年的攻击》一书。

班杜拉认为他的学生和同事对他的研究贡献颇多，很多研究都是与他们合作进行的，因而，这些学生和同事经常列名出现在他的论文和著作中。他对学生和同事的研究工作也非常支持，在他们的著作中经常可以看到班杜拉写的章节。不过，也许是班杜拉的成就太高了，所以还没有哪个学生能超过老师的学术高度。

反对者与超越者

对班杜拉的"芭比娃娃"实验，有些研究者提出了批评的意见，其中最主要的一条是：对充气娃娃的攻击行为，其性质不同于对人的攻击，更重要的是，孩子们完全懂得这一点。也就是说，对充气"芭比娃娃"大打出手，并不能说明儿童的攻击性比较强。他们会认为，充气娃娃就是用来"打"着玩儿的，就像拼图玩具是用来"拼"着玩儿的一样。

在班杜拉研究的基础上，其他研究者检验了"榜样"的暴力行为对真正攻击行为（对人而不是对充气娃娃）的影响。在一项研究中，研究者使用了班杜拉的"芭比娃娃"实验方法，先让孩子们观察成人"榜样"的暴力行为，然后使他们产生很大的挫折感。这时，孩子们通常会对真人（在实验中他穿得像个小丑）产生暴力行为，不论这个人是否是引起挫折感的真正原因。

班杜拉的伟大贡献

班杜拉的研究对心理学至少有两方面的基本贡献。

首先，社会学习理论认为，构成人格的许多行为都是通过模仿形成的，而他在很大程度上说明了儿童的行为是怎样通过简单地模仿成人而习得的。

第二，班杜拉的研究为其后数以百计的关于人或媒体暴力对儿童影响的研究奠定了基础。现在的教育者都明白一个道理：学生在学习了解决冲突和调停同龄人矛盾的策略后，每当冲突发生时，他们都会用非暴力和建设性的方法解决问题。而且，由于其他学生开始模仿受过培训的学生的行为，发生激烈冲突的情况就会更少，需要老师出面干预的矛盾也明显减少。

除了具体的研究成果，班杜拉在心理学史上还有承前启后的标志性意义。当时，行为主义的学习理论面临着严重挑战时，而认知心理学的兴起使行为主义进一步陷入危机之中。

认知心理学恢复了很早就被行为主义心理学所摒弃的意识研究，而对内部意识的忽视正是行为主义学习理论的最大问题之所在。这时，吸收认知革命的成果，突破行为主义的窠臼，重视学习行为的内部意识作用，整合行为主义的学习理论，创建一种新的综合理论，以解释人类复杂的社会学习行为、预测和控制行为的时机就到来。按照历史哲学的理论，必将会有一位杰出人物出现。非常偶然的，他就是阿尔伯特·班杜拉。

知行合一的开拓者

劳伦斯·科尔伯格　Lawrence Kohlberg
1927~1987

一个研究道德问题的人，在道德上同样令人无可挑剔。他不仅单枪匹马地将道德发展问题确立为发展心理学的中心议题，而且也是知行合一的完人。他是谦谦君子般的心理学家劳伦斯·科尔伯格。

道德高尚的科尔伯格

科尔伯格的父亲是一位富商，母亲是当时少见的知识女性。在科尔伯格身上，充分体现了其父母的优秀品质。上中学时，科尔伯格的聪明才智已经令人注目，学校甚至破例拿出公款为他聘请私人教师。他以优秀的成绩从中学毕业以后，没有升入名牌大学，而是接受父亲的建议加入商船队，在欧洲待了两年。

当时正是第二次世界大战结束不久，科尔伯格目睹了纳粹分子在欧洲大肆残杀犹太人的事实。他从法西斯的大屠杀中看到了人类行为的不公正和不道德。因此，他做出了一个影响他的一生的决定：到一艘叫"帕多卡"号的旧军舰上做副机械师，从欧洲偷运犹太难民，通过英国封锁线到巴勒斯坦。这次经历让科尔伯格对一个问题产生了终生的兴趣：在什么时候，一个人不服从法律和法定权威时，在道德上是有理的。伴随这个问题而来的，是终身不愈的疾病。在一次偷渡的过程中，他被抓住，关在一个军营里，患了寄生性肠胃感染。获得释放后，他在巴勒斯坦的一个集体农庄生活了一段时间，最后安全返回美国。

早年的这段经历，使科尔伯格终生保持中东地区的浓厚兴趣。为了验证他的道德认知发展阶段理论，他曾在以色列和土耳其做了多年的跨文化追踪研究。1969年，科尔伯格访问了以色列的集体农庄，后来他提出的道德教育的"公正团体策略"，就吸收了以色列农庄中的许多管理原则和方法。

在体验了一种公正团体的生活以后，科尔伯格选择了返回学校学习。带着对道德问题的困惑，他认为需要进行严肃性和验证性的伦理学反思。所以在大学期间，科尔伯格特别重视研读西方传统的经典道德哲学著作，从而使他抓住了他所思考的道德问题。

研究生毕业后，科尔伯格在精神病医院做2年实习医生，并且经历了一件令人不快的事情。一位妄想症患者曾经抱怨医生想"迫害"她。主治医生听到她的抱怨，便对她进行痛苦的电击治疗。科尔伯格认为这样对待病人是不公平的，但主治医生毫不理会。这件事使科尔伯格感到非常失望，毅然决定离开精神病医院。

大约在1972年，科尔伯格在中美洲进行跨文化研究时，因为饮用了未经消毒的水，不幸又感染上了肠道寄生虫疾病。染病后又疏于检查治疗，成了不治之症。此后，他不得不接受长期的药物治疗，而这种治疗严重损害了他的健康，使他经常头晕目眩，恶心呕吐，连续发烧，失去判断力甚至偶然出现幻觉。有时他一连几天卧床不起，尽管极力想恢复先前的状态，但总是遭受着疼痛、无能和抑郁的痛苦。在生命的最后十多年，他在顽强地与病魔作斗争的同时，继续保持着旺盛的创造力。

但是，快 60 岁的科尔伯格终于被长期的病痛压垮，感到极度的抑郁。他曾经与密友谈过自杀的道德两难问题，他说：如果一个人对他人负有很大的责任，他就应该坚持下去，但是与病魔的斗争又实在太痛苦了。1987 年 1 月 17 日，有人在波士顿港的潮水里发现他的汽车。3 个月后，他的尸体被冲上海滩。

前辈师承

在芝加哥大学读研究生期间，科尔伯格有幸跟随一批顶尖的心理学家学习研究。他跟移居美国的奥地利著名的精神分析学家毕特海默（Bruno Bettelheim）、人本主义心理学家罗杰斯（Carl Rogers）等人学习临床心理学理论和方法，跟格维尔茨学习行为主义、社会学习理论和实验儿童研究，跟考奇（Helen Koch）学习发展心理学，向纽加顿（Bernice Neugarten）和哈维格斯特（Bob Havighurst）学习成人发展理论。除此以外，科尔伯格还聆听了著名哲学家莫里斯（Charles William Morris）讲授米德（George Herbert Mead）的符号互动论，选修社会学家弗特（Nelson Foote）和斯特劳斯（Anselm Strauss）的社会学理论和方法课程，也听过从维也纳来的著名逻辑实证主义哲学家卡尔纳普（Rudolph Carnap）讲授的科学哲学课程。

那时，在实验研究领域占统治地位的是行为主义，在临床治疗领域占统治地位的是精神分析学。科尔伯格通过学习，熟悉了当时处于主流的心理学理论，打下了良好的学术基础。

与此同时，科尔伯格还广泛涉猎了心理研究者对认知、社会和人格发展研究的著作，尤其是皮亚杰、鲍德温等人的著作。当时这些著作不为大多数心理学家所重视，在大学课程中也极少涉及。可正是通过这些著作，科尔伯格发现主流心理学忽视了对道德发展问题的研究。所以科尔伯格研究道德发展问题时，并不是从当时的主流心理学出发，而是以认知发展学说作为理论基础。

由此看来，虽然科尔伯格不是皮亚杰的私淑弟子，但是继承了他的衣钵。

科尔伯格的心理学思想

科尔伯格认为，道德推理存在三个层次的发展时期，每一时期又分成两个阶段，一共有六个阶段。

第一时期在4~10岁，称为"前道德水平"。其中第一阶段是"惩罚定向"，也就是行为由可能受到的惩罚来评价，无所谓好坏，强调对权力的服从。第二阶段是"寻求快乐定向"，行为是否正确由一个人自身的需要决定，对他人的关心出于互利的目的，而不是出于忠诚、感激或公正。

第二时期在10~13岁，是"道德水平"。第三阶段称为"好孩子定向"，好的行为是使当时群体中的其他人感到愉快的行为，或者是能受到表扬的行为，强调"好的表现"。第四阶段是"权威定向"，强调遵守法律，执行命令，服从权威，履行职责以及符合社会规范。

13岁以后进入"后道德水平"。第五阶段是"社会契约定向"，对法律和规范的支持是基于理性的分析和相互的协定。规范被认为是可以质疑的，是为了群体的利益和民主的意义而存在的。最后的第六阶段是"个体原则的道德定向"，以自己选择的伦理准则指导行为，这些准则有着综合性、全面性和普遍性，公正、尊严和平等被赋予最高的价值。

这就是著名的"六阶段道德发展"理论。科尔伯格认为，并不是每一个人都会经历所有这些发展时期，事实上，有些人直到成年也没有超越寻求认可或顺从权威的阶段，只有极少数人能够完全达到第六阶段。

科尔伯格的研究不断被许多学科领域的研究所引用。尤其是在犯罪学和司法审判领域，有相当一部分研究使用了科尔伯格的理论模型。一项令人深思的研究发现，强奸犯、儿童性骚扰者、乱伦者等罪犯实际上拥有理解道德问题的能力，但鉴于他们的人格偏离，他们无视人与人之间的道德规范。另一项研究考察了成年旁观者如何影响儿童和青少年对做坏事者的情绪判断，结果发现，2~7岁的儿童的道德判断受成年旁观者对错误行为的反应的影响相当大，而10岁以上的儿童和青少年被试则根据行为自身的道德标准进行判断而不受他人反应的影响。这些发现支持了道德判断是不断发展的观点，从而确立了道德发展作为发展心理学的中心议题的地位。

不可不知的名著

《道德发展的心理学》，1984 年

柯尔伯格沿着皮亚杰的研究路线，对个体的道德认知发展进行了大规模的追踪研究和跨文化研究，先后长达 30 多年，取得了丰硕的成果。他多年来完成的研究报告、论文近 200 种，他生前精选出其中最能代表其思想的文章，编成 3 卷《道德发展文集》。《道德发展的心理学》是《道德发展文集》的第 2 卷，其副标题是"道德阶段的本质与证实"。入选的文章代表柯尔伯格在不同时期所进行的理论探讨和实证研究。该书被认为是道德认知发展领域中的最丰富和最深刻的著作。

1976 年，柯尔伯格和同事完成了标准问题评分法的初步修正，随后又经过进一步完善，在他逝世的 1987 年出版了这本书的最后修订版本，即《道德判断的测量》。

科尔伯格两难问题

虽然科尔伯格推崇皮亚杰的学说，但他认为，道德发展的理论基础，应是客观方法所得来的数据，而不是皮亚杰的自然主义观察。为此，他创立出一套等级评定系统。这套测验由九个关于道德的两难问题构成，每次研究者向受试者提出一个。每个问题之后是一次面谈，谈话内容涉及大量的道德问题。

最著名的科尔伯格的两难问题是"海因茨两难选择"：

一位妇女因某种特别的病症而濒临死亡，有位药剂师发明的

新药有可能救活她。但药剂师是个奸商，成本只需要 200 元的药售价是 2000 元。那位妇女的丈夫海因茨只能借到 1000 元，但药师就是不肯减价。为救妻子的性命，海因茨想翻墙入室，把药偷盗出来。

讲完这个故事，研究者会问受试者 21 个问题，例如：海因茨这样做应该吗？为什么应该，为什么不应该？他有职责或义务偷药吗？如果他不爱妻子，会为妻子偷药吗？如果将要死去的是陌生人，情形又会怎样？海因茨会为陌生人偷药吗？偷东西是犯法的；但这样做违反道德吗？等等。

还有一个"弟弟难题"也是经常被引用的：

约翰的爸爸许诺说，如果约翰挣够了 50 美元便可以拿这笔钱去野营。但后来他又改变了主意，让约翰把所挣得的 50 美元都交给他。约翰撒谎说只挣到了 10 美元，他把 10 美元交给了爸爸，拿另外的 40 美元去野营。临走之前，约翰真相告诉了他的弟弟阿里克斯。阿里克斯应该把事情的真相告诉他的爸爸吗？

科尔伯格在芝加哥地区找到了有代表性的 72 名 10~16 岁男孩子，他每隔 2~5 年对他们做一次测试，一直持续了 30 年。测试结果使科尔伯格相信，道德发展可以分为不同的阶段。而随着受试者的年龄增长，科尔伯格惊奇地发现，他们在道德感的进展正好符合他的预料。

后世传人

在芝加哥大学，科尔伯格的课程吸引了一大批学生。尽管他对这门只有 3 个学分的课程要求极高，使得学生们学得异常辛苦，但他们却觉得收获很大。用科尔伯格的弟子吉姆·莱斯特（Jim Rest）的话来说，"学完了科尔伯格的入门课程，似乎就迈开了你终生从事儿童心理学研究的第一步"。莱斯特科尔伯格在芝加哥大学培养的一批学生中，有不少成了知名的心理学家，如布拉特（Mashe Blatt）、克雷默（Dick Kramer）和克雷布斯（Dick Krebs）等人。

无处不在的反对者

科尔伯格的"六阶段道德发展"理论遭到了来自各方面的批评。

最常见的一种批评认为，即便科尔伯格关于道德判断的观点是正确的，也并不意味着这些判断能被运用于道德行为。换句话说，一个人口头上所说的有可能并不反映在他的真实行动之中。这个批评显然有道理，但科尔伯格承认他的理论只适用于道德判断。情境力量或许有时会改变道德行为的事实，所以这并不能否认科尔伯格所描述的道德判断的发展进程。

另一种批评针对的是科尔伯格理论的普遍适用性。有些心理学家认为，科尔伯格的理论所提出的道德解释只适用于西方的"个人主义"社会，而不适用于占世界人口大多数的非西方文化。为了捍卫科尔伯格的道德发展阶段具有普遍性的观点，有人在 27 种不同的文化背景中所做的 45 项研究。在每项研究中，研究者都发现了他们的被试以相同顺序通过各阶段的现象，没有颠倒的现象出现。不过也有特殊的情况发生，在儒家文化（中国台湾）、非洲文化（巴布亚新几内亚）和犹太文化（以色列）中，某些道德判断是建立在全社会利益的基础之上的，无法纳入到"科尔伯格六阶段"中的任何一个中去。

第三方面的批评认为，科尔伯格的道德发展阶段论或许不能同等地适用于男性和女性。有的研究者认为女性和男性思考道德问题时所用的方式并不完全相同，并且在研究中发现，做出道德决策的过程中，与男性相比，女性更多地谈论人际关系、对他人的责任、避免伤害别人以及人们之间保持联系的重要性，而男性更多的是基于正义而做出判断的。两者分别接近于科尔伯格所提出的低级与高级发展阶段。虽然这些道德取向并没有优劣之分，但根据科尔伯格的理论，女性看起来比男性处于更低的道德水平。也就是说，男心理学家科尔伯格的理论存在一种并非故意的性别偏见。而对此提出质疑的代表人物恰好是女心理学家、科尔伯格在哈佛的助手卡罗尔·吉利根。

对于这些批评，科尔伯格表现出了极度的宽容。如果他不认可这些批评，就会用新获得的资料和理由进行反驳。还有些批评他认为言之有理，就会据此修改自己的理论。从这里，我们也能看出科尔伯格的高尚道德情操。

科尔伯格的伟大贡献

科尔伯格是道德认知发展理论的开拓者。他沿着皮亚杰研究儿童道德判断的路线，构建了关于道德发展的哲学、道德发展的心理学以及道德教育的实践策略的庞大理论体系，并对道德教育产生了深刻的影响，开创了影响深远的"认知发展教育运动"。很多国家把科尔伯格的道德认知发展理论作为制定、设计学校道德教育计划的依据，应用其实践策略，编写各级道德教育教材和指导手册。

世界道德教育界最权威的学术刊物《道德教育杂志》致科尔伯格的悼词给了他最高的评价："他对道德发展和学校道德教育实践所做出的贡献是无与伦比的，在他数十年所致力的这些领域中，他超过了他同时代的所有人。"

局限：历史的遗憾

科尔伯格在长达20年的研究历程中，完成了"心理学理论－教育实践－哲学反思"的两次循环。这两次循环不是简单地重复，而是不断地发展和深化。他在长期实验研究的基础上，构建了庞大的道德认知发展理论体系，形成了以他为首的著名道德认知发展学派，从而使他的学术事业达到了顶峰。

但是，一个人的力量毕竟是有限的。他曾经希望通过对两难境地的讨论而将囚犯的道德思想提高到第四个阶段，也试图用同样的办法解救问题少年。这些工作虽然取得了良好的效果，但是都没能推广开来。最后，他不得不放弃了这两个梦想。

心理学在中国

长久以来，心理学似乎是西方人的专利。且不说现代科学心理学的发源地在西方，就在很多西方人把心理医生当作自己最亲密的朋友的时候，很多中国人可能还没有听说过"心理学"这个名词。

然而，作为科学的心理学，仍然在这片土地上成长着。

先贤的探索

中国古代学者在探讨心理现象时，首先涉及的是人性问题。中国古代心理学思想始终围绕人性这个中心，作为中国思想史上之开篇的先秦时期，在心理学范畴上同样具有奠基性与原发性。

先秦时期人性论的主要是儒家学派的人性观点，主要包括孟子的性善端说，荀子的性伪说，告子的无善无不善说，世硕的有善有不善说，漆雕开等人的可以为善可以为不善说。其中论述最为完备具体，并且与心理发生发展关系最为密切的当属孟子的性善端说和荀子的性伪说。

先秦时期的普通心理学思想涵盖了知虑、志意、情欲、智能、释梦等五大范畴。同时，在教育、文艺、医学、运动和军事领域，也有心理学的创见。

到汉唐时，多种思想和文化样式交汇、渗透、融合，人们从多个角度多种层面对心理现象的审视形成了丰富复杂的心理学思想大观，在现代心理学所划分的大多数研究领域，都有相当多的论述，许多论述也具有相当的科学性，对现代心理学的理论研究和现代人们的精神生活仍然具有相当程度的指导意义。有许多的思想成果，如佛教和道教的某些认识，甚至现代心理学还不具备对它进行科学验证的能力，但它对于现代心理学研究的启发意义却是相当明显的，如人本主义心理学及超个人心理学流派就曾受惠于此。

宋代以后，心理学思想朝着科学化、精细化的方向迈出了坚实的一步。首先是王清任以解剖生理知识为依据，正式提出了"脑髓说"，结束了"主心说"的统治地位。

关于心理的器官，在中国古代长期存在脏器说与脑髓说的争论。自孟子提出"心之官则思"之后，中国古代学者多将"心"看作是人的思虑器官。这种观点称为"主心说"，一直占据主导地位。

宋元至明清时期，中医在继承《黄帝内经》重视脑的探讨的基础上，开始对脑的功能投入较多的关注。明末清初的科学家方以智所著《物理小识》一书，对脑与心理的关系作了较系统的探讨，论述了脑的生理结构和功能，认为脑是心理的器官，对人的感知觉具有支配功能。

到清代的王清任正式提出了"脑髓说"，确认人脑是人的心理的器官，从而为中国古代唯物主义心理学思想提供了自然科学的论据。王清任明确否定了"心"有"贮记性，生灵机"的机能，提出"灵机记性在脑"的主张。他论述了脑的生理构成成分和生理解剖结构，认为脑对感觉器官具有支配作用，脑的发展状况与人的智力发展水平有一定的关系。他还通过对中风病人半身不遂和口眼歪斜症状的细致观察，提出了关于大脑左右两半球具有对称交叉功能的假设，并且认为做梦与脑的活动有关。

在欧洲，古代学者关于心理的器官问题也存在着是"心"还是"脑"的争论。19世纪之前，受科技发展水平的限制，"主心说"一直处于主导地位，"脑髓说"则处于从属位置，"还没有一种有力的运动，将脑视为心灵的器官"。由此可见，王清任提出"脑髓说"的主张，也是世界脑科学和心理学发展史上光辉的一页。

宋代的朱熹还提出了"性静情动"说，把心理过程视为动态过程，而情感则是这一过程的波动状态。他以水的动静作喻，认为性是水之静，情是水之流。这种观点尽管没有真正揭示出情绪的实质，但它毕竟让人从一个新的视角考察了情绪情感过程与其他心理过程的差别，以比喻的形式从一个侧面反映了情感会引起人的生理变化并有其外部表现的思想。而在西方，虽然心理学家将心理学当作"意识的科学"研究，但是直到詹姆斯才说明它"像大江的水，昼夜不停地流动"。后来通过坎农（Cannon）的实验验证，最后华生和武德沃斯（Woodworth）才把它叙述清楚。

但是，缺乏必要的科学体系，使得中国古代的心理学研究只能放射出几点星光，而不能汇集成灿烂的银河。中国古代心理学思想获得一定发展，但仍未跳出哲学心理学的框架，科学意义上的心理学还是从西方传入的。

西学东渐

西方的心理学思想是随着传教士来到中国的。

那些智慧的心理学家

意大利人利玛窦（Matteo Ricci）是耶稣会在中国传教的第一人。他曾经应江西巡抚的邀请，教他的子女学习记忆方法。为此，利玛窦撰写了《西国记法》一书，论述人的记忆功能，介绍增强记忆的方法。这可说是西方心理学思想传入中国的开端，并且是将西方心理学与中国心理学思想结合的第一部著作。

1623年，意大利传教士艾儒略（Julio Aleni，1582--1649）用中文写成《性学粗述》。这是一本问答体的心理学综合读物。虽然《性学粗述》完全出自西方中世纪神学与封建主义经院哲学体系，具有浓厚的宗教色彩。不过其中也含有一些心理学思想，如关于知觉的看法，对感官的认识，对梦和情的认识等等。

1847年，容闳、黄胜、黄宽三人在美国传教士布朗的帮助下，进入美国马萨诸塞州芒松学校读书。他们在学校学习了心理学课程，成为中国最早学习心理学课程的人。同时，借不平等条约之便，西方传教士在中国开设了不少教会学校，其中也有心理学课程。

也有不少有识之士致力于翻译西方心理学著作。其中最有名的是王国维先生。他于1907年从英文版翻译了丹麦心理学家海甫定原著的《心理学概论》。这是我国从西方心理学直接译过来的第一部科学心理学著作。

在中国心理学发展史上，日本起了沟通中西的桥梁的作用。"心理学"一词也是来自日本，创译者是日本近代著名哲学家西周。但是日本的心理学一词采用汉字，是在中国传统文化的影响下形成的。

1917年，陈大齐教授在校长蔡元培的支持下，在北京大学哲学系创办全国第一个心理学实验室。此年，陈大齐又出版了我国第一本自编大学心理学教材——《心理学大纲》。1920年南京高等师范学校建立了中国第一个心理学系。陈鹤琴和廖世承在此开设测验课程并以心理测验试验学生。1921年，在南京成立了中华心理学会，中国的心理学研究者首次有了自己专门的学会组织。1922年，中国又有了第一本心理学学术刊物。到了1929年，蔡元培倡导创建了我国第一个心理研究所。中国的实验心理学研究开始蒸蒸日上。

心理学的中国特色

在中国心理学家向西方学习的同时，有"中国特色"的心理学也开始渐渐萌芽。

有"中国特色"的心理学首先是坚定的以辩证唯物主义为指导，但是更主要的是"将中国人当中国人"，坚持本土的心理学研究。

本土心理学是一种根植于中国人的社会、文化、历史及学术传统中的心理学，而不是一种建构在欧美的社会、文化、历史及学术传统中的心理学。在研究过程中，既要批判的继承西方心理学的概念、理论或方法，也要重视对中国古代心理学思想的研究。

本土心理学研究在选择研究课题方面，多着眼于中国人特有的心理与行为现象，如孝道、关系、缘分、面子、人情，取得了不少重要的成果。

心理学的未来

现代心理学自诞生之日起，众多理论和流派相继产生，各种理论和流派之间始终存在着对立和冲突。由于自身存在的难以超越的问题和缺陷，始终没有一种理论可以一统天下。所以，心理学从来没有停止对自身的检讨、反省和探索。

后现代心理学

后现代心理学亦称后现代主义心理学，是对科学主义心理学进行了彻底的解构，然后力图以后现代主义视野重新审视并重构心理学。一般认为，以美国著名社会心理学家格根（Kenneth Gergen）1988 年在国际心理学大会上所做的"走向后现代的心理学"专题报告为标志，心理学出现了后现代主义转向。

后现代心理学的产生与后现代思潮和后现代主义哲学密切关联。后现代思潮是对后现代主义时期的政治、经济、历史文化、艺术风格等方面的认识和分析，是近 20 年来各种哲学思潮、艺术观点、建筑风格、社会心态的汇集。

由于后现代思潮是各种很不相同甚至相互矛盾的观念、思想、见解、方法等的集成，远未形成一个系统、统一的思想体系，加之不同的学者对后现代思潮的理解也各不相同，因而"有多少个后现代主义者，就可能有多少种后现代主义的形式"。

后现代心理学认为，在现代心理学中居于统治地位的科学主义心理学由于过度强调研究对象的可观察性，笃信客观普适性真理，坚持以方法论为中心，采取价值中立的立场，固守人为机器的模型，从而使心理学陷入原子论、还原论、客观论、决定论和实证中心论的泥潭，偏离了学科应有的意义和价值

作为一种新的研究取向，后现代心理学引起了广泛的注意。许多学者接受后现代心理学的观点，从社会关系中人际互动角度看待心理现象，站在后现代心理学主义的立场上对认知、情绪、记忆、自我、人格等心理学概念重新进行分析，出版了大量研究成果，其影响有日渐增加的趋势。

后现代心理学对西方心理学最大的冲击是它给心理现象的定位。后现代心理学认为根本就不存在一个脱离话语而独立存在的"心理实体"，心理现象是人与社会的互动中形成的话语建构物。在后现代心理学的视野中，所谓情绪、动机、人格等概念和范畴失去了本体论的基础，而是特定社会历史条件下的社会的建构和话语的产物。心理学研究不再是有关心理本质的事实和规律的探讨，而是对特定文化历史条件下的话语进行分析，找出特定心理形式产生的社会原因，并进行历史的、跨文化的分析。如果这种观点得以成立，则意味着传统心理学的一切研究成果都要推倒重来，心理学将走上一条不同以往的全新道路。这样一种观点对心理学家的冲击力是显而易见的。

无论后现代心理学的观点能否为心理学家接受，其对克服传统心理学的机械主义还原论倾向和个体主义倾向是有着积极意义

的。后现代心理学强调心理、知识的产生是一个能动的过程：知识是"建构"的，而不是"反映"的。建构并非是纯粹的个人建构，而是社会生活中的人际互动造成的。这种观点启示我们从更广泛的角度认识主体的认知过程在知识获得中的作用：通过建构的过程，主体不仅反映知识，也"建构"或"创造"知识。这种观点促使我们更为深入地认识主体自身因素对知识的影响，对于克服机械反映论的观点有着明显积极的作用。

但是，后现代心理学也由于其观点的激进而面临着众多的批评。批评者们指出，认识过程的自主性和能动性以及社会文化对知识的影响是应该考虑的因素，但是如果因此而否认心理学知识的客观性，则会陷入虚无主义和怀疑论的泥潭。心理学的知识必然受到文化历史条件的影响，但如果心理学家放弃追求对心理现象的"真理性"的认识这个目标，心理学则会成为一种语言游戏，将损害科学心理学的合理性和合法性。有些批评者指出，如果按照后现代心理学的观点，后现代心理学的理论本身也仅仅是一种建构的产物，没有任何真理性可言，那么后现代心理学的观点又怎么能令人信服呢？由于面临这些众多的批评，后现代心理学本身也在对自身的理论做出修改。

进化心理学

以 1989 年《进化与人类行为杂志》的出版为标志，进化心理学宣告诞生。其创始人主要有巴斯（David Buss）、科斯梅德斯（Leda Cosmides）和图比（John Tooby）等人。

进化心理学试图运用进化的观点来解释人心理的起源、本质以及心理与行为活动的现象和规律。它立足于对西方主流心理学存在的问题和缺陷的反思，并积极汲取生物、神经科学研究的研究成果，从适应和自然选择的角度探索人的心理与行为，对心理学的许多研究领域产生了很大的影响。

进化心理学同后现代心理学一样，其产生都基于一个共同的背景，即现代西方心理学自身存在的某些无法克服的缺陷和问题。但不同的是，进化心理学的产生也有其深刻的生物、基因与神经科学的背景。

众所周知，20世纪的心理学在一片争吵声中度过，核心表现为两种文化或价值观的分裂与对立。

进化心理学者认为，心理学之所以处于这种各自为政、分崩离析的状态，根本原因是由于缺乏一种能够包括、整合、统一或联结心理学家们的思想、方法和实践的元理论。他们主张，心理的进化观可以包容和提升心理学各种相互冲突的理论和观点，因而可能是心理学走向整合或统一的元理论。

当然，既然该研究取向被冠之以"进化心理学"，说明其与达尔文的进化论存在深刻渊源。尽管进化论主要是阐释物种起源的一种学说，强调物种的产生和发展源于进化，是突变、适应和自然选择的结果，但进化论同时也暗示人类心理机能的环境适应性本质，强调性选择对于动物乃至人类进化的重要性，并以情绪为例阐明人类心理的适应与进化实质。进化论的这些观点或假设对进化心理学的产生具有直接推动作用。从某种意义上说，进化心理学就是达尔文及其现代追随者所倡导的进化论在当代心理学研究中的运用和发展。

进化心理学反对主流心理学有关心理机制的假定，即心理机制不是某种通用的、具有普遍意义的运作机制，而是由大量的特殊但功能上整合设计的处理有机体面临的某种适应问题的机制——"达尔文模块"——构成的"瑞士军刀"结构。

进化心理学家认为，人类的认知构架类似于成百上千个功能上专门的计算机（模块）的联盟，被设计来解决对我们的祖先来说是特有的适应问题。每一个这样的装置都有自己的程序，并对这个世界的不同部分施加自己特有的组织。存在着为语法归纳、面孔识别、船位推算、解释物体以及从面部来识别情绪的特化系统。存在着探测生命体、眼睛注视方向和欺骗的机制。每一个领域特殊的"达尔文模块"致力于解决在我们祖先得以进化的环境中的信息处理问题。

他们形象地把各种心理模块间的关系比喻为"瑞士军刀"，即人的心理也是由一些认知工具（模块）装配而成的，每种心理模块都有特定的功能。当然，特定范围的心理机制的存在并不排除性质上更一般意义的机制存在。不过，高层次执行机制本身也是特定范围的，它们的特定功能是去命令、安排或监视其他心理机制的操作。

但是，作为一种新的研究取向，进化心理学自身存在许多问题和缺陷，因而遭遇到的批评和指责甚多。进化心理学的一个基本预设是心理机制是古人类对于压力的适应与选择。但批评者则认为，对生物体目前的生存与繁衍发挥特定功能作用的机制并不都是自然选择的结果。这些机制既包括先前通过自然选择才行使某种功能而现在却行使了新的功能的那些机制，也包括那些原本只是进化的副产品但现在具有了某种功能的机制。如鸟的羽毛最初是由于其保暖的功能而在进化过程中通过自然选择而被确定下来，但后来这些羽毛却具有了帮助鸟类飞行的功能。

随着生物科学、生命科学的进展，作为一个具有较强开放性的研究取向，进化心理学在整合心理学与生命科学，乃至推动心理学各分支的发展等方面都将产生更为积极的影响。

积极心理学

积极心理学利用心理学目前已比较完善和有效的实验方法与测量手段，来研究人类的力量和美德等积极方面的一种心理学思潮。积极心理学是相对于现代西方主流心理学倡导的"消极心理学"而言的，是对现代主义心理学的反动。积极心理学的创始人是美国当代著名心理学家赛里格曼（Martin Seligman）。

自心理学从哲学中独立以来，消极心理学一直统辖着心理学研究的主要领域，而积极理念、积极情绪、积极人性观等方面的研究始终受到心理学界的排斥和冷落。统计结果表明，自 1887 年至 2000 年，有关消极情绪（如焦虑、抑郁）的研究论文是有关积极情绪（快乐、幸福）论文的 14 倍。

赛里格曼认为，心理学自从取得独立地位以后就面临有三项主要使命：治疗人的精神或心理疾病、帮助普通人生活得更充实幸福、发现并培养具有非凡才能的人，这三项使命在第二次世界大战以前均得到了心理学工作者的同等程度的关注。而二战以后，心理学把自己的研究重心放在了心理问题的研究上，如心理障碍、婚姻危机、毒品滥用和性犯罪等问题，心理学正在变成为一门类似于病理学性质的学科。心理学研究重心的这种转移实际上背离了心理学存在的本意，因为它导致了"很多心理学家几乎不知道正常人怎么样在良好的条件下能获得自己应有的幸福"。

积极心理学主张心理学要以人固有的、实际的、潜在的、具有建设性的力量、美德和善端为出发点，提倡用一种积极的心态来对人的许多心理现象做出新的解读，从而激发人自身内在的积极力量和优秀品质，并利用这些积极力量和优秀品质来帮助普通人或具有一定天赋的人最大限度地挖掘自己的潜力并获得良好的生活。

基于这种积极的价值观取向，积极心理学家们致力于对常人的积极情绪与体验、积极认知过程、积极的人格特质、创造力与人才培养等问题的研究。积极心理学也不回避对人的精神疾病和心理健康的研究，相反还将之作为心理学研究的核心使命之一。但与传统心理学对该领域见解不同的是，积极心理学强调从正面而不是从负面来界定与研究心理健康。他们更关注积极心理品质的培养，而不是消极心理疾病的矫正，认为心理疾病本身尽管不能为人增添力量或优秀品质，但问题的出现却为人提供了一个展现自己优秀品质和潜在能力的机会，人的积极心理的发展过程同时也是应对和消解心理问题的过程。

积极的心理治疗观主张，心理治疗是医生通过对患者赋之以关注、权威形象、和睦关系、言语技巧、信任等治疗态度与技巧，以灌注希望、塑造力量、唤起潜能、培养或扩大人类固有的积极力量而使之成为一个真正健康并生活幸福的人的过程。

积极心理学致力于研究和探索人的积极品质，这既是对人性的尊重和颂扬，更是对人类社会的一种理性反思。正因为人性的积极性，才不仅使得人类在激烈的生存竞争中保持人之所以为人的自尊，在与其他生命形式构成的社会系统中充当着主宰，而且也使人类社会在大多数情况下能以一种万物共存的方式不断向前发展。因此，积极心理学高扬人性的积极性、建设性，从某种意义上是对人性的理性复归，反映了长期以来人们对于和平、幸福生活的愿望和追求，同时似乎也为心理学的未来展示出了一幅全新而美丽的画卷。正因为如此，积极心理学在产生不到十年的时间里迅速引起世界心理学界的广泛关注和兴趣，形成了一场积极心理学运动。

随着自然科学和社会科学的发展和进步，以及政治、经济、文化因素的变迁所引发社会需求的改变，心理学在经历了百年发展之后，正在进入一个自我反思和调整阶段。

作为一门新兴边缘科学，心理学受制于哲学和自然科学的发展水平及其交互影响。哲学和自然科学的进展还远未达到对真理的真正把握，加上研究者的视界差异，心理学不同文化阵营的出现及其冲突是学科发展的必然走向。分裂和对立使心理学走向多元，也使学界对心理问题的研究走向深入。

现在，随着心理学理论的不断完善，已经很难出现冯特或者弗洛伊德那样划时代的大师，也不必奢望出现一位"英雄"，高举"真理"的大旗，使心理学走向统一。不同的研究者阵营以宽容、整合、超越的视域看待不同的人性观、研究取向、方法论和理论构建之间的冲突和对立，从而使心理学沿着建构、解构、重构的螺旋式上升的道路，不断向前发展。